두 리더: 영조 그리고 정조

조선 르네상스를 연 두 군주의 빛과 그림자

두 리더: 영조 그리고 정조
조선 르네상스를 연 두 군주의 빛과 그림자

초판 1쇄 펴냄 2020년 12월 7일
    2쇄 펴냄 2021년 2월 10일

지은이 노혜경

펴낸이 고영은 박미숙
편집이사 인영아
펴낸곳 뜨인돌출판(주) | 출판등록 1994.10.11.(제406-251002011000185호.)
주소 10881 경기도 파주시 회동길 337-9
홈페이지 www.ddstone.com | 블로그 blog.naver.com/ddstone1994
페이스북 www.facebook.com/ddstone1994
대표전화 02-337-5252 | 팩스 031-947-5868

ⓒ 2020 노혜경

ISBN 978-89-5807-787-9 03910

이 도서의 국립중앙도서관 출판예정도서목록(CIP)은 서지정보유통지원시스템 홈페이지
(http://seoji.nl.go.kr)와 국가자료종합목록 구축시스템(http://kolis-net.nl.go.kr)에서
이용하실 수 있습니다. (CIP제어번호 : CIP2020049368)

영조 두
그리고 리
정조 더

조선 르네상스를 연
두 군주의 빛과 그림자

노혜경 지음

뜨인돌

제1장   조선 르네상스 군주의 초상: 영조와 정조

제4장   **공감과 참여의 리더십: 진심 그리고 한계**

도판 안내

이 책 표지와 본문에 실은 도판들은 다음 박물관들에서 공공누리 제1유형으로 개방한 공공저작물을 이용한 것입니다. 국립중앙박물관(www.museum.go.kr), 국립고궁박물관(www.gogung.go.kr), 국립한글박물관(www.hangeul.go.kr)에서 무료로 다운받을 수 있습니다.

- 앞표지: 〈영조 어진〉, 국립고궁박물관 소장
- 뒤표지: 〈정조의 현륭원 행차(華城陵幸圖)〉, 국립중앙박물관 소장
- 16쪽: 〈연잉군 초상〉, 국립고궁박물관 소장
- 58쪽: 〈정조의 현륭원 행차〉, 국립중앙박물관 소장
- 84쪽: 〈영조 왕세제 책례 반차도권〉, 국립고궁박물관 소장
- 113쪽: 〈속대전〉, 국립중앙박물관 소장
- 144쪽: 〈을축 10월 28일 영조 전교 현판〉, 국립중앙박물관 소장
- 170쪽: 〈함경도 지방의 과거 시험(北塞宣恩圖)〉, 국립중앙박물관 소장
- 210쪽: 〈정조 어필 한글 편지첩(正祖御札帖)〉, 국립한글박물관 소장
- 265쪽: 〈유경기민인윤음(諭京畿民人綸音)〉, 국립한글박물관 소장
- 274쪽: 〈큰 기러기(正祖筆鴻雁畵)〉, 국립중앙박물관 소장
- 330쪽: 〈규장각〉, 국립중앙박물관 소장

영조와 정조, 불안과 공포 속에서도
리더로서 비전을 품다

영조와 정조의 시대, 18세기 후반 조선을 역사에서는 보통 중흥의 시대, '조선의 르네상스기'라고 부른다. 그런데 조선의 르네상스를 이끈 두 군주의 등장은 결코 평탄하지 않았다. 일단 두 사람 다 왕이 되기 어려운, 심각한 '핸디캡'을 안고 있었다. 또한 정치세력 간의 갈등 속에서 불안한 나날을 견뎌야 했고, 왕이 되기도 전에 죽음의 위기에 처하기까지 했다.

동병상련의 형제, 정적이 되다

먼저, 영조는 왕이 되기까지 어떤 역경을 헤쳐나가야 했을까? 영조가 즉위하던 무렵은 노론과 소론의 정치적 대립이 극에 달한 시기였다. 대립의 수준을 넘어서, 당파 간에 죽고 죽이는 싸움을 벌였다. 정권이 바뀔 때마다 숙청이 반복되었고, 서로 '정의로운 세상을 위해 너희는 말살돼야 한다'고 주장하는 지경이 되었다.

선왕인 경종은 영조의 이복형이다. 어머니와 관련된 아픔으로 동병상련의 마음을 공유한 경종과 영조는 소년 시절에는 서로를 위로하고 격려하는 사이였다. 하지만 정치라는 괴물이 두 사람을 갈라놓았다. 소론은 경종을 지지하고, 노론은 영조를 지지했다. 다수당이었던 노론은 경종이 즉위했을 때 영조를 왕세제로 책봉하게 했다. 게다가 경종에게 일선에서 후퇴하고 영조에게 대리청정을 맡기라고 요구했다. 참다못한 경종은 기습적으로 대숙청을 단행한다. 노론은 큰 타격을 입었고, 마침내 숙청의 칼날이 영조에게까지 닥쳤다. 대비의 중재 덕분에 영조의 수명은 약간 연장되었으나, '별다른 일'이 없었다면 결국 영조도 체포되고 말았을 것이다. 그런데 '별다른 일', 기적이 일어났다. 경종이 갑자기 사망한 것이다. 결국 영조가 왕으로 즉위하였다. 이 몇 달간의 스트레스가 얼마나 심했던지, 영조는 즉위하고서도 손발이 떨리고 마비되는 증세가 한동안 지속돼 매일 침을 맞았다고 한다.

하지만 정말 손발, 아니 심장까지 요동쳤을 사람들은 따로 있다. 바로 소론들이다. 노론이 피의 복수를 벌일 게 뻔했다. 정말로 기세등등했던 노론은 영조에게 '우리 덕분에 왕이 되었으니 우리의 원한을 풀어달라'는 요구를 한다. 그런데 여기서 영조가 충격적인 발언을 한다. "나는 노론의 왕도, 소론의 왕도 아니다." 조선과 만백성의 왕이라는 의미이다. 자신이 할 일은 당파의 이익을 대변하는 것이 아니라 병들고 위험에 빠진 조선을 구하는 일이라는 뜻이기도 했다.

나는 사도세자의 아들이다

정조도 죽음의 공포 속에서 14년간 불안한 세손 시절을 보냈다. 영조의 정치적 판단에 따라 조장된 구도였으나, 논란의 중심에 선 정조로서는 엄청난 고통이었다. 아버지를 아버지로 부를 수 없었고, 누구를 믿어야 할지, 목숨은 부지할 수 있을지 염려하며 뜬눈으로 밤을 지새웠다. 영조는 정조를 보호한답시고 효장세자의 아들로 입적시켰고, 사도세자에 대한 그 어떤 발언도 용납하지 않았다. 하지만 사도세자의 죽음과 후계자 구도를 둘러싼 신하들 사이의 분열은 더욱 가중되었다.

영조 말년에 대리청정을 시키며 정조에게 실질적인 리더 수업을 하는 상황에서도, 반대파들은 노골적으로 정조를 따돌리고 영조의 명령에 반기를 들었다. 정조에 대한 암살 시도도 극에 달했다. 천신만고 끝에 1776년 정조가 즉위했다. 그는 즉각 "나는 사도세자의 아들이다"라고 선포했다. 억눌러두었던 아버지에 대한 연민, 아버지를 부정해야 했던 현실에 대한 자괴감이 폭발한 것이다. 하지만 정조의 개인적 불행은 정치적 불행으로 재생산되었고, 정조 치세 내내 정국의 불안 요소로 작용했다.

개혁을 하자고 해도

정치세력들이 죽기 살기로 싸우는 동안 조선은 커다란 위기와 격동 속으로 빠져들고 있었다. 한편 동시대인 18세기 영국 런던의 밤거리엔 어두운 골목길로 모여드는 장년의 사내들이 있었다. 직물 공장 사장들이다. 한 젊은 대학생이 등장해 그들에게 강의를 시작한다. 그 젊은이는 훗날 증기기관을 발명하는 제임스 와트이다. 그는 기계가 만들어내는 놀라운 생산력을 설파했다. 스코틀랜드에서는 애덤 스미스가 『국부론』 저술에 몰두하며, 자유무역과 중상주의, 그것이 창조할 엄청난 부와 놀라운 사회 변화를 이야기하고 있었다. 사실 변화는 그전에 벌써 시작되었다. 동인도회사는 영국 여왕보다도 부유했고, 런던의 중심가에는 국제금융업, 주식회사, 특허권 소송을 전담하는 로펌까지 설립되어 있었다. 이것이 18세기의 세계였다. 그리고 산업혁명이 만들어낸 군함과 상선이 조선을 향해 다가오고 있었다.

이때 조선은 겨우 자유상업을 허용하느냐 마느냐로 격론을 벌이는 단계였다. 수공업, 어업, 광업도 국가의 통제 아래 최소한만 운영되는 수준이었다. 물론 긍정적인 요소, 바람직한 사회 변화도 있었다. 하지만 그런 것들을 꽃피우기 위해서는 엄청난 비전과 노력이 필요했다. 위기를 감지한 리더 영조는 혁신의 기치를 들었다. 그러나 대다수 신하는 관행과 타성에 젖은 채 자기 밥그릇만 생각하며 도무지 호응하지 않았다. 이런 상황에서도 영조는 거대한 비전을 제시한다. 당쟁과 편협함, 매너리즘에 빠져 있는 구성원의 생각을 바꾸고, 사회를 바꾸고, 국가의 운명을 바꾸겠다는 것이다. 한편 정조는 세손 시절 밤새워가며 공부한 결과 '만백성의 스승'을 자처하기에 이르렀고, 자신의 계획에 따라 하나부터 열까지 손수 사회구조를 바꾸려 했다. 할아버지도 이루지 못한 통합을 자신의 리더십으로 직접 관철하고자 한 것이다.

리더라면 사명을 자각하고 비전을 세워야 한다

리더에게 무엇보다 중요한 것은 첫째, 위기 속에서도 자신의 위치, 자기에게 주어진 사명을 자각하는 것이다. 둘째는 그것에 기초해, 내가 할 수 있는 것이 아니라, 해야 할 비전과 목표를 설정하는 것이다. 영조의 출발이 이와 같았다. 정조 역시 의식을 벼리며 큰 뜻을 세워나갔다. 바로 이것이 영조와 정조를 중흥의 군주로 만든 첫 번째 비결이다. 여기서 눈여겨볼 점은, 영조와 정조가 즉위하기 전의 시간을 공포의 분위기 속에서 보냈다는 사실이다. 사람은 불안한 상황에 놓이면 사명이나 비전을 챙길 겨를이 없다. 일상의 안위에 급급하며 미래를 준비하지 않는 삶을 살게 마련이다. 영조와 정조가 만약 즉위 이전의 시간을 무의미하게 보냈다면 그들은 아무 비전 없는 국왕이 되었을 것이다.

　　리더가 비전을 품었다고 해서 곧장 성과가 발휘되는 건 아니다. 성공을 위해선 시행 과정에서 발생하는 무수한 장애와 반대, 갖가지 어려움을 극복해야만 한다. 진정한 리더라면 지혜와 용기, 끈기를 가지고 이런 것들을 헤쳐나가야 한다. 영조는 불안과 공포

속에서도 시대의 고민을 해결하는 명군이 되겠다는 의지를 품었고, 그 방법을 구상하고 모색하면서 즉위를 기다렸다. 그렇게 사명을 품고 준비하며 살았기에 공포와 불안조차도 슬기롭게 극복하여 조선의 마지막 명군이 될 수 있었다. 정조 또한 개인적 불행이 정치적 불안으로 이어졌지만, 독특한 자신감과 리더십을 발휘함으로써 마지막 개혁 군주라는 명함을 얻었다.

두 군주의 빛과 그림자를 통해 본 리더의 조건

흔히 '리더'라고 하면 성공한 리더만을 떠올리기 쉽다. 그러나 인류의 역사에서 모든 걸 잘하기만 한 리더는 없었다. 사안에 따라서, 입장에 따라서, 시대에 따라서, 그 평가도 늘 달랐다. 영조와 정조는 새로운 시대를 자각한 리더로서 큰 업적을 쌓으며 '조선 르네상스를 이끈 군주'라는 타이틀을 얻었다. 하지만 실제로 행했던 국가 경영 방식을 하나하나 따져보면, 그들에게도 '빛'과 '그림자'가 모두 있었다.

조직 내에 분열과 난제가 산적해 있다 하더라도, 참된 리더라면 통합의 길과 비전을 제시하며 모든 구성원을 아울러서 그것을 극복해나가야 한다. 적어도 이런 원칙은 과거와 현재를 막론하고 언제든 지켜져야 할 것이다. 이 책에서 차근차근 분석해본 영조와 정조의 통치행위, 그 명암들을 통해, 현재의 우리를 반추하는 시간을 가져보면 좋겠다.

제 1 장

조선 르네상스 군주의 초상 : 영조와 정조

영조의 연잉군 시절 초상.

연잉군이 당시 병상에 있던 숙종을 열심히 시중들어,

이를 기특히 여긴 숙종이 이 초상을 하사했다고 전한다.

영조는 즉위하기 전에 '연잉군'으로 불렸다. 조선에서는 왕이 되지 못하는 왕자는 성장한 뒤 궁 밖에 집을 짓고 따로 살게 되어 있었다. 19세 되던 1712년 2월, 연잉군은 궁을 떠나 창의동의 사저로 나갔다. 궁으로부터 멀리 간 것은 아니다. 창의궁은 경복궁 서쪽에 붙어 있는 현재 국립고궁박물관 자리의 바로 길 건너편에 있었다. 그렇다고 바로 궁 옆은 아닌 것이, 당시 경복궁은 빈터밖에 없었고, 숙종은 창덕궁에 거주했으므로 약간은 떨어진 편이었다. 연잉군은 경복궁의 빈터를 거닐며 자신이 있어야 할 자리를 생각하며 지냈다. 창덕궁을 나와 권력의 자리에서 한 걸음 멀어진 채 폐허가 된 궁궐터를 거니는 연잉군. 감수성이 강했던 그는 자신의 모습에서 여러 가지 생각을 떠올렸을 것이다.

특별했던 왕자, 연잉군의 공무 진출

숙종은 궁 밖으로 나간 연잉군에게 곧바로 '도총관'의 직을 제수한다. 정2품에 해당하는 벼슬이었다. 그리고 그해 4월, 숙종은 완성된 북한산성을 돌아보기 위해 행차에 나섰는데, 연잉군은 이때 도총관의 자격으로 숙종을 호위하기 위해 행차에 함께한다. 북과 피리 소리가 울려 퍼지고 기병 수천 명이 동원된 왁자지껄한 행차였다. 연잉군은 사실, 이미 여덟 살 때부터 숙종의 행차를 따라다니곤 했다. 하지만 고위직을 맡아 정식으로 왕을 보필한 건 이때가 처음이었다.

영조가 숙종을 최근거리에서 호위하고, 제사에 대신 참여하고, 또 왕실의 일을 주관하게 되었다는 건, 그가 왕 아래 종친 중 최고 역할을 담당하기 시작했음을 의미한다. 실제로 영조는 종묘 제사, 그러니까 선대 왕릉 참배 행사에 숙종을 대신해 참가했고, 왕실 족보인 『선원록』을 강화도 선원전에 올리는 행사도 주관한다. 숙종의 어진을 그리는 국가의 큰 행사에서는 현장에 직접 들어가 예를 올리기도 했다. 제사나 왕실 행사만 따라 다닌 것은 아니다. 숙종은 국방 강화를 위해 축성한 북한산성을 시찰할 때도 연잉군을 데리고 다녔다.

연잉군의 이런 활동은 조선의 전통에서는 유례를 찾아볼 수 없는 특별한 경우였다. 선대 왕릉 참배나 종묘 제사는 임금이 직접 주관하고, 사정이 있으면 대개 세자나 고위 관료에게 맡기는 일이었다. 왕자들은 국정 운영이나 이런 행사에서 철저하게 배제되었다. 그런데 연잉군은 이런 행사의 많은 부분을 담당했다. 심지어 숙종은 강화도에서 『선원록』을 봉안하고 돌아온 연잉군에게 다시 궁궐에 들어와 살라고 했다. 영조는 관례에 따라야 한다고 주장하고 다시 창의동 사저로 돌아왔는데, 나중에 왕이 된 후, 그때 궁에서 살았어야 했는데 불효했다고 후회하기도 했다.

일찍부터 왕이 될 준비를 시작했던 영조

뒤에서 다룰 텐데, 영조의 특별한 장점은 민간의 사정을 잘 알고 백성의 심리를 잘 알아서 이것을 정책과 정치에 적극 반영했다는 것이다. 조선 시대 왕 중에서 영조처럼 백성을 자주 만난 임금은 없다. 청계천 공사 준공식에 나타나 백성 앞에서 직접 삽을 떴다. 균역법과 탕평책 등 여러 가지 개혁 입법 역시 백성의 고초를 깊이 헤아렸기에 탄생할 수 있었던 법안이다. 영조는 어떻게 이처럼 백성들의 마음을 잘 헤아린 것일까?

　　많은 사람들은 영조의 이런 결심과 정책이 그가 연잉군 시절에 민간에서 성장한 결과라고 말한다. 하지만 조선 시대 왕들을 보면, 의외로 궁 밖에서 생활하다가 왕이 된 사람이 많았다. 철들기 전에 아버지가 왕이 되어 궁에 들어오기는 했지만, 세종도 민간에서 태어났다. 세조, 예종, 성종, 중종, 선조, 광해군, 인조 등, 가만히 보면 궁 안에 갇혀 동궁에서 성장해 왕이 된 경우보다 그렇지 않은 경우가 오히려 더 많았다. 그런데 왜 유독 영조만 왕자 시절부터 국정을 구상했고, 왕이 되어서 그 경험을 국정에 적극 반영할 수 있었던 것일까?

우선 조선의 관행을 깨고, 영조에게 직책을 맡겨 왕 가까이서 국정을 경험하게 해준 숙종에게 공을 돌릴 수 있을 것이다. 하지만 이건 사실, 절대로 '공'이 아니다. 당시 숙종의 세자는 영조의 배다른 형인 경종이었다. 왕이 되지도 못할 왕자에게 이처럼 국정 경험을 하게 하는 것은 곧, 경종에게 영조가 위험인물이라고 인지하게 하는 것과 마찬가지였다. 실제로 영조는 왕이 되기 전에 몇번이나 죽을 뻔했다. 경종이 몇 년만 더 살았더라도 영조는 살해되었을 가능성이 높다.

머리가 비상했던 영조가 이런 사실을 몰랐을 리 없다. 고맙기는커녕, 둘밖에 없는 아들을 살벌한 정치판에 내놓고 이용해먹는 아버지 숙종을 원망했을지 모른다.

영조 그리고 리더

탁월한 리더는 절망적인 상황에서도 비전을 품는다

영조가 정말 놀라운 점은, 이렇게 목숨을 위협받는 위험한 상황에서, 더욱이 자신이 버리는 돌이 될 가능성이 지극히 높은 상황에서도 할 일을 다했다는 것이다. 민정을 살피고, 백성의 고통을 이해하고, 자신이 나중에 왕이 되면 펼칠 정책의 계획을 확실히 세우고 있었던 것이다.

보통의 왕자였다면 이런 상황에서 민정을 살피고 국정 계획을 세우는 것 자체가 공포일 뿐 아니라, 자신이 세자로 선택되지 않은 것에 대한 원망만 증폭시켰을 것이다. 차라리 눈을 감고 외면해버리면 마음이 조금 편해지기도 한다. 혹여 세자가 몸이 약해 어쩌면 자신이 왕이 될지도 모른다는 희망을 갖는다고 해도, 간신히 그 희망만 조심스레 품고 살아가기 마련이다.

영조의 특별한 성품, 그를 특별한 왕으로 만든 비결이 바로 이것이다. 절망적인 상황, 꿈을 가지는 것 자체가 고통스러운 상황에서 영조는 꿈을 가졌고, 그 꿈을 실현하기 위해 계획까지 세웠다. 그 결과, 균역법과 탕평책처럼 백성이 가려워하는 곳을 긁어주는 여러 가지 개혁 법안을 만들어낼 수 있었다.

역사상 위대한 업적을 이룬 사람들은 한결같이 어려운 상황, 불가능해 보이는 상황에서 꿈과 비전을 품었다. 그런데 우리는 이들을 반만 이해하고 있다. 그들은 꿈과 비전을 가슴속에 간직하기만 했던 게 아니다. 눈과 두뇌와 손과 발을 움직이면서 그 꿈의 실현을 준비했다.

영조는 말년에 자신이 일평생 좌우명으로 삼아온 '뜻이 있는 자는 반드시 일을 이룬다(有志者事竟成)'라는 한나라 광무제의 명언을 정조에게 보여주면서 이렇게 말한 적이 있다. "나는 이 명언을 어릴 때부터 마음에 새겨 노력한 결과, 균역법과 청계천 공사, 여염집 탈취 금지령 등 여러 일들을 성공적으로 이룰 수 있었다." 영조는 손자에게 자신의 경험을 자랑스럽게 알려주고 싶었고, 또 손자가 자신의 길을 따라주기를 절실히 원했던 모양이다.

가슴에만 품고 있는 꿈은 진짜 꿈이 아니다. 목표가 저 멀리 있더라도 내 눈을 바쁘게 하고, 두뇌를 피곤하게 하고, 손과 발을 분주하게 하고 있어야 그것은 살아 있는 꿈, 살아 있는 비전이 된다.

1733년(영조 9) 11월 5일의 일이다. 영조와 대신들 간에 논쟁이 벌어졌다. 사소한 일로 왕실 친척 해흥군 이강과 의정부 사이에 분쟁이 벌어졌는데, 화가 난 이강이 의정부 서리를 잡아 가두었다. 삼정승 모두 이강이 의정부를 모욕했으니 처벌해야 한다고 건의했지만, 영조는 용서하자고 했다. 대신들의 뜻은 완강했다. 그러자 영조는 늘 신임하던 박문수를 쳐다본다. 나를 좀 도와달라는 뜻이었다. 하지만 최후의 보루 박문수마저 의정부를 편들자 영조는 폭발한다. "너희들이 내가 왕자로 들어와서 이 자리를 차지했다고 종친까지 멸시하느냐!" 영조는 책상을 마구 두드리며 부들부들 떨더니 당장 박문수를 유배 보내라고 소리쳤다. 정승들은 너무 놀라

말 한마디 못 하고 허둥지둥 자리를 피했다.

영조의 콤플렉스는 그저 '세자가 아닌 왕자'였단 점?

대신들이 너무한 것도 아니었다. 사고 친 종친을 두고 왕과 대신이 티격태격하는 건 조선 시대 내내 수백 번도 더 벌어진 흔한 일이다. 『조선왕조실록』(이하 『실록』)은 이런 일까지 세세하게 기록하지는 않았지만, 이런 논쟁은 곧잘 감정싸움으로 발전하곤 했다. 왕과 대신들 모두 법은 엄격하고 인정에 구애받지 말아야 한다고 주장하면서도 자신의 친척이 연루되었을 때는 특혜를 요구했기 때문이다.

서로 당당하게 '내로남불' 하는 상황에서 감정이 상하기는 영조도 마찬가지였다. 그러나 여기서 드러낸 영조의 반응은 전에 없이 강했다. 영조는 세자가 아닌 왕자 출신이라서 자신을 무시하느냐고 소리쳤다. 영조는 여러 번 이런 행동을 하는데, 그저 일부러 연기하는 거라고 보기는 어려울 것 같다. 영조는 자주 콤플렉스를 터트렸고, 감정을 주체하지 못할 정도로 격앙되곤 했다.

조선 시대에 세자 또는 적통이 아니면서 왕이 된 사람은 의외로 많다. 왕실의 대가 자주 끊겼기 때문이다. 그러므로 왕자가 되었다가 세자가 되는 것이 이상한 일도 아니고 유별나게 콤플렉스를 느낄 일도 아니다. 사실 영조의 분통에는 다른 뜻이 있었다. 세자가 아닌 왕자였던 것이 문제가 아니라, 어떤 어머니의 아들인가가 진짜 문제였다.

영조의 진짜 콤플렉스

영조의 어머니 숙빈 최씨는 '최 무수리'라고 불리기도 한다. 무수리는 궁궐에서 허드렛일을 하는 여종을 말한다. 양반과 관비 사이에서 난 딸들이 무수리로 많이 채용되었다. 하지만 최씨가 정말 무수리 출신인지는 명확하지 않다. 다만 『한중록』을 보면 최씨가 침선방에서 일했다는 기록이 있다. 침선방은 궁중 의복을 바느질하는 곳인데, 영조는 침선방에서 일했던 어머니의 고생을 생각해 누비옷을 입지 않았다고 한다. 무수리인지 아닌지는 확실하지 않지만, 침선방에서 바느질하는 궁녀였던 건 틀림없어 보인다. 무수리는 천인 출신이 많았지만 전부 천인 출신인 것은 아니었고, 궁녀가 다 무수리인 것도 아니었다. 그래서 최씨가 노비 출신이라는 설도 확실하지는 않지만, 최소한 가난한 집안 출신이었던 것만은 확실하다.

조선 시대에 어머니가 후궁 출신인 왕이 꽤 있지만 영조의 어머니처럼 미천한 출신은 드물었다. 경종의 어머니 장희빈도 비록 사대부는 아니었지만, 그래도 부유하고 유명한 역관 집안 출신이었다. 최씨와는 격이 달랐다.

이 사실이 영조에게는 심각한 콤플렉스였다. 대신들과 티격태격하다 갑자기 버럭 화를 낼 정도로 말이다. 영조의 외가가 사대부가가 아니라는 사실은 단지 개인의 감정 차원을 떠나, 정치적으로도 큰 핸디캡이었다. 영조는 즉위 과정부터 시련의 연속이었다. 경종의 이복동생으로 왕위에 오르면서 노론과 소론의 치열한 정치 싸움 속에서 살아남아야 했고, 경종 독살설로 인해 이인좌의 난이 일어난 뒤로는 언제라도 반란이 일어날 수 있다는 불안감을 가지고 살아야 했다.

참다못한 영조는 어머니 숙빈 최씨의 사당과 무덤의 격을 높였다. 사당을 육상궁(毓祥宮)으로, 무덤은 소녕원(昭寧園)으로 승격했다. 당연히 여기에 따르는 제사의 격도 높여 국가 제사로 지냈다. 이로써 왕인 영조가 공식적으로 직접 제사를 지낼 수 있게 되었다.

하지만 이런 행동이 영조의 콤플렉스 극복에 도움이 되었을까? 신하들이 보기에는 눈 가리고 아웅 하는 격이었다. 이 시대에는 왕이라고 해서 신하들이 봐주는 것도 없었다. 숙빈 최씨의 사당과 무덤의 격을 높인 뒤에도 영조는 어머니를 조금이라도 더 추존하려고, 책봉이나 시호를 추증할 때 쓰는 '죽책문(竹冊文)'이란 문서를 대제학 조관빈에게 쓰게 했다. 조관빈은 "죽책은 옥책(玉冊)에 비해 격은 낮지만, 책문 자체가 정식 비빈(妃嬪)이 아니면 지어 올릴 수 없는 것입니다"라며 책문 짓기를 거부했다. 화가 난 영조는 조관빈을 파면했지만 그런다고 없던 존경심이 생기는 것은 아니었다.

콤플렉스, 어떻게 극복해야 할까?

사람들은 왕이나 리더에게 콤플렉스가 별로 없을 것이라고 생각한다. 하지만 리더일수록 콤플렉스 때문에 더 많은 고통을 받는다. 사람에게는 높은 곳을 쳐다보고 그곳에 접근하기 힘들어질 때 환경, 가계와 같은 불가항력적인 요소를 끌어대는 습성이 있다. 위로 올라갈수록 경쟁은 치열해지고, 모든 것이 동원되는 무한 경쟁이 발현되기 때문이다. 그렇게 경쟁이 치열해질수록 환경적 열세로 인한 콤플렉스도 더 심해진다.

핸디캡은 누구나 지니기 마련이다. 이런 핸디캡이 자신의 특수한 문제라고 생각할 때, 그 핸디캡이 모든 사태의 원인이라고 생각할 때 콤플렉스가 터지기 쉽다. 자신만이 특수하고 특별한 고통을 겪는다고 생각한다. 그래서 리더는 더 큰 실수를 저지르기 쉽다. 감정적으로 자신을 격리시키면 이성적으로 판단하지 못한 채 독선으로 빠지게 되는 것이다.

영조는 조선의 국왕 중에서 두드러지게 심한 콤플렉스를 지녔고 그것을 솔직하게 드러낸 왕이다. 하지만 콤플렉스에 고통받을지언정 굴복하지는 않았다. 영조의 해결책은 현대로 치면 심리치료의 전형적인 방식, 즉 이런 콤플렉스가 자신만이 겪는 특별한 고통이 아니라는 깨달음에서 시작한다. 그는 스스로 그것을 찾아내어, 콤플렉스에 고통받는 개인이 아니라 다른 사람의 콤플렉스를 이해하고 그것을 해소해주는 사람으로 변모

했다.

　　그래서 나온 조치가 후궁 대우 개선책이다. 숙빈 최씨처럼 후궁의 신분으로 왕을 배출한 생모에 대한 예우로 사당과 무덤을 격상하고 그 제사를 국가 의례로 공식화하는 '시스템'을 만들었다. 이런 영조의 조치가 확대되어 탄생한 것이, 국왕의 생모가 된 후궁들의 사당을 모아놓은 '칠궁'이다. 그 칠궁 자리에 현재 청와대가 자리 잡고 있다.

　　영조는 자신의 콤플렉스를 개인의 문제, 특수한 사례로만 생각하지 않고, 같은 고통을 겪는 다른 사람들을 위해 대책을 만들어 공유했다. 스스로를 '고통받고 있는 특별한 한 사람'에서 '고통받는 여러 사람 중 하나'로 확대하고, 고통받는 다수를 포용한 것이다. 영조는 이처럼 '왕'이라는 자신의 위치를, 고통받는 다수를 위해 문제를 해결하는 사람으로 확장하고 재정의하는 데까지 나아갔다.

1762년(영조 38) 7월 4일, 창덕궁 휘령전 앞. 영조 앞으로 불려 나온 사도세자는 눈물을 흘리며 용서를 구하고 있었다. "아버지, 제가 잘못했습니다. 이제는 하라는 대로 하고, 글도 읽고 말씀도 잘 들을 테니 제발 살려주십시오!"

휘령전은 왕비들의 위패를 모셔놓은 곳이다. 하필 이곳에서 이런 사달이 벌어진 건, 영조가 죽은 첫째 왕비 정성왕후의 위패에 참배를 하러 왔을 때, 왕후의 혼령이 나타나 영조에게 이렇게 속삭였기 때문이다. "전하, 변란이 가까이 닥쳤습니다." 변란은 역모였고, 전지전능한 영혼은 역모의 주모자가 사도세자라는 말까지 했던 모양이다. 영조는 주변 신하들을 둘러보며 소리쳤다.

"그대들도 지금 정성왕후의 혼령이 내게 말한 소리를 들었는가?"
물론 신하들에게 왕후의 속삭임이 들렸을 리가 없지만, 영조는 칼로 땅을 두드리며 세자에게 자결하라는 명령을 내린다.

세자는 살려달라고 빌다가 돌부리에 찧어 이마에서 피가 흘렀다. 신하들이 극력으로 막아서자 결국 영조는 사도세자에게 뒤주 속에 들어가라고 명령한다. 자식을 죽이는 것이 어찌 쉬운 일이겠는가? 하지만 영조는 독했다. 세자는 뒤주에서 8일을 버티다가 사망하고 만다. 당시 세자는 28세였고 영조는 69세였다.

사도세자의 비극이 일어난 원인은?

'사도세자의 정신병 때문이다' '신하들의 이간질 때문이다' '당파 간 이견 속에서 희생양이 되었다' 등등 여러 설이 있다. 하지만 이런 해석은 사도세자의 죽음을 합리화하기 위한 사후의 변명이나 정치적 입장이 들어간 것들이다. 이 비극적인 사건의 진짜 원인은 세자에 대한 영조의 실망이 불안감으로 발전하고, 세자는 세자대로 아버지의 불안감을 해소하기는커녕 증폭시켰던 데에 있다. 그리고 이런 갈등을 야기한 근원은 세자에 대한 영조의 잘못된 교육 방침이었다.

영조의 첫 번째 실수는 조기교육을 너무 일찍 시작한 것이다. 1737년(영조 13) 8월 28일, 영조는 막 걸음마를 뗀 15개월짜리 아이를 세자로 책봉했다. 세자 책봉의 정치학에 물론 정석은 없다.

중국에서는 황제가 명을 다할 때까지 세자 책봉을 미루다가 죽기 직전에 세자를 책봉하거나 왕위 계승자를 지목하는 경우도 많았다. 물론 이것은 시대의 정치 상황과 왕실의 전통적 관습(중국에선 이민족의 정복 왕조가 주기적으로 들어섰다)이 혼합된 것으로, 조기 책봉과 기습 책봉 중 어느 편이 좋다고 할 수는 없다.

다만 상대적으로 정치가 안정적이었던 조선 시대에는 가능한 한 서둘러 세자를 책봉해서 그의 정치적 배경을 안정시키고, 세자에게 왕이 되기 위한 교육을 일찍부터 충분히 시키는 것이 관행이었다. 그런데 그 연령대는 보통 7~9세, 즉 초등학교에 입학할 나이는 되어야 했다. 세자 책봉은 정치적 의미 못지않게 교육이 중요했는데, 아무리 서둘러도 그 나이는 되어야 제대로 된 교육을 시작할 수 있기 때문이었다.

영조는 서둘러도 너무 서두른 것이다. 게다가 15개월 된 아기에게 교육 담당자까지 임명했다. 교육을 맡은 스승은 영의정 이광좌와 좌의정 김재로였다. 두 사람이 소론과 노론을 대표하는 명망 높은 정치가였다곤 해도, 어리디어린 세자에게 무슨 교육을 할수 있었을까? 세자가 말을 알아듣는다고 해도, 이 두 거물은 서로가 버거웠을 것이다. 두 대신은 왕의 명령도 듣지 않을 정도로 매사에 칼날같이 대립하고 부딪쳤던 인물들이다.

영조의 조기교육열에는 그의 포부만큼이나 컸던 자괴감과 초조함이 깔려 있었다. 영조는 즉위할 때 자신감과 포부가 넘쳤다. 그는 자신의 탕평책으로 당파 분열 구도를 쉽게 바꿀 수 있으리라 생각했다. 나름 방법도 구상했던 것 같다. 정치적 술수든 정략이든 정에 호소하는 것이든, 영조는 전에 없던 창조적이고 기발한 수단을 고안해서 시도했지만, 놀라운 참신함과 진정성에도 불구하고 그 모든 것이 정치의 벽에 막혔다. 당파 간의 갈등, 바로 그 정치의 고질병을 치료하는 게 생각처럼 쉽지 않았다.

영조는 마음을 고쳐먹는다. '이것은 나의 대에서뿐만 아니라 다음 대에서도 계속 이어가야 할, 왕실과 신하 간의 기나긴 싸움이다.' 그래서 서둘러 세자 조기교육을 진행한 것이다. 아들을 한 사람의 훌륭한 군주로 키우는 것이 아니라, 영조 자신의 사명감과 문제의식, 능력을 모두 이어받아 대를 이어서 싸울 수 있는 분신으로 키우려 한 것이다.

영조의 두 번째 실수는 자식의 성품에 맞지 않는 스타일을 강요한 것이다. 사도세자는 세 살 때 『효경』을 읽고, 글을 쓰기 시작했다. 타고난 천재성의 발로인지, 엄청난 강요의 결과인지는 알 수 없지만, 영조가 바라던 점이었다. 세자가 훌륭한 자질을 지녔다고 판단한 영조는 매우 기뻐하며, 자신의 분신이 될 수 있으리라고 기대한다.

하지만 기대가 금세 어그러지기 시작했다. 우선 성격이 맞지 않았다. 영조는 겉으로는 호학(好學)의 군주로, 덕도 있고 생각도 치밀했다. 그러나 속으로는 교활하다 할 정도의 지략가였다. 그런데 사도세자는 정반대, 우직한 스타일이었다. 처음에는 세자가 영조의 분신으로 커가는 듯했다. 하지만 천성은 결국 드러나기 마련이다. 사도세자가 아홉 살 때 영조가 "글 읽는 것이 좋으냐, 싫으냐?"라는 질문을 던진다. 우직한 세자는 이렇게 대답한다. "싫을 때가 많습니다."

영조는 세자가 정직하다고 칭찬하면서도 속으로는 불안했을 것이다. 정직은 영조에게는 미덕이 아니었다. 3년이 지나자 영조는 세자가 자신이 바라던 스타일이 아니라는 걸 확실히 깨닫는다. 세자는 요즘식으로 표현하면 학교 성적도 좋고 행동도 반듯한 아이였다. 성격이 영조와 다른 것은 개성이지 잘못된 것이 아니었다. 그러나 자신의 분신을 기대하는 영조에게 이것은 크게 잘못된 것이었다. 영조는 화가 났고, 더 강하게 강요하기 시작했다. 세자 교육은 더 이상 '교육'이 아니라, 점차 '인간 개조 작업'으로 바뀌어 갔다.

영조의 세 번째 실수는 교육의 금기를 넘어섰다는 점이다. 영조는 세자를 가르치는 스승들을 의심하고, 자신이 직접 세자 교육에 나섰다. 부모가 자식을 직접 가르치는 것이 잘못된 교육 방식이라고 단정할 수는 없다. 특별한 성공을 거두는 경우도 물론 있지만 많은 경우 실패하고, 성공하더라도 인성의 중요한 부분을 희생 제물로 바치는 경우가 많다. 조선 시대 사람들은 경험적으로 그것을 알고 있었다. 특히 세자 교육에서는 그에 대한 준비를 미리 해두었다. 왕이나 왕비의 간섭을 배제하기 위해 세자 교육을 담당하는 교육

기관을 설립하고, 명망 있고 신뢰할 수 있는 문신들을 교육관으로 임명해 국왕의 리더십과 통치술을 교육하게 했다. 이 교육 시스템은 더 나아가, 세자와 평생 신뢰를 쌓을 수 있는 동료를 만들어주는 역할도 했다.

이런 방식에 대해, 국왕을 관료들의 이데올로기와 관행 속에 묶어놓기 위한 수단이라고 보는 견해가 있다. 그런 면이 없다고 할 수는 없다. 그러나 그것이 전부는 아니다. 이런 점에만 주목하면, 극단적이고 과격한 교육 이론을 대하듯 세상에 존재하는 모든 기성의 교육 이론과 체제를 불신해야 한다.

국왕은 강한 책임 의식을 수반하는 자리이다. 세자 교육은 그 과욕이 유발할 수 있는 가족 갈등, 성급한 교육을 방지하기 위한 배려였다. 천천히 차분하게 통치술과 리더십을 배우고, 국왕으로서 필요한 품성을 익히게 하는 것이 세자 교육의 원칙이었다. 사실 모든 왕에게는 영조와 같은 초조함과 과잉 욕구에 노출될 위험이 있었다. 그러나 선대의 왕들은 그 유혹을 피해 갔고, 영조는 피하지 못했다.

피하지 못한 정도가 아니라 교육체제를 뒤집어버렸다. 영조는 자신이 지은 지침서를 공부하게 하고, 세자의 스승까지 관리하는 최악의 상태로 나간다. 영조가 이렇게 세자 교육에 직접 간여함으로써 부작용을 부채질하는 결과를 낳았다. 심지어 세자가 실수나 잘못을 하면 누가 너에게 그 따위로 가르쳤냐는 식으로 추궁하며, 스승을 문책하기까지 했다. 사도세자는 어린 시절부터 부자

지간을 넘어 스승과 제자라는 구도 속에 갇힌 채, 아이로서는 견디기 힘든, 자신을 둘러싼 사회의 전부가 불신과 비난으로 무너지는 것을 경험한 것일지도 모른다.

영조의 네 번째 실수는 인색한 칭찬이다. 국가를 다스리는 건 쉽지 않은 일인 만큼 왕위 후계자에게는 엄청난 지식과 노력, 강한 자제심이 요구된다. 그래서 엄하게 혼내며 질책할 것 같지만, 사실은 그 반대이다. 조선 국왕의 경연 기록이나 세자 관련 기록을 보면 대개 세자를 격려하고 자부심을 키우는 것이 일반적이다. 그러다 교만해지면 어떻게 하느냐 하겠지만, 그래서 항상 높은 목표를 지향하도록 했다. 잘못을 시정하거나 고쳐야 할 경우, "네가 잘못했다"가 아니라, 성군의 사례를 들어 "위대한 사람은 이렇게 했다"라는 식으로 충고했다. 보통 사람은 이러저러한 행동을 하지만 위대한 군주는 이렇게 해야 한다고 하면서 자부심을 자극하는 것이다.

그런데 영조는 칭찬에 인색했다. 사도세자의 성품과 기질을 자신의 기대에 맞춰 바꿔야 했기 때문에 칭찬을 해도 온전한 칭찬으로 끝내지 않았고, 항상 꾸짖음과 질책, 더 강한 요구를 계속 덧붙였다. 올라온 상소에 대해 대답을 내려줄 때에도 "네가 내려준 대답도 잘한 것이지만 엄숙하게 지켜서 잃는 것이 없도록 하는 것이 마땅하다"는 식이었다. 칭찬으로 끝내지 않고, 꼭 사족 한마디를 덧붙인 것이다.

영조의 다섯 번째 실수는 가장 부작용이 컸던 것으로, 바로 감당할 수 없는 버거움을 강요한 행위다. 사도세자는 열네 살 때 대리청정을 시작했다. 두 살 때 세자로 책봉한 것과 일맥상통하게, 영조의 조급함이 작용한 결과였다. 영조는 세자를 변화시키려면 국왕의 자리를 일찍부터 체험하게 하는 것이 좋겠다고 생각한 것 같다. 하지만 그 결과는, 그때까지 해온 간섭과 꾸중에 과부하를 더한 꼴이었다. 사도세자의 죽음이 정신병이 원인이었다는 얘기가 있다. 부인 혜경궁 홍씨도 그런 증언을 했다. 혜경궁 홍씨는 『한중록』에서 '남편인 사도세자가 기본적으로 심성이 바르고 영특한 사람이지만 부모의 사랑, 특히 아버지의 사랑을 받지 못하고 자란 성장 배경 때문에 눈 하나 깜박이지 않고 사람을 죽이거나 아무 옷이나 입지 못하거나 하는 각종 정신병에 시달려서 괴이한 행동을 했다'고 진술했다. 사도세자의 묘지명인 '장헌세자지문(莊獻世子誌文)'에도 세자가 대리청정 이후에 병을 얻었다고 기록되어 있다.

정신병이란 현대 의학에서도 정의하기가 쉽지 않은 범주인데, 사도세자의 성장 과정을 보면 의학적인 용어로 뭐라고 표현해야 할지는 정확히 모르겠지만, 정신병까지는 아니라도 심리 치료가 필요한 상태, 과도한 부담에 의한 무기력 상태에 빠져 회피, 스트레스 분출 등이 뒤범벅된 행동을 보였던 것 같다.

이런 사도세자의 행동은 영조에게 계속 실망을 안겨주었다. 그런 실망이 가시화되면서, 그리고 세자도 그것을 알게 되면서 실제로 세자가 영조를 축출하려는 반역 음모를 꾸몄으리라는 추측이 나올 수도 있다. 또는 영조가 세자가 자신을 제거하려 들지도 모른다는 생각을 했고, 그것이 두려움으로 발전해 편집증적 상태로 나아갔다는 추측도 나올 수 있다.

둘 다 가능성은 희박하다고 생각된다. 우선 조선의 정치구조나 강고한 성리학적 생태계를 보면 사도세자가 영조를 축출한다는 것은 불가능한 일이었다. 그 이전에 발생한 두 번의 반정은 국왕이 원로대신, 중신들에게까지 인망을 잃었기에 가능했다. 그러나 영조에 대한 정치적 평가는 전혀 그렇지 않았다. 아들이 부왕을 축출하는 것은 정치적 실정을 문책하는 것보다 더 큰 일이었다. 왕자의 난으로 태종이 부친을 밀어낸 사례가 있지만, 그것은 왕조 초창기이기에 가능한 일이었다.

영조의 불안감이 편집증 증세로 발전했다는 가정은 드라마의 소재로는 괜찮아 세간에 회자되었다. 긍정하든 부정하든 증거도 충분치 않지만, 이후로도 15년은 더 통치한 영조의 상태를 보면 그랬던 것 같지는 않다.

사도세자 때와는 달라진 영조의 세손 교육

영조는 냉정하게 정치공학적 판단을 내렸던 것 같다. 세자에게 기대를 접은 영조는 세손 정조가 총명하다는 사실을 발견했다. 아니면 자신의 분신이 될 가능성을 발견했던 것인지도 모른다. 실제로 그런 증거가 있다. 정조가 여섯 살 때인 1757년(영조 33) 9월, 영조는 정조가 독서하는 소리를 듣고는 "원손이 책 읽는 소리가 매우 맑고 큰 것을 보니 정말 할아비를 닮았구나!"라면서 매우 즐거워했다고 한다. 어린 손자에게서 자신과 닮은 점을 발견하고 너무나도 기뻤던 것이다.

세손이 총명하지 않았어도 영조 자신에게는 그렇게 보였고, 그래야 했을 것이다. 세손에게 기대하는 것이 마지막 희망이었기 때문이다. 세자는 실패했고, 세손은 결과를 알 수 없지만 기대해볼 여지는 있었다. 그런 생각에 다다르자 세자의 존재가 부담이 되었다. 세자가 없어야 세손을 즉위시킬 수 있다. 영조는 그것이 국가와 왕실을 유지하기 위한 최상의 선택이라고 믿었을 것이다.

그렇게 사도세자를 살해한 후 영조는 세손 교육이라는 과제와 마주하게 된다. 공개적으로 표출하지는 않았지만 영조는 자신의 교육 방법에도 잘못이 있었다는 사실은 인정하거나 자각했던 것 같다. 정조에 대한 교육에서는 정반대의 모습을 보였기 때문이다. 정조의 교육과정에서는 사도세자와의 관계에서 일으켰던 것과 같은 문제와 갈등은 발생하지 않았다. 다만 버리지 못한 방식은, 자신이 직접 세손 교육에 손대는 것이었다. 그러나 세손과 스승 사이를 이간질하거나 부담을 주는 행동은 일절 하지 않아, 사도세자 때와는 차이가 있었다.

이외에도 많은 차이가 발견된다. 정조에게 칭찬을 할 때는 온전히 칭찬만 하고 토를 달지 않았다. 또 말끝마다 정조가 자부심을 확확 느낄 수 있도록 기를 살려주었다. 1763년(영조 39) 영조는 경연 자리에서 직접 "1763년 9월 22일 왕세손이 처음으로 경연에 참석했다"라며 "내가 즉위한 뒤 처음으로 이 『맹자』를 공부했는데, 네가 또 내가 태어난 달에 이 책을 처음으로 공부하게 되었다. 할아비와 손자가 함께 공부하게 된 것이 어찌 우연이겠는가?"라고 썼다. 손자의 기를 세워주기 위해 별것 아닌 일에도 아주 큰 의미를 부여한 것이다.

또 영조가 어떤 책의 내용을 정조에게 물었을 때 정조가 적절한 고사를 인용해서 대답하면 "오늘은 더 이상 공부하지 않아도 되겠다"며 기뻐하기도 했다. 어떤 날은 영조 마음에 꼭 드는 대답을 한 정조에게 "만약 이런 식으로 공부를 확충해나간다면 우리나라에는 희망이 있다. 오늘 같은 날은 기념할 만하다"며, 함께 있던 정조의 스승들에게 선물을 내리기도 했다. 영조는 사도세자 때처럼 자신이 직접 지은 책으로 정조의 교육에 간여했지만, 사도세자와는 달리 정조는 영조의 기대를 저버리지 않았다.

영조는 자신의 기대에 부응하는 손자를 경연에 참석시켜 대소신료들과 함께 토론하게 했다. 조선에서는 처음 있는 일이었다. '경연'이란 국왕이 주관하는 학습의 장인 동시에, 국정을 토론하는 자리이다. 여기에 정조를 참여시킴으로써, 국왕으로서의 책임감과 사명감을 알게 하고 국왕의 위치를 체험하게 한 것이다.

1775년(영조 51) 정조가 대리청정을 할 때에도, 하다못해 자잘한 궁궐 경비 문제에 이르기까지 영조는 국정의 일체를 위임하며 손자에 대한 신뢰를 보였다. 이것은 사도세자가 대리청정할 때는 제외되었던 사안이다.

부모가 바라는 교육 vs 자녀에게 맞춤한 교육

교육을 할 때는 엄중한 질책도 필요하다. 그러나 강훈련은 극복 가능한 강도에서 시작해야 하는 법이다. 영조는 사도세자에게 대리청정을 시키면서 감당할 수 없는 짐을 지웠지만, 정작 균역법 같은 중요한 문제에서는 사도세자를 완전히 배제했다. 세자는 아버지에게 실망하여 더더욱 멀어지게 되었고, 이런 일들이 쌓이면서 세자에 대한 영조의 실망감도 커져만 갔다.

반면 손자에 대한 영조의 교육은 아들 때와는 확실히 달랐다. 영조는 조선 왕세자 교육의 본래 의도를 착실히 따르면서도, 왕위 후계자로서의 자부심을 높여주고 국왕으로서의 사명감과 책임감을 경험하게 해서 제법 훌륭한 후계자를 만드는 데 성공했다.

영조의 후계자 교육 방법이 달라진 이유는 무엇일까? 지난날의 쓰라린 경험을 통해 배웠기 때문일까? 재미있는 것은, 사도세자와 정조에 대한 훈육법에서의 이러한 차이를, 오늘날 기업 창업주의 경우에서도 살펴볼 수 있다는 점이다. 자수성가형 오너 1세대는 문제의식이 매우 강하다. 따라서 자녀, 특히 아들에게 과도한 기대를 하며 너무 많은 것을 요구한다. 이런 과도한 기대가 2세대의 기를 꺾어놓기 일쑤다. 하지만 손자를 대할 때는 좀 여유가 생긴다. 손자에겐 격려를 한다. 3세대가 성공하는 데에는 대개 이런 배경이 있다.

기업뿐만이 아니다. 일반 가정에서도 비슷한 사례를 볼 수 있다. 집안의 교육은 정말 어렵다. 그 때문인지 조선 시대에도 서로 자식을 바꿔 교육했고, 할아버지가 손자를 가르치는 격대 교육 방식을 택했다.

여러분의 교육은 어떤 방식으로 이루어지고 있는가? 자녀의 성품과 기질에 맞는 교육이 아닌, 여러분 자신이 바라는 인간을 만들기 위한 교육을 하고 있지는 않은가? 사도세자의 비극을 떠올리며, '진정한 교육의 의미' 혹은 '바람직한 교육 방식'에 대해 고민해보면 좋을 것이다.

왜(倭) 자가 붙은 건
꼴도 보기 싫다!

1742년(영조 18), 영조는 선릉(성종의 능)과 정릉(중종의 능)에 참배하러 갔다. 선릉에서 참배 의식을 모두 마치고 근처에 있는 정릉으로 옮겨 가면서, 영조는 선대왕에 대한 예의를 갖추기 위해 가마를 타지 않고 걸어갔다. 언덕을 내려가는 길에는 군사들이 양쪽으로 늘어서서 창을 잡고 영조를 호위하고 있었다. 그때 영조의 눈에 번쩍 띄는 물건이 있었다. 바로 군사들이 들고 있는 왜창(倭槍)이었다. 영조는 "선릉과 정릉이 어떤 곳인데, 참배하는 날까지 호위 군사들이 왜창을 들고 있느냐? '왜' 자가 붙은 물건은 꼴도 보기 싫다!"며 당장 치워버리라고 명령한다. 영조는 왜 이렇게 과민 반응을 보인 것일까?

적의 무기로 싸우고 적의 전술로 이겨야 하는데

때는 임진왜란으로 거슬러 올라간다. 1593년(선조 26) 4월, 경기좌도 관찰사 성영으로부터 급한 보고가 올라온다. 왜적이 광주에 있는 선릉과 정릉을 파헤쳐 시신까지 훼손되었다는 보고였다. 전쟁 중이었음에도 신하들은 선조에게, 초상났을 때 우는 의식인 거애(擧哀)의 예를 갖추라고 건의했다. 그리고 다시 한번 장례를 치르기 위해 개장도감(改葬都監)을 설치하자고 주장했다.

실제로 능이 너무나도 심각하게 훼손되었다. 선릉과 정릉 모두 불타서 재만 남았고, 백골도 모두 타버린 상태였다. 정릉에 남아 있는 잿더미 중 한 곳에는 왜적이 밥해 먹은 흔적도 있었다. 다행히 중종의 시신은 급하게 옆 동네 양주 송산의 인가로 옮겼지만 이 또한 중종의 시신이 맞는지 확증할 수 없는 상황이었다. 당시 신하들은 왜적들이 보물을 훔쳐가기 위해 능을 파헤친 게 아니라, 왜의 적장이 우리나라를 원수로 여겨 보복한 것이라면서 치를 떨었다. 사가도 아닌 선대 국왕의 능을 불태워 시신까지 훼손한 이 사건에 대한 분노는 실로 어마어마했다.

그로부터 150년이 지난 영조 대에 이르러서는 일본에 통신사를 파견할 정도로, 일본과는 임진왜란의 적이 아닌 외교 대상국으로서 관계 맺게 된다. 상황이 변한 것이다. 병자호란의 적이었던 청나라조차도 매년 조선 사절단이 찾아가는 외교 대상국이 되었다. 게다가 18세기 일본에는 중국과 서양의 문물이 급속도로 유입돼, 일본은 새로운 지식과 견문을 바탕으로 근대 산업사회로 진입하기 위한 발판을 마련 중이었다.

청에 대해 조선은 속으로 만주족이라며 무시하는 마음을 품었지만 겉으로, 특히 외교적으로는 철저히 종주국으로서 사대의 예를 다했다. 일본에 대해서는 통신사를 보내는 교린 관계를 유지했다. 그런데 일본에 대한 영조의 마음은 국가적 입장과는 많이 달랐다. '우리나라 사람들이 남북의 원수를 잊어서 슬프다'면서, 선릉과 정릉의 치욕을 잊은 채 군사들조차 왜창을 든다고 노발대발했던 것이다. 또 임진왜란의 기록을 들춰보면서, 선릉과 정릉을 파헤친 무도한 사건은 남한산성에서 항복한 사건에 비할 게 아니라고 말할 정도로 분개의 마음을 드러냈다.

실제로 왜창은 임진왜란 당시 일본에서 전래된 창인데, 조선에 없던 장창이어서 조선 후기에는 이 왜창을 모방하여 제작하고 있었다. 임진왜란 때 노획했던 대량의 왜창을 변방의 군사들에게 지급하거나 청나라 사신에게 예물로 주기도 했다. 이것이 정례화되어 시전 상인들이 비싼 왜창 구입 비용을 모두 부담하게 되었는데, 이 때문에 원성이 높아지기도 했다. 왜검의 경우도 칼을 만든 사람의 성을 따 '모검(牟劍)'이라 부르면서 군사훈련에 사용했다. 조선에서 부족했던 전술 부분을 왜창과 왜검을 받아들임으로써 실제 각 부대의 훈련에 사용하고 있었던 것이다.

정조 때는 이런 일이 있었다. 정조가 여러 부대의 군사훈련 시험을 지켜보다가, 호령하는 훈련 용어들이 각 부대별로 다르게 쓰이는 것을 발견했다. 왜검을 모검, 피검(皮劍) 등으로 제각기 부르고, 그 명령어도 각각 달랐다. 일본에 대한 심리적인 거부감 때문에 그것들을 업그레이드된 전술, 훈련법으로 체계화하지 못한 채, 정조 때까지도 여전히 부대별로 명칭과 훈련법을 달리하고 있었던 것이다. 이에 정조는 곧바로 통일된 훈련 용어를 갖추도록 의논해서 보고하라고 명령을 내렸다.

영조 그리고 리더

심리적 거부감의 위험성

'왜' 자가 붙은 물건은 꼴 보기도 싫다며 치우라고 한 영조의 반응에 대해 어찌 봐야 할까? 왜적에 의해 파헤쳐지고 능욕을 당한 조상의 능을 참배하러 갔는데, 호위하는 군사들이 왜창을 들고 서 있는 걸 봤으니 물론 화가 치밀었을 것이다. 하지만 영조는 한 사람의 개인이 아니라, 조선이라는 나라를 경영하는 리더이다. 리더로서 영조는 개인적인 감정을 국가 행사에서 적나라하게 드러내지 않았어야 한다.

억울하고 분한 감정, 화풀이의 대상이 '왜창'이 되어서는 안 된다. 오히려 이를 역으로 이용할 수 있는 지혜가 필요한 것이다. 치욕적인 사건, 울분을 토하고 싶은 상황이라 할지라도 최후의 순간 적을 이기려면 적의 무기를 자신의 것으로 만들 수 있어야 한다. '적의 무기로 싸우고 적의 전술로 이기라'는 말이 그래서 있는 것이다.

심리적 거부감은 선입관을 갖게 하고 매사에 장애로 작용하기 때문에 극복해야 한다. 영조가 청에 대해서는 원칙을 지키는 외교관계를 유지함으로써 실리를 취할 수 있었던 것처럼, 일본에 대해서도 자신의 개인적인 감정을 침착하게 억누르고 현명하게 이용할 방법을 찾았어야 한다. 리더를 지켜보는 구성원들은, 리더가 싫어하는 것을 회피하려는 경향을 보이기 쉽다. 결국 문제를 쌓아둔 채 더욱 키워가는 형국이 되고 말았다.

감정에 치우치지 않는 리더, 정확히 상황을 판단하고 결정하는 리더라면, 과거에 당한 치욕에 얽매여선 안 된다. 바뀐 상황에 적극적으로 대처하고, 상대를 무시하지 않고 오히려 배울 점을 찾아 활용하는 태도가 필요하다. 그것이 바로 최후의 승자가 되는 길이다.

조선 시대 서울 중부 징청방(澄淸坊), 즉 지금의 세종로에 기로소
(耆老所)라는 관청이 있었다. 정2품 이상, 70세 이상 문신들만 회
원이 될 수 있는 관청으로, 기소(耆所) 또는 기사(耆社)라고도 불렀
다. 70세가 되면 '기(耆)', 80세가 되면 '노(老)'라고 하여, 연로한 고
위 문신들을 모아 친목을 도모하게 하고 이들을 예우하기 위해 만
든 것이다. 기로소에서는 1년에 두 차례, 봄과 가을에 '기로연'이라
는 잔치를 열고 기로소 명부를 관리하는 것 외에는 특별한 업무가
없었다. 하지만 조선 시대를 통틀어 관리들은 기로소 회원이 되는
것을 더할 수 없는 영예로 여겼고, 들어가고 싶어 했다. 여기에 왕
도 가세했다.

어느 날 영조의 아버지 숙종이 자기도 기로소에 들어가 겠다고 선언한다. 신하들은 깜짝 놀라 반대한다. 그전까지만 해도 왕이 기로소에 들어간 전례가 없고, 무엇보다도 숙종의 나이가 70에 한참 못 미친 59세였기 때문이다. 하지만 숙종은 막무가내 였다. "태조도 기로소에 들어갔다. 그것도 60세에"라고 억지를 부 렸다. 신하들이 말리며 그런 기록이 없다고 하자, 숙종은 임진왜란 때 불타서 없어진 것이라고 했다. "전하는 60세도 안 되지 않았습 니까?" "59세면 망육(望六), 즉 60세를 바라보는 나이니까 60세가 맞다." 이렇게 생떼를 써서 숙종은 끝끝내 기로소에 들어갔다. 숙 종이 왜 그렇게 기로소에 들어가고 싶어 했는지는 미스터리이지 만, 기로소에 들어갔다는 것 자체는 정년을 하고 은퇴했다는 의미 가 될 수도 있다. 세자에게 대리청정을 시키고, 자신은 막후에 있 으려고 했으리라는 견해가 있다.

아버지 숙종에 이어 아들 영조까지?

세월이 흘러 영조가 즉위하고, 영조도 나이를 먹었다. 그리고 1744년(영조 20) 어느 날, 영조는 불현듯 자기도 망육이 되었으니 숙종의 고사를 따라 기로소에 가겠다고 했다. 그때 영조의 나이는 51세에 불과했다. "59세가 망육이니 50대가 되면 다 망육이다." 영조는 이렇게 우겼다. 하지만 아무래도 설득하기 버거웠다. 그 러자 눈치 빠른 종친 여은군 이매(李梅)가 여기에 동조한다. 숙종 이 60세가 되기 전 59세에 이미 기로소 회원이 된 것이나 영조가

51세에 기로소에 들겠다고 하는 것이나, 조금 차이가 나기는 하지만 육순을 바라보는 건 똑같다며 재차 설명했다. 그리고 중국 고사를 모두 뒤져서 논거를 찾아 올린다. 중국 당나라와 송나라에도 각각 기로소와 비슷한 '구로회'와 '기영회'라는 게 있었는데, 유명한 대신 적겸모(狄兼謨)와 사마광(司馬光)도 70세 이전에 가입을 허락받았다는 것이다.

"그래, 그런 고사가 있었구먼. 그래도 나는 너무 이른 것 같군. 아무래도 59세까지 기다려야 하지 않겠는가? 선조께서도 60세가 되기를 기다리셨는데……." 영조의 이 말은 반어법이었다. '아닙니다. 그런 전례가 있으면 나이가 무슨 상관입니까?' 영조는 신하들이 이렇게 말해주기를 바란 것이다. 하지만 조선의 대신들이 어떤 사람들인가? 꿈쩍도 하지 않았다.

영조는 승부수를 둔다. 계속 암시를 보내며 대답을 해줄 때까지 시간을 끈 것이다. "기로소라는 것은 언제 생긴 것이고…… 이게 이렇고 저게 저렇고……." 하지만 대신들도 단련이 돼서 끝까지 마이동풍이다. 오히려 삼정승이 합동으로 영조의 논리를 반박하는 상소를 올렸다. "기로소는 관청입니다. 왕이 어떻게 신하들의 관청에 들어갑니까?" "50대 남자에게 기로라는 명칭을 붙일 수는 없습니다." "선대의 어느 왕도 그 나이에 기로소에 들어가지 않으셨습니다." "50세를 넘긴 태종, 세종, 세조, 중종, 선조께서도 모두 기로소에 들지 않으셨습니다."

세계 밀고 나간 영조

강하게 반론을 편 삼정승의 상소에 천하의 영조도 대꾸할 말이 없었다. "지난번에는 그저 기로소의 내력을 설명한 것뿐이다. 내가 들어가겠다고는 안 했다." 이렇게 말을 돌리며 물러섰고, 그렇게 영조의 패배로 마무리되는 듯했다. 그런데 이 논란이 전해지자, 마치 요즘 SNS에 댓글이 달리듯 흥분한 관리들이 상소를 마구 올리기 시작했다.

사헌부 관리 박성원은 온 나라 백성이 모두 영조의 100세 장수를 기원하는데 왜 몇 년을 못 참고 서두르느냐며 영조를 대놓고 질타했고, 태조와 숙종의 고사를 맘대로 재단해서 갖다 붙이지 말라고 강력하게 간언했다. 이에 영조는 노발대발하며 박성원을 파직한다. 영조는 그저 빨리 노인의 이름을 얻어볼까 생각한 것인데, 박성원이 자신을 아첨 좋아하는 임금으로, 대신들을 아첨을 즐겨 하는 신하로 매도했다는 것이다.

원래 조선 시대 사헌부 관원에게는 언론의 자유가 있었다. 조금 심하게 말했다 하더라도 간언 때문에 사헌부 관원을 파직하는 건 매우 드문 일이었다. 승지들조차 이건 아니다 싶었는지 파직 명령서 작성과 영조의 명령 반포를 모두 거부한다. 갑자기 일이 커져버렸다. 요즘식으로 표현하면 언론과 청와대 비서관들까지 등을 돌린 것이다.

영조는 오히려 더 강하게 나갔다. 승지들도 모두 파면하고 무관들을 임시 승지로 임명하는 무리수를 두었다. 조선에서 승지는 절대 문관직이다. 무관을 임명했다는 건, 전임 승지들이 그 정도로 하찮고 쓸데없는 자들이라고 노골적으로 폄하한 것이다. 그러자 또 상소가 올라온다. "박성원을 파면한 건 누군가 당파적 사고로 뒤에서 왕을 조종한 결과다." 이제 논쟁은 영조가 가장 싫어하는 당쟁으로 발전한다. 매우 화가 난 영조는 상소를 올린 박치룡을 한밤중에 불러들여, 너야말로 당파적 행동을 하고 있다며 귀양보낸다.

박성원을 비롯하여 사헌부 관리 여럿이 쫓겨나 귀양을 가고, 승지들도 모두 파면되고, 당쟁 문제로까지 사건이 커지자, 더는 감당할 수 없었던 대신들은 영조의 기로소 가입을 용인한다. 결국 1744년 9월, 영조가 기로소 명부에 기록된다.

이렇게 기로소에 가입했지만 영조는 특별히 얻은 것도 없었다. 영조의 기로소 입회 사건은, 가볍게 시작한 일이 전도유망한 관리를 파면하고 귀양 보내는 사건으로 번졌다가, 결국 싱겁게 끝나고 말았다.

영조 그리고 리더

리더의 잔꾀는 신뢰 상실과 분쟁 확대를 낳을 뿐

『이솝 우화』에 이런 이야기가 있다. 소년이 장난으로 연못에 돌을 던지자 개구리가 항의한다. "너는 무심코 하는 행동이지만 우리에겐 목숨이 달린 일이다." 영조의 기로소 입회 소동은 영조가 장난처럼, 너무 쉽게 일을 처리하려고 한 게 문제였다. 아버지 숙종의 전례를 자신의 입맛대로 얼렁뚱땅 끼워 맞춰서 주위의 신하들을 떠보고, 그도 안 되니 억지로 중국 고사까지 끌어대는 방식이었다.

자신의 의도를 슬쩍 흘려놓고 이쪽저쪽 동향을 살피며 몰아갔던 영조의 행동은 리더가 정말 경계해야 할 태도이다. 리더는 목표를 분명히 하고 잔꾀를 부리지 않아야 한다. 리더가 공감을 얻지 못하는 일에 집착하고 목표에 어긋난 행동을 할수록 아랫사람들은 그에 대한 신뢰를 거두게 되고, 쓸데없는 분쟁만 확대될 뿐이다. 추구하는 목표를 세웠다면 정면으로 맞서서 정도로 나아가는 것이 가장 효율적인 방법일 것이다.

"나는 사도세자의 아들이다."

　1776년 정조가 즉위하던 날, 영조의 빈전 앞에서 대신들에게 소견을 밝히며 한 말이다. 할아버지 영조는 정조를 보호하기 위해 사도세자의 형인 효장세자에게 정조를 입양시켰다. 하지만 정조는 즉위하는 당일에, 자신은 효장세자의 아들이 아니라 사도세자의 아들이라고 선포를 한 것이다. 사도세자의 죽음은 정조에게 마음속 한인 동시에 자신의 생명과 지위를 위협하는 요인이기도 했다. 이것은 정조에게 여러 가지 복잡한 감정을 불러일으켰다. 아버지, 그것도 비운의 죽음을 당한 아버지에 대한 그의 안타까움과 억울함은 작지 않았을 것이다.

영조는 정조의 호적상 아버지를 바꾸었을 뿐만 아니라 노골적으로 아버지를 잊고 부정하라고 가르쳤다. 그러나 사도세자의 죽음은 영조가 의도했든 의도하지 않았든 커다란 정치적 사건이었고, 관료와 당파들은 사도세자의 죽음을 둘러싸고 협력파와 반대파로 갈라져 있었다. 정조가 아버지의 죽음을 받아들이더라도 이미 관료 사회에 뿌려진 정치적 의미는 제거할 수 없었다.

관료들에게도 이 사건은 날벼락이었고, 자칫하면 그 찬반에 따라 목숨까지 위험해질 수 있는 사건이었다. 그들은 자신을 보호하기 위해서 정조를 보호하거나 즉위를 막아야 했다. 이런 관료들에 둘러싸인 정조에게 아버지의 죽음은 자신의 폐위와 죽음을 겨누는 검이 되었다. 부친에 대한 인간적인 정과 그 아버지를 부정하지 않으면 안 되는 현실 앞에서 정조는 연민과 자괴감을 동시에 품고 살아야 했다. 그럼에도 불구하고 정조는 즉위하자마자 자신은 사도세자의 아들이라고 소리쳤던 것이다.

아버지를 위한 도시를 세우다

그러나 이런 외침만으로는 부친의 억울함과 자신의 양심의 가책, 그리고 자신의 행동과 무관하게 죽음의 그물을 쓰고 살아야 했던 어린 시절의 고통과 분노는 쉽게 지울 수 없었을 것이다. 정조는 사도세자의 원한을 풀고 추앙하는 것을 일평생 목표로 삼았다.

1789년(정조 13), 정조는 양주 배봉산 기슭, 현재 삼육서울병원 자리에 있던 사도세자의 묘를 수원으로 이장한다. 그런데 이게 단순한 이장이 아니었다. 정조는 곧이어 사도세자의 묘인 현륭원을 보호하고 수원행궁을 정리한다는 명분을 내세워, 방위를 목적으로 설치되었던 특수행정구역 '수원부'의 지위를 한 단계 격상해 '수원유수부'로 바꾼다. 그리고 조선 최강의 군대로 평가받는 자신의 친위부대 '장용영' 군사들을 주둔시켰다.

1794년(정조 18), 사도세자의 묘인 현륭원을 참배하러 간 정조는 수원 팔달산에 올라 번화해진 도회지를 바라보며 이렇게 말한다. "이제 때가 되었다." 아버지의 묘가 있는 곳을 중심으로 새로운 도시의 건설을 꿈꾸었던 정조, 그가 드디어 수원성 축조를 명령한 것이다. 정조는 "현륭원이 있는 곳은 화산(花山)이니, 옛날 요임금이 화(華) 지방을 돌 때 장수(長壽)·부(富)·다남자(多男子) 이 세 가지를 축원한 고사에 따라 성의 이름을 화성(華城)이라 하겠다"고 하면서 아예 도시 이름을 '화성'으로 바꿔버린다. 이렇게 시작된 화성 건설은 1796년 8월, 32개월 만에 완성되었다.

그토록 꿈꿔왔던 화성이 준공되었을 때 정조의 마음은 어떠했을까? 완성된 화성의 웅장한 모습을 모두에게 보여주며 한껏 드러내고 싶었던 정조의 자랑찬 마음, 상상하기 어려운 일은 아니다. 정조는 실제로 대규모의 호위군사와 신하들을 거느린 채 화성으로 행차를 나섰다. 때는 1797년 음력 1월이었다. 정조의 '화성 돌아보기' 아니 '화성 자랑하기'는 화양루(서남각루) 북쪽에서 시작되었다. 맑은 하늘 아래, 정조는 화성을 지키는 군사와 자신이 데리고 간 호위군사들에게 둘러싸인 모습이었다.

공심돈에서

화서루를 지나 공심돈에 이르렀을 때쯤 정조는 "공심돈은 우리나라에서는 최초로 만든 것이라 다른 데서 못 봤을 테니 마음껏 구경하라"고 했다. 한껏 들떠 있는 정조의 마음이 그대로 드러난다. '공심돈(空心墩)'을 글자 그대로 해석하면 '속이 빈 돈대'라는 뜻이다. 돈대란 성벽 중간중간에 튀어나온 치, 혹은 치를 좀 더 크게 만들어 작은 성곽 역할을 하게 한 시설을 말한다. 보통의 돈대는 벽과 지붕이 없는 열린 형태인데, 공심돈은 그 돈대를 밀폐형으로 만든 것이다. 벽돌로 삼면을 쌓고 가운데를 비워 그 안에 층과 계단을 설치해서 병사들을 배치할 수 있게 했다. 유럽의 성에 있는 성탑과 같은 시설이다. 물론 정조는 유럽의 성을 참조한 것은 아니고 중국의 성곽 축성술에서 가져왔다. 중국은 땅이 넓다 보니 소규모 군대를 주둔시키거나 장성 중간중간에 병사들이 주둔할 수 있는 시설이 필요했다. 그래서 등장한 것이 공심돈대이다. 화성 성곽에는 남공심돈, 서북공심돈, 동북공심돈, 이렇게 3개의 공심돈이 있었다고 한다.

정조는 다시 발길을 옮겨 장안문을 지나 방화수류정(동북각루)에 도착했다. 이곳에는 조그만 과녁이 설치되어 있었다. 정조는 자신이 먼저 화살을 세 번 쏘아 맞힌 뒤 주위 신하들에게도 쏘게 했다. 그때 정자 아래에는 주민들이 모두 나와 둘러서서 구경을 하고 있었다. 정조는 어찌나 기분이 좋았던지 주민들에게도 활쏘기를 시켜서, 1등한 자에게 무과 최종 시험에 응시할 자격을 즉시 내려주고 축하 곡을 울렸다. 그리고 여러 신하들에게도 술을 내리고 시를 주고받는 연회도 열었다.

　다음 코스는 동장대, 정조는 여기서 조선의 성에 대한 총평을 늘어놓는다. 우리나라의 성은 그냥 둥글게 쌓기만 해서 효율성이 떨어지고, 성벽 중간중간 튀어나온 돈대가 없어서 병력이 성 위에 전부 늘어서야 한다는 내용이었다. 그러면서 화성은 처음으로 거리와 간격을 정확히 맞춰서 돈대를 세웠기 때문에 두세 명만으로도 좌우를 확실히 감시할 수 있고, 성벽 아래에서는 수비 병력을 짐작할 수 없도록 했음을 강조했다. 앞서 언급한 공심돈을 자랑하고 싶었던 것이다.

　정조는 이어, 각건대(동북포루) 앞길을 거쳐 창룡문 곡성 밖으로 나가 팔달문에 이르렀다. 문루에 올라가 잠시 쉰 뒤 다시 서장대로 이동하여 이곳에서 신하들에게 식사를 베풀었다. 화성 한 바퀴를 다 돈 셈이다. 쉬지 않고 계속 걸어도 세 시간 이상 걸리는 거리를 활쏘기도 하고 성에 대한 평가까지 곁들이면서 구경했으니, 신하들은 저녁밥을 먹을 때까지 정말 오랜 시간을 기다려야 했다. 그런데 이때가 음력 1월이었으니 아직은 추운 겨울이었다. 정조는 물론이고 아마 신하와 군사들 모두 엄청나게 추위에 떨었을 것이다.

　하지만 기분이 너무 좋았던 정조는 여기서 그치지 않았다. 밤에는 장대(서장대)에 올라 군사훈련을 관람했다. 포를 터뜨리고 나팔을 불며 횃불로 점호하는 훈련을 본 뒤, 절차와 격식에 딱 맞

정조의 현륭원 행차를 그린 〈화성능행도〉 일부. 사도세자 능인 현륭원을 참배하고,
화성행궁 뒤편 서장대에 올라 대규모 야간 군사훈련을 지휘하는 광경이다.

았다며 칭찬을 아끼지 않았다.

이렇게 끝난 화성 순시는 정조에게 큰 기쁨과 뿌듯함을 안겨주었다. 정조는 행사를 준비한 화성 유수 조심태에게 특별히 논밭과 노비(전민)를 내리고 화성 안팎에 거주하는 주민들에게도 세금을 면제해주도록 했다.

정조 그리고 리더

리더의 자기과시는 타인의 멸시로 돌아온다

화성을 둘러보며 너무 흥분한 정조는 이날 리더로서 많은 실수를 했다. 축성론에 대한 설교부터 문제였다. 설교를 듣는 신하들 중 성에 대해 모르는 사람은 없었다. 조선 시대에 고관이 되려면 수령도 반드시 지내야 하고, 재정부터 국방, 축성 등에 이르는 갖가지 일들을 다 경험해보고 올라오기 때문이다. 추운 겨울날 바람 부는 성벽 위에서 오들오들 떨면서, 자기도 다 아는, 실은 정조보다 더 잘 아는 축성법에 대해 일장 연설을 들어야 했던 나이 든 재상들은 속으로 무슨 생각을 했을까?

'좋은 군주는 자신의 감정 상태를 얼굴에 쉽게 드러내서는 안 된다.' 한비자의 한 구절이다. 흔히 리더의 지시는 언제나 명확하고 분명해야 한다고 말한다. 물론 그래야 할 때도 있다. 하지만 리더는 사실 이중적이어야 한다. 리더의 지시가 모호하고 추상적이어야 할 때도 있다. 비전은 제시하되 구체적인 방향과 방법은 모호하게 전달해서, 구성원들 스스로가 그 방법을 열심히 찾고 고민하게 만들어야 하는 경우도 있는 법이다.

무색무취한 리더, 매력 없게 느껴질지도 모르지만 때로는 이런 모습이 효과적일 수 있다.

앞서 보았듯, 영조는 아들 사도세자를 죽인 후 손자 정조를 사도세자의 형 효장세자의 아들로 입적시킨다. 정조를 보호하기 위함이었다. 영조는 사도세자와 관련된 이야기는 어느 누구도 입 밖에 내지 못하도록 엄명을 내리고, 사도세자의 죽음에 대한 진상을 '금등문서'라는 비밀문서에 적어 감추게 한다. 문서 은닉의 책임을 맡았던 사람은 도승지, 나중에 정조의 오른팔이 되는 채제공이다. 채제공은 영조의 첫 번째 부인이었던 정성왕후의 신주 아래 금등문서를 숨겼다.

하지만 정조가 사도세자의 아들인 것은 세상이 다 아는 일이었다. 정조가 즉위하자 사도세자의 신원을 요구하는 상소가 올라오기 시작한다. 진심으로 사도세자를 생각한 사람도 있었겠지만, 대부분 정치적 의도였다고 볼 수밖에 없다. 안동 유생 이응원이라는 사람은 사도세자가 억울하게 죽었고 그 배후가 노론이라는 상소를 올렸다가 죽임을 당하기도 했다. 정조는 그것으로도 모자라 안동 지역을 '부'에서 '현'으로 강등했다. 왜 그랬을까? 즉위한 첫날 할아버지의 말을 거역하고 "나는 사도세자의 아들"이라고 온 천하에 외쳤던 정조였는데 말이다.

정치적 불행으로 재생산된 개인적 불행

사도세자의 죽음은 정조에게는 더할 나위 없는 개인적 불행이었다. 그런데 문제는 이 개인적 불행이 정조의 치세 내내 '정치적 불행'으로 재생산되었다는 점이다. 정조는 사석에서 이렇게 한탄한다. "사도세자의 불행에 대해 나처럼 원통한 사람이 있는가? 나는 30년을 매일같이 원한을 삼키며 살아가고 있다." 하지만 정조의 정치적인 입장은, 비극은 한 번으로 충분하다는 것이었다. '사도세자의 비극은 개인의 가정사로 묻고 간다.' 그 비극의 역사를 청산하려고 들면 엄청난 정치적 갈등과 대숙청으로 비화될 것이 뻔했기 때문이다. 노론이 위기감을 느끼면 정조 자신도 위태로워질 수 있었다. 정조는 실제로 두 차례나 암살 시도를 경험했다.

하지만 권력과 이익을 탐하는 사람들에게 사도세자의 비극은 '정치적으로 이용하기에' 너무나 좋은 소재였다. 집권 노론층을 몰아붙일 수 있는 절호의 패였다. 1792년(정조 16), 사간원 정언이었던 유성한이라는 자가 정조에게 상소를 하나 올렸는데, 이 상소가 일으킨 논란이 일파만파 확대된다. "요즘 경연을 자주 땡땡이치고, 궁궐 후원에 광대와 기생을 불러 놀자 판을 만들고 계시다면서요? 이를 바로잡기 위한 간언을 드리지 못했으니 사직하겠습니다"라는 내용의 이 상소는, 어찌 보면 임금에게 쓴소리 한번 올리는 평이한 상소에 불과했다. 하지만 유성한이 마침 '노론'이었기 때문에 남인들로부터 집중포화를 받는다. '유성한의 아버지와 친구들이 흉악한 말을 하고 다니고, 경종의 묘를 지날 때도 말에서 내리지 않는다.' 이런 소문까지 더해지며 유성한의 상소는 경종을 부정하고 사도세자를 무시하는 내용으로 확대 해석되었고, 급기야 영남의 유생 1만 명이 집단으로 '영남만인소'를 올리게 되었다. 유성한을 처벌하고 사도세자를 신원해야 한다는 주장이었다.

금등문서를 공개한 정조

사태가 걷잡을 수 없이 확대되자 1793년, 영의정 채제공은 사도세자를 공식적으로 신원하자는 상소를 올린다. 채제공의 본심이 무엇이었는지는 아직 미스터리이다. 채제공 역시 '남인'이었다. 이 기회를 발판 삼아 노론을 눌러보려는 시도였을 수도 있고, 소문과 억측을 도저히 막을 길이 없으니 차라리 사도세자를 신원해 음모론의 대상이 되는 것을 막자는 취지였을 수도 있다. 어쨌든 정조도 채제공의 생각에 동의했던 모양인지, '사도세자의 비극은 개인의 가정사로 묻고 간다'던 기존의 입장을 뒤집는다. 그해 8월 8일, 영조가 봉인해놓았던 금등문서가 공개된다. 문서에는 도대체 뭐라고 적혀 있었을까?

"피 묻은 적삼이여. 피 묻은 적삼이여. 오동나무 지팡이여. 오동나무 지팡이여. 누가 안금장(安金藏)과 차천추(車千秋) 같은 충신인가. 내 죽은 자식을 그리워하고 있노라."

'피 묻은 적삼'은 어머니 정성왕후가 죽자 슬퍼하던 사도세자가 피눈물을 흘려 옷자락이 얼룩진 걸 뜻하고, '오동나무 지팡이'는 상주가 짚는 지팡이를 가리킨다. 삼년상이 지나서도 어머니를 그리는 마음에 사도세자는 지팡이를 보관하고 있었는데, 그가 뒤주에 갇히던 날, 반란의 증거를 찾기 위해 동궁을 뒤지던 중 이 지팡이가 나왔다. 반대파들은 이를 보고 영조가 일찍 죽기를 바라며 보관한 거라고 모함을 해댔다. 결국 금등문서는 '오해 때문에 아들을 죽이게 된 것이다. 다시 말해 억울한 죽음이었고, 나 영조는 이 일을 후회하고 있다'는 내용을 담은 것이었다. 아울러 영조는 남 탓도 하고 있었다. 태자를 자결하게 만든 한무제의 충신, 안금장이나 차천추 같은 신하가 곁에 있어서 죽음을 각오하고 자신을 말렸더라면 아들을 죽이는 일까지는 없었을 거란 이야기이다.

좌우간 금등문서는 사도세자가 억울하게 죽었다는 사실을 영조가 공인했다는 증거였고, 정조는 금등문서를 공개한 이후 사도세자의 신원 작업을 본격화한다. '신원은 없다'던 기존 입장을 번복하고 '신원은 하되 정치적 보복은 없다'로 노선을 바꾼 것이다. 그 결과 소문은 잠잠해지고 정국은 안정되었을까? 안타깝게도 전혀 그렇지 않았다. 사도세자를 지지하던 파벌은 기세가 올랐고, 반대파는 불안에 떨어야 했다. 그리고 이 불안은 정조가 죽을 때까지 사라지지 않았고, 더 큰 유언비어를 낳았다. 그중 압권이, 오늘날까지도 수많은 사람들이 믿고 있는 '정조 암살설'이다.

정조 그리고 리더

이해관계가 청산된 다음에 문제를 해결하라

'유언비어'는 오늘날에도 큰 사회문제로, 그 위력은 무서울 정도이다. 잘나가던 기업이 터무니없는 유언비어 때문에 엄청난 손해를 입거나 망하는 사례도 발생한다. 어떤 사람들은 지성인들까지도 어떻게 그런 엉터리 이야기를 쉽게 믿느냐고 의아해한다. 그건 소문의 속성을 잘 몰라서 하는 말이다. 소문은 지혜와 상식으로 판별하는 게 아니다. 자신의 이익과 이해관계가 기준이 된다. 사도세자의 죽음처럼 커다란 이해관계가 걸린 경우, 소문은 절대로 사라지지 않는다.

그럼 이런 유언비어에는 어떻게 대처해야 할까? 인간 사이에 이해관계란 게 있는 이상 유언비어를 막을 수는 없다. 특히 사도세자 사건처럼 극단적으로 잘못된 사건이 발생하면 유언비어가 영원히 달라붙는다. 그러므로 가능한 한 정도와 상식에 맞는 투명한 조직 운영을 하여, 사도세자의 죽음처럼 전 구성원의 이해관계가 둘로 갈라지는 빌미를 주지 않아야 한다. 하지만 아무리 정도 경영을 해도 이런 구설수를 100퍼센트 막을 수는 없다. 그래서 강조하는 방법은, 역으로 자신이 이용하려는 유혹을 이겨내야 한다는 것이다.

정조의 큰 실수는 그러지 못한 데 있었다. 사도세자는 아마, 정조도 죽고 양쪽 파벌이 모두 죽은 '그다음 세대'로 가면 분명히 신원되었을 것이다. 영조가 금등문서를 남긴 이유가 바로 그것이었다. '이해관계가 청산된 다음에 문제를 해결하라!' 만약 정조가 영조의 의도를 정확히 파악해 서두르지 않고 '신원은 없다'던 기존 입장을 번복하지 않았다면, 고종 때 가서야 비로소 가능했던 사도세자의 '장조' 추존이 더욱 앞당겨졌을지도 모른다. 하지만 정조도 인간인지라 그걸 참지 못했다.

정조는 평생 분을 참고 살았다고 했는데, 어쩌면 그것이 잘못된 일이었을 것이다. 사도세자 문제는 언젠가는 분명히 해결될 문제였으니 '이미 해결된 것과 진배없다'는 마음으로 살아갔어야 한다. 인간적으로 그것이 쉽겠냐고 반문하는 사람이 있겠지만, 군주라면 그것을 감당해야 하지 않겠는가? 큰 권력에는 큰 책임과 고통이 따르는 법이다. 그것을 컨트롤할 수 있어야 진정한 리더이다.

8

요즈음 부하에게 막말하는 상사들을 고발하는 기사를 심심찮게 볼 수 있다. 막말한 높은 분에게 징계가 내려지기도 하고, 이른바 '갑질'을 한 것에 대해 두고두고 비난을 받는 경우가 많다. 시민의 식이 발달한 현대에, 이런 일은 기업의 운명까지 좌우한다. 조선 시대에는 어땠을까?

사극을 보면 상관이 아랫사람을 마구 하대하거나 막말을 하는 장면을 볼 수 있다. 조선은 신분제 사회이고 위계질서가 엄했으니 상관이 하급자에게 더 매섭게 대했으리라고 생각하기 쉽다. 하지만 사실 조선의 관료들 사이에서 상관이 부하 관원을 하대하거나 막말을 하는 경우가 딱히 없었다. 서로 같은 관료, 같은 양반들이었기 때문이다. 하대는 신분이 낮은 사람에게만 가능한 것이었다. 그리고 개인차가 있긴 하지만, 신분이 낮다고 해서 다 함부로 대하지도 않았다. 조선 시대에는 부부 사이에도 서로 존대했다.

정조, 오늘날 세간의 이미지와는 사뭇 다른

정조는 학자 군주로 알려져 있다. 조선 후기 르네상스를 이끈 학자적이고 개혁적인 군주로 알려져 있어서, 성품도 온화할 것 같다. 『정조실록』은 정치 행위를 기록한 역사서인 만큼 정조의 개인적 성격을 적나라하게 드러내지 않았다. 반대로 상당히 무게감 있고 백성을 사랑하며 열심히 공부하는 모습은 강조했다. 그런데 몇 년 전 공개된, 심환지에게 보낸 정조의 편지 297통을 보면 뜻밖의 반전이 보인다. 정조의 가감 없는 성격과 언행이 바로 그것이다.

정조는 스스로 '태양증'이 있다고 표현할 정도로 다혈질이었다. 흥분을 잘했다. "나는 태양증이 있어 부딪히면 바로 폭발한다." 노론 벽파의 수장인 심환지에게 정조는 이렇게 말한 적도 있는데, 고민 상담인지 협박인지 모르겠다. 훗날 아들 순조의 장인이 된 김조순에게는 "옳지 못한 짓을 보면 바로 화가 치밀어 얼굴과 말에 나타나며, 아무리 억누르려고 애를 써도 태양증 기질을 고치기 어렵다"고 말하기도 했다.

스스로 진단을 내린 그대로, 정조는 대단히 직선적인 성격이었다. 심환지에게 보낸 편지에는, 신뢰하던 측근 서용보에 대해 '호래자식'이라는 표현까지 쓴 일도 있다. "이 사람은 그저 돌아가는 세태만 지켜볼 뿐이다. 참으로 호래자식이니 안타까운 일이다. 요즘에 하는 꼴은 점점 본색을 가리지 못하니 어째야겠는가?" 그런가 하면 심환지에게는 이렇게 말하기도 했다. "경은 이제 늙어서 머리가 허옇다. 그런데 매번 입조심을 못해서 문젯거리를 만드니 경은 정말 생각 없는 늙은이다. 너무너무 답답하구나."

당시 관료 중에 물의를 일으킨 자가 있어 심환지가 이 사건을 서용보에게 전했는데, 정조는 자기가 서용보에게 말하지 않은 내용까지 말을 옮겼다며 노발대발한 것이다. 정조는 '생각 없는 늙은이'라는 말로도 부족했는지 "앞으로 경을 대할 때는 나 역시 입 다무는 것 외에는 다른 방법이 없으니 정말 우습게 되었다. '이 떡 먹고 이 말 말아라!'라는 속담을 명심하는 게 어떤가?"라며, 나이 많은 정승을 대놓고 깎아내리며 비아냥댔다.

원래 조선에선 임금조차도 정승과 대신들을 함부로 대하지 않았으며 존경을 표하며 예를 다했다. 하지만 정조는 평소 '군왕은 친밀함을 보이지 않으면 신하를 잃는다. 현명한 신하를 사사로이 대해야만 큰일을 이룰 수 있다'고 생각했다. 심환지에게 보낸 그 많은 편지도 이런 생각이 반영된 것이었고, 그만큼 정조는 심환지를 친밀하게 생각했던 것 같다. 그 때문인지 정조는 편지에서 오늘날의 'ㅋㅋ'에 해당하는 '呵呵'라는 표현까지 사용하고 있다. 요즘 유행하는 이모티콘처럼 가볍게 '크크크' 웃는 표현을 일찍이 사용한 것이다.

신하와 친해지기 위한 제스처?

그런데 정조의 이런 태도와 직설적인 표현을 그저 신하와 친밀해지기 위한 제스처로 간주해야 할까? 1797년(정조 21) 7월 인사이동이 있었다. 당시 이조판서 이재찬의 인재 발탁이 못미더웠던 정조는 심환지에게, 서용보를 통해 이조판서의 인재 천거에 개입하라고 지시했다. 그런데 심환지가 뜻대로 움직여주지 않았는지, 정조는 심환지를 두고 "지금 경의 꼴은 참으로 '장 80대'에 해당한다 하겠다. 경이 강력한 의지를 가지고 움직여주지 않으니 내가 믿을 수가 없다. 소심해야 할 때 소심하고 용기를 낼 곳에서는 용기를 내야 하는데, 나서서 일을 해야 할 때 오히려 머뭇거리고 두려워하니 부끄럽지도 않은가"라고 했다. 정조가 심환지를 친밀한 신하로 생각해, 하루가 멀다 하고 편지를 보낸 것까지는 이해할 수 있다. 하지만 당사자인 심환지는 이런 직설적인 표현에 아마 상처를 많이 받았을 것이다.

우리는 때때로 가깝다고 생각하는 사람에게 오히려 더 상처를 주고 무시하는 언사를 하곤 한다. 정조 역시 비슷했다. 1799년 10월, 한원진이라는 사람을 이조판서에 추증하고 시호를 내리는 일 때문에 정계가 한바탕 요동쳤던 적이 있다. 당시 '호락논쟁'이라고 해서, 인간과 자연의 본성이 같다고 주장하는 '낙론'과, 다르다고 주장하는 '호론'으로, 노론 내부에 파벌이 생겨 갈라져 있었다.

한원진은 호론의 영수였다. 한원진 추증을 찬성하는 쪽과 반대하는 쪽의 치열한 논쟁이 진행되는 가운데 여론의 추이를 지켜보던 정조는, 별안간 낙론 쪽 젊은 초계문신 김매순과 김이영에게 불같이 화를 낸다. "입에 젖비린내 나고 미처 사람 꼴도 갖추지 못한 김매순이란 놈과, 경박하고 어지러워 동서 분간도 못 하는 김이영이란 놈이 편지와 발문으로 감히 선배들의 의론에 주둥아리를 놀린다. 정말 망령된 일이다." 표현이 아주 거칠고 적나라했다. 정조는 이런 편지를 쓰느라 밤을 꼬박 새웠고, 다음 날 해가 뜨자 스스로 너무 흥분했다고 인정하면서 "내 성품도 별나다고 하겠다. 우스운 일이다"라며 편지를 태워버리라고 했다.

정조 그리고 리더

너무 스스럼없는 리더십은 오히려 신뢰를 무너뜨린다

정조는 세손 시절부터 그저 공부만 하고 책만 읽었다고 회고할 정도로 소외되어 있었다. 즉위한 후에도 생명의 위협을 느껴서 재위 7년이 될 때까지 옷을 갖춰 입고 잠자리에 들 정도였다. 반면 학문적으로는 큰 성과를 이루어, 임금인 동시에 스승을 자처할 정도로 자신감을 키웠다. 하지만 이런 자신감은 태양증이라고 표현되는 성격과 함께, 상대를 깎아내리고 무시하고 비교하는 언행으로 표출되었다. 이런 태도는 아랫사람들에게 신뢰감을 줄 수 없다.

현명한 신하와 깊이 친해져야 한다고 생각했던 정조는

'편지'라는 사사로운 매개체로 이를 실천하려 했다. 그러나 국가 경영에서 국왕에겐 국왕의 위치가 있고, 신하에겐 신하의 위치가 있는 법이다. 정책을 결정하고 조정하는 데 있어서 개인적인 편지를 이용해 막말을 하고 자신의 감정을 모두 드러낸 정조의 행동은, 편지를 받는 상대에게 오히려 불신감만 키우는 결과를 가져왔다. 정조는 심환지에게 편지를 모두 태워서 없애버리라고 신신당부했지만, 심환지는 한 통도 없애지 않고 모두 모아두어 현재까지 남아 있게 했다는 사실이 그것을 방증한다.

어느 조직이든 마찬가지이다. 조직체가 잘 운영되려면 리더는 기본적으로 언행부터 조심해야 한다. 상사와 부하 직원이 서로 존중하는 기반 위에서 신뢰는 형성된다. 그로써 조직은 효과적으로 목표를 달성할 수 있다. 구성원이 상하 없이 서로 존중하는 가운데 조직이 더욱 성장할 수 있음을 기억해야 한다.

9

역사를 보면 과거에는 천대받던 것이 훗날 존중받고, 과거에는 하늘처럼 숭앙받던 것이 훗날 천대받게 되는 현상을 곧잘 발견할 수 있다. 일례로, 코카인은 오늘날 세계에서 가장 많이 유통되는 가장 위험한 마약이지만, 처음 등장했을 때만해도 만병통치약으로 각광을 받았다. 광대는 르네상스 시대만 하더라도 그림 속에 등장만 해도 불경죄로 처벌받을 정도로 천한 직업이었다. 그러나 오늘날 연예인은 그야말로 스타 대접을 받는다.

소위 '덕후'라 불리는 '마니아'들의 경우도 비슷하다. 그들에 대한 세간의 인식이 많이 달라졌다. '덕후'는 일본의 '오타쿠'라는 말이 변형된 것으로, 영어의 '마니아'도 그렇듯 원래 좋은 의미가 아니었다. 무엇 하나에 빠져서 다른 모든 것을 팽개치는 사람을 비하하는 의미로 쓰이던 멸칭이다.

정조 시대에 본격 등장한 오타쿠

이 오타쿠가 우리 역사에 본격적으로 등장하는 때가 정조 시대이다. 다양한 표현법이 보이는데 그중에 '완물상지(玩物喪志)'는 특정 물건을 너무 좋아해 정상적인 생활을 못 한다는 뜻이다. 오늘날의 덕후, 그 자체이다. 골동품이나 문방구, 그림, 도자기, 꽃, 소설 같은 것에 빠져서 과거 시험 공부는 물론이고, 부인과 자식에 대한 의무까지 포기하고 가산을 탕진하는 사람을 말한다.

'벽치(癖癡)'는 한 가지에 편협하게 빠진 바보라는 뜻이다. 비꼬는 의미로 쓰인 말인데, 정작 당사자들은 이런 표현을 영예로 여겨서 스스로 별명을 만들어 붙이기도 했다. 예를 들어 이덕무는 자신을 책만 읽는 바보라는 뜻인 '간서치(看書癡)'라고 불렀다. 자기만의 방식으로 자기만의 세상을 사는 사람들이 많았다. 신의측이란 사람은 '나에게로 돌아갔다'는 의미에서 스스로 별명을 '환아(還我)'라고 붙였고, 이단전이란 시인은 진짜 종놈이란 뜻에서 스스로 '필재(疋齋)'라고 했다. '필' 자를 뜯어보면 下+人이다. 이익의 조카인 이용휴는 '하사(何事)'라는 별명을 붙였는데, '뭔 일?'쯤이 되겠다. 그 밖에도 특이한 별명이 많았다. 깔깔대며 웃는 사람이란 뜻의 '가가생(可可生)', 멍청이라는 뜻의 '우부(愚夫)', 들판에서 굶주리는 사람이란 뜻의 '야뇌(野餒)' 등이 있다.

당시 오타쿠의 종류도 무척 다양했다. 벼루, 먹, 붓, 종이 같은 문방구에 빠진 경우는 기본이다. 곤충, 채소, 방언, 속담, 조류, 벌레, 담배, 돌, 칼 등등에 대한 방대한 자료를 수집하고 정리하면서, 그 작업물에 불경스럽게도 '경전'이란 제목을 붙인 경우도 있다. 녹색 앵무새에 관한 경전인『녹앵무경(綠鸚鵡經)』, 비둘기에 관한 경전인『발합경(鵓鴿經)』, 담배에 관한 경전인『연경(烟經)』등이 그것이다.

벽치에 대한 정조의 평가

그런데 이렇게 새로 등장한 벽치들에 대해서 정조는 어떻게 평가했을까. 개혁적 군주라는 정조도 실은 이들을 극도로 무시했다. 사회적으로 위험한 종자로까지 간주했다. 정조는 김조순, 이상황이 중국 소설을 읽는다며 처벌하고 소설은 몽땅 불태웠으며, 남공철과 이옥은 시험 답안에 소설 문체를 인용했다고 처벌했다. 연암 박지원은 반성문도 제출했다.

"소설 나부랭이들이 경전을 해치는 지경에 이르렀다. 이단을 물리치고 정도를 넓히기 위해서는 강력한 규제가 필요하다. 이런 폐단을 근본부터 뿌리 뽑으려면 애당초 잡서를 사 오지 못하게 하는 것이 제일이다!"

'정조같이 공부를 많이 한 군주가 왜 그랬을까?' 이런 의문이 생길 것이다. 정조는 혼자 공부를 많이 한 것이 오히려 문제였던 것 같다. 무언가에 빠진 사람들은 그것에 집중한다. 보편적인 윤리나 가치관, 생활 방식과는 멀어지게 된다. 유득공의 숙부인 유금은 이런 충격적인 발언을 한다. "용에게 여의주가 소중하듯 말똥구리에게는 말똥이 소중하다. 사람들은 여의주만 귀하게 보고 말똥은 우습게 여기지만 나는 내 말똥을 더 귀하게 여기겠다." 심지어 당시에는 벌레에 빠진 덕후도 있었다. 이런 사람이 조직에 있으면 사람들과 불화를 일으키고 피곤하게 한다며 이들을 싫어하고 배척하는 게 보통이었다. 그런데 오늘날 이들에 대한 평가가 달라진 이유는 무엇일까? 한마디로 그들의 특별한 전문성 때문이다.

정조 때 국화에 빠진 인물이 한 명 있었다. 국화를 모으다 못해 국화를 그린 그림을 모으고, 시를 쓰고, 국화 감상회와 품평회를 열었다. 여기까지는 취미 영역인데, 다음 단계로 진화해서 국화를 접붙이고 종자 개량을 하고, 재배법에 관한 책까지 썼다. 아쉽게도 당시는 아직 꽃 시장이 열리지 않은 시대였다. 요즘처럼 국화가 인기 있는 상품인 시대를 살았다면, 그는 위대한 선구자가 되었을 것이다.

정조는 벽치들이 식견이 좁고, 상식이 부족하고, 온갖 물품을 좋아하다 보니 적국인 청나라 물건을 좋아한다고 비난했다. 하지만 다시 생각해보면 이러하다. '식견이 좁고 상식이 부족하다?' 원래 전문가란 상식이 넓기보다는 좁고 깊은 사람이다. '적국의 물품을 좋아한다?' 요즘으로 치면, 라이벌 회사 제품까지 좋아해서 그것을 치밀하게 분석할 줄 아는 사람이라고 치환할 수 있다.

올바른 덕후 용인술

어느 기업이나 라이벌 회사 제품이 나오면 비교하고 분석하기 마련이다. 회사의 사운이 걸린 중대한 과정이다. 자기 회사에 대한 무한한 애정과 의무감으로 라이벌 회사 제품을 연구하는 사람이 있는 반면, 라이벌 회사 제품임에도 불구하고 순수하게 그것에 빠져들어 제품을 연구하고 분석하는 사람이 있다. 어느 쪽이 더 유용하다고 단언할 수는 없지만, 덕후의 한마디가 없어서는 안 된다는 점만은 분명하다고 하겠다.

고객들은 다 아는 라이벌 회사의 가치와 장점조차 미처 모르는 기업들이 의외로 많다. 고객의 불평을 받아들여 제품을 개량한다고 하는데, 비용을 들여 개선을 해도 매출은 늘지 않고 비용만 버리는 경우도 적지 않다. 그 이유는 상대 제품의 진정한 매력을 알지 못한 채 자기 개량에만 몰두하기 때문이다.

18세기의 벽치들은 가치를 인정받지 못했다. 그래서 스스로를 바보라고 부르며 자조했다. 세상 사람들이 앞으로 다가올 시대를 보지 못하고 당대의 삶과 관습 속에서 그들을 판단한 탓이다. 지금 우리는 현재가 아니라 미래를 기준으로 살아야 하는 시대에 서 있다. 그래서 당장은 이상해 보이는 덕후들도 존중을 받게 된 것이다. 하지만 모든 사람이 덕후가 될 수는 없다. 덕후가 아닌 우리들에게 중요한 것은, 현실이 아닌 미래를 기준으로 생각하고 활동하려는 의지이다.

10

정조가 친위 부대 장용영을 만든 이유는?

"쓸모없는 것을 쓸모 있는 것으로 만들겠다."

정조는 즉위 전부터 생명의 위협을 느꼈다. 자신을 두둔하는 시파와 반대하는 벽파 사이에서 어려움을 겪었을 뿐 아니라 암살 시도도 두 번이나 겪었다. 조선의 왕 중, 암살이 정말로 시도된 경우는 정조가 유일하다. 평생을 따라다닌 위기의식 때문인지 정조는 자신의 친위 부대를 절실하게 원했던 것 같다.

조선에는 원래 '5군영'이라고 해서, 훈련도감, 어영청, 금위영, 총융청, 수어청이 존재했다. 궁궐의 방비뿐 아니라 수도인 서울을 내외에서 방어하는 중앙군이었다. 이들 부대가 국왕의 휘하에 있는 조직임은 분명했지만 실상 그것은 명목일 뿐, 실제로는 당색에 따라 운영되고 있었다.

"요즘 조정에서 금군의 여러 병폐 때문에 염려가 많아 고심해왔다. 이제 쓸모없다고 하는 것을 쓸모 있는 것으로 만들겠다. 소수의 정예부대로 조직해 옛 제도를 회복하겠다. 장용영을 설치하는 것은 후일에 기대를 거는 것이다."

정조 친위 부대, 그 운영상 문제와 한계

그래서 탄생한 군대, 정조의 친위 부대가 장용영이다. 하지만 장용영을 창설하려고 하자 난관이 없을 수 없었다. 신하들은 국왕이 친위 부대를 만드는 것 자체에 위기의식을 느꼈다. 이런 친위 부대는 전례가 없었기 때문이다. 조선의 왕은 로마의 근위대 같은 친위 부대를 만들 수 없었다. 심지어 이런 경우도 있다. 효종이 북벌론을 주장할 때이다. 효종이 노량진에서 갑옷을 입고 군대를 사열한 적이 있는데 이것조차 신하들에게 큰 비판을 받았다. 왕은 명목상으로 군 통수권자지만 실질적으로 군대를 통솔하는 것은 안 된다는 논리였다. 노량진에서의 사열은 직접 인솔한 게 아니었지만 어쨌든 비슷한 형식이 되었는데, 왕은 철저히 궁궐에 앉아서 장군에게 모든 걸 위임해야 한다는 게 신하들의 생각이었다.

그리고 또 한 가지 현실적인 난관은 재정 문제였다.

"나는 늘 선대의 뜻을 계승하여 백성을 보호하는 데 마음을 쓰고 있다. 그런데 가장 큰 폐단이 군영이 너무 많은 것이다. 이것을 해결하기 위해 노력하겠다."

이미 운영되고 있던 5군영도 심각한 재정난에 시달리고 있었다. 균역법의 논쟁도 이 때문에 벌어진 것이다. 임진왜란과 병자호란을 겪은 뒤 강력한 군대가 필요하다고 해서 만들어진 5군영조차 극심한 재정난 때문에 원안대로 운영되지 못하고 함량 미달의 군대로 남아 있었다. 그런데 정조가 또 장용영 신설을 제안하니 반대가 극심할 수밖에 없었다. 이미 궁궐 안팎으로 수도의 방비가 튼튼한데 왜 쓸데없이 장용영을 만들어 경비를 허비하느냐는 비난이었다.

정조는 야금야금 수를 쓴다. 처음에는 '장용위'라며 무관 30명을 뽑아 호위대를 만들고, 이걸 슬슬 늘려서 1788년(정조 12) 드디어 장용영을 창설한다. 여기까지는 성공했지만, 만들었다고 끝난 게 아니었다. 반대와 비판을 누르고 계속 유지하려면 재정 문제에 대한 해결책이 필요했다. 정조는 자신 있게 선언한다. "국가 재정에 부담을 주지 않겠다. 재정을 모두 내탕금으로 조달하겠다." 국왕의 개인 자금으로 재정 문제를 해결하겠다는 얘기였다.

실제로 정조는 상당한 액수의 내탕금을 장용영의 자본으로 냈다. 하지만 내탕금만으로 군영을 운영하는 것은 무리였다. 정조는 보완책으로 장용영 자체의 수익사업을 구상한다. 장용영의 가장 큰 특징은 모든 병사에게 토지를 줬다는 점이다. 군역을 지는 병사에게 토지를 지급하는 것은 고대 병농일치 사상에서 유래한 것인데, 조선에서 가장 이상적으로 떠받들던 제도였다. 그러나 어떤 왕조도 제대로 시행할 수 없었다. 정조가 장용영에 이 제도를 도입한다. 땅도 여기저기 흩어서 준 것이 아니라 집단농장 또는 키부츠처럼 넓은 땅에 바둑판처럼 구획을 나눠서 지급했다. 농기구도 자체적으로 제작해 보급하고, 영농을 계획적으로 해서 수익성도 높이려 했다.

정조는 금융 수익도 추구했다. 다른 군영이나 균역청, 선혜청, 감영, 병영 등 여러 기구의 재정이나 환곡을 돌려서 장용영에 넣고 환곡을 운영하도록 한 것이다. 국가 재정을 축내는 것 아니냐고 반문할 수 있겠는데, 당시에는 이것을 국가 재정이 아니라 그냥 정부기관의 돈을 돌려쓰는 것으로 간주했다.

정조는 자신이 공언한 대로 장용영의 재정 문제를 해결하려고 최선을 다했다. 하지만 안타깝게도 장용영의 키부츠는 생각처럼 쉽게 생산성이 늘지 않았다. 생산성이 높아지려면 병사들이 농부와 상인 역할까지 모두 겸해야 하는데 여의치 않았다. 대개가 소작을 주거나 매너리즘에 빠졌다. 환곡은 말이 환곡이지 금방 고리대 영업으로 바뀌는데, 여기서 누가 생산성, 영업이익을 높이려고 하겠는가? 그들은 편안히 이자만 높이려 했다. 이자 놀이 하는 주체가 군영이다 보니, 채무자를 관리하고 빚 독촉을 하는 것은 어떤 집단보다도 쉬웠을 것이다.

정조가 장용영을 만들려고 했던 근본적인 이유를 따져보면 제도를 불신하고 관리를 불신한 탓이었다. 자신이 직영하면 달라질 것이라고 생각했다. 그래서 장용영은 모든 것을 자체적으로 해결하려고 했다. 하지만 결과적으로는 달라진 게 없었다. 장용영은 훌륭한 무사, 독자적 재정 기반, 자체적인 운영 시설을 갖추었다. 여기에 국왕의 기대와 지원까지 한 몸에 받았다. 그런데 실제 운영 내용을 보면 별로 달라진 것이 없었다. 매너리즘을 변수에 넣지 않았던 탓이다.

정조 그리고 리더

우리와 타인을 동일 항목으로 비교하지 말라

한때 우리 기업도 아웃소싱을 하지 않고 모든 걸 자체 해결하려던 때가 있었다. 우리가 인재도 더 뛰어나고 조직도 선진적인데, 굳이 아웃소싱을 할 필요가 있느냐는 생각이었다. 하지만 자체 해결 방식도 나름의 문제를 가지고 있다. 사실 성과를 내는 데 인재, 시설, 조직 관리 능력도 중요하지만, 더 결정적인 것은 '구성원이 얼마나 전문성을 가지고 있고, 얼마나 헌신적으로 절박하게 뛰어드는가'이다. 장용영의 경우 금세 매너리즘에 빠지면서 이런 절박성이 사라져버린 것이다.

그렇다고 아웃소싱이 다 좋은 것도 아니다. 모든 것은 경우와 사정에 따라 다르다. 우리와 타인을 비교할 때 동일 항목만 가지고 비교하지 말라는 얘기다. 어떤 경우는 인재의 구성이 결정적 요소일 수 있고, 어떤 경우는 열의와 적극성이 더 결정적일 수 있다. 우리 프로젝트가 어떤 경우에 해당하는지 가려내는 것이 아마도 리더의 역할일 것이다.

제 2 장

개혁을 향한 의지 : 저항, 극복 그리고 미완

영조의 왕세제 책봉식을 기록한 그림.

〈영조 왕세제 책례 반차도권〉의 일부로, 1721년 책봉 당시 제작된

반차도를 모본으로, 후대에 제작한 것으로 추정된다.

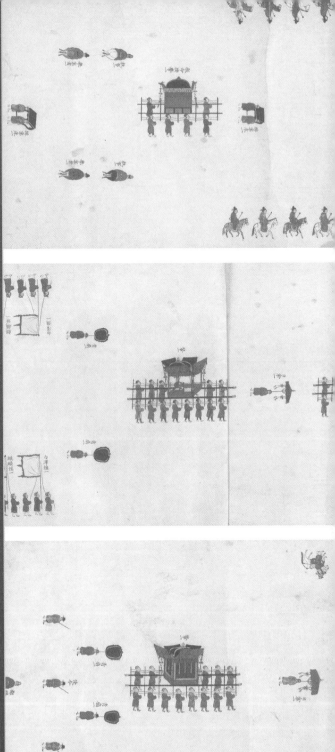

조선 시대에는 1년에 한두 차례 국정이 마비되는 시기가 있었다. 중국에서 사신단이 도착할 때이다. 사신이 온다고 하면 호구조사, 내각 개편, 편찬 사업 등 모든 국가적 사업이 일단 정지된다. 세조 때 신숙주는 여진 정벌을 준비하려고 함경도에 갔다가, 사신이 온다고 해서 전쟁 준비를 중단하고 한양으로 돌아온 적도 있다. 과도한 사대주의 아닌가 싶겠지만, 오늘날 올림픽이나 APEC 같은 행사를 치를 때 주요 사업이나 행사를 연기하며 국력을 온통 거기에 집중하는 것과 비슷하다. 다만 조선 시대에는 도로 사정이나 통신, 수송 수단, 재정, 물자 등이 현재와 비교할 수 없을 정도로 열악했기 때문에, 현재의 기준에서 보면 중단할 필요가 없어 보이는 사업까지 중단하면서 외교에 집중해야 했던 것이다.

청나라 조문단이 안겨준 대혼란

그런데 17세기 이후, 중국 사신을 맞게 될 때 이전에 없던 한 가지 더 큰 부담이 생겼다. 중국의 왕조가 명나라에서 청나라로 바뀌었는데, 원래 조선은 이전 명나라와 매우 친한 우호 동맹국이었다. 반면에 청과는 병자호란을 겪은 적국 사이였다. 조선과 청이 만나면 팽팽한 긴장감이 흘렀다. 조선은 청나라 사신이 뭔가 트집을 잡아 해코지를 하지 않을까 걱정했고, 청은 또 청대로 조선이 무슨 음모를 꾸미지 않나 의심했다. 전쟁이 끝난 지 두 세대가 지났지만 양국의 불신은 해소될 기미를 보이지 않았다. 그러던 중 1720년 숙종이 승하한다. 청에서는 국상 외교로 조문 사절을 파견한다. 조선 국왕이 승하할 경우 중국에서 조문 사절을 보내는 건 오랜 전통이었다. 하지만 이번엔 한 가지가 달라졌다. 명나라 사신들은 궁에 설치한 빈소에서 제사를 지냈었다. 그런데 청나라 사신은 직접 숙종의 능에 가서 제사를 지내겠다고 했다.

　이 말을 들은 조선의 조정은 발칵 뒤집힌다. 그게 무슨 발칵 뒤집힐 일인가 싶지만, 적대감과 불신이 쌓인 관계에서는 무슨 행동이든지 다 흉계나 트집 잡힐 거리가 내재되어 있는 것처럼 보이는 법이다. 조선의 관료들은 고민했다. 도대체 왜, 무엇 때문에 구태여 사신이 직접 능에까지 간다고 하는 것인가? 누구는 청나라 사신이 더 많은 뇌물을 요구하려는 술수라 추측했다. 누구는 외교적인 결례라고 말했다. 조선을 무시해서 그런다는 판단이었다. 하지만 사실 청나라 입장은 이 기회에 조선과의 껄끄러웠던 관계를 개선해보려고 했을 뿐이다. 청나라가 조선을 침공하고 항복을 받아낸 이후에도 계속 트집을 잡고 경계했던 건, 명나라와 조선이 함께 자신들을 공격할까 걱정했기 때문이다. 이제 명나라가 완전히 멸망한 이상 청은 조선과 척을 질 이유가 없었다. 그들은 관계 회복을 원했다.

이때 숙종이 사망했다. 청나라에서는 누군가 죽었을 때 직접 그 사람 무덤에 가 제사를 지내는 것이 최대의 예우였다. 그래서 조선의 국왕에게 나름대로 최고의 예우를 표현하려고 했던 것이다. 현대에도 나라에 큰 불행이 생기면 상대국과 분쟁을 자제하고 화해의 계기로 삼는 경우가 많은데, 이와 비슷하다.

하지만 조선은 이런 풍습을 몰라 여기에 어떤 음모가 있지는 않을까 의심했다. 모든 관료들이 머리에 쥐가 날 때까지 몇 날 며칠 고민했다. 그러던 중 어떤 머리 좋은 관료가 나름대로 결정적인 것을 찾아냈다. 숙종 능에 세운 비석에 청나라 연호를 쓰지 않고 명나라 연호를 쓴 사실이 떠올랐던 것이다. 명나라는 이미 망해서 연호가 있을 수 없었다. 하지만 명을 추모하고 청을 혐오했던 조선은 중국에도 없던 새로운 연호를 만들었다. 명나라의 마지막 연호였던 '숭정'에다가 '후' 자를 붙여 '숭정후 몇 년'이라는 기발한 연호를 만들어 사용했다. '이거구나! 청나라가 이 사실을 눈치 채고 트집을 잡으려는 게 틀림없다.' 청의 속셈이 바로 그거라고 생각한 조선에서는 서둘러 공사를 하여 표석을 판자로 가린다. 사신들이 저게 뭐냐고 물으면 임금이 사용하는 물건을 두기 위한 곳이라 둘러대기로 하였다.

청의 변화를 인지하지 못한 조선

하지만 청나라는 이미 이 사실을 알고 있었다. 조선을 너무 잘 알게 된 청은 '숭정후' 같은 사소한 일은 트집 잡지 않기로 마음을 굳힌 지 오래였다. 조선이 기억하고 있는 양국의 긴장된 관계는 전쟁 직후 조성된 분위기일 뿐이었다. 그때의 청은 명을 완전히 평정하지 못해 혹시나 조선이 명을 돕지는 않을까 노심초사했었다. 하지만 이 시기의 청은 완전히 안정된 상태여서 자신감이 넘쳤다. 조선은 이런 청나라의 태도 변화를 눈치 채지 못했다. 청나라의 문화를 이해하지 못했고, 청나라의 상황 변화를 깨닫지 못했다. 그 결과 청이 내민 화해의 손길을 받아들이지 못하고 불필요한 긴장 관계를 지속했던 것이다.

시간이 흐르자 조선도 청의 생각을 알게 되었다. 영조와 정조의 시대가 되면 청에 대한 두려움은 사라진다. 하지만 마음에 들지 않는 교훈을 제외하고는 과거를 잊는 법이 없는 조선은, 청에 대한 껄끄러운 감정은 그대로 유지했다. 그래서 이제는 청의 갑질, 트집을 걱정하는 대신 청을 무시하고 비하하는 것이 유행한다.

1798년(정조 22) 서유문이란 사람이 청나라에 사신으로 갔다. 북경의 시장에 간 그는, 서양에서 들여온 자동 인형 시계를 보게 된다. 유리 안으로 수놓은 휘장에 글자가 새겨져 있고, 옥으로 만든 사람과 말이 나와 시간을 알리고, 코끼리가 금으로 된 탑을 돌며 움직이는 모양이었다. 당시 서양에서 들어온 자동 인형 장치는 중국에서 크게 유행하고 있었다. 이 인형이 움직이는 비결은 바로 태엽이었다. 동양과 서양의 과학기술 수준을 역전시킨 물건, 서양 문명이 동양을 앞지르게 만든 주역의 하나가 태엽이라고 한다. 과학기술사적으로 이토록 놀라운 성취가 담긴 물건이었다. 하지만 조선 사신의 눈에는 비싸기만 하고 아무짝에 쓸모없는 사치품일 뿐이었다. 서유문은 이렇게 말한다. "이런 쓸데없는 물건을 왜 사고파는지 모르겠다. 그 인형 하나가 은 100냥인데 가게에 진열된 물건을 전부 합하면 몇억 냥은 될 것이다." 계산을 마친 서유문은 대단히 기뻐했다고 한다. 이런 쓸데없는 물건에 몇억 냥을 소비하는 나라이니 곧 망할 수밖에 없으리라 생각한 것이다.

서유문은 자동 인형 시계에서 기계와 과학기술의 가치를 발견할 수는 없었을까? 여기에는 여러 가지 복합적인 이유가 있겠지만, 청에 대한 반감, 습관적인 비하도 원인 중 하나였다.

영조와 정조의 반응은?

청나라와 관련한 것이라면 이토록 맹목적인 비하가 팽배하고 또 그런 비하를 표현해야 존중받던 시절을 살았음에도 불구하고, 영조와 정조는 꽤 합리적인 지성을 유지했다.

누가 청나라에 대한 감정적인 행동, 맹목적인 비하를 하면

개혁을 향한 의지: 저항, 극복 그리고 미완

그런 의견에 동조하지 않았다. 특히나 정조는, 청에게서 배우고 청을 따라 하자고 주장했던, 때로는 그 주장이 너무 강해서 우리 말과 글을 버리자고까지 주장할 정도로 일부 영역에서는 과도하게 나갔던 박제가의 『북학의』를 읽고서도 그를 비판하지 않았다. 오히려 외국에 대한 그의 통찰력을 인정해서 중국에 네 번이나 파견했다. 하지만 거기까지였다. 정조는 그를 보호했지만 그의 의견을 받아들이지는 않았다. 정조는 어느 날 박제가를 향해 "너는 왕안석이야"라고 말한다. 왕안석은 중국 역사상 최고의 개혁가로 평가받는 송나라 때 재상이다. 하지만 개혁가라는 평가는 현대의 평가이고, 당대에는 개혁 의지는 인정하지만 방법은 비현실적이고 과도하며 의식 과잉으로 위험하기까지 한 인물로 간주되었다. 정조가 말한 "너는 왕안석이야"라는 말은, 문제의식은 좋지만 의견이 위험해서 사용할 수 없다는 의미였다.

　　정조는 서양 과학에도 관심을 보였지만 말 그대로 관심 수준이었다. 처음에 정조는 천주교에 비교적 관대했는데, 천주교 자체보다는 그 배후에 있는 서양의 문화, 그중에서도 과학기술에 관심이 있었기 때문이다. 또 하나의 이유는 유학 교육이 철저한 조선에 천주교가 별다른 위협이 되지 않으리라고 믿었던 것 같다. 하지만 의외로 천주교 신자가 늘고 사대부들의 반감이 폭발하자 정조는 태도를 바꾼다. 다행히 정조는 천주교 신자들에 대한 피의 숙청은 자제했다. 천주교 신자로 확인된 관료들에 대해서도 반성문을 쓰게 하는 정도로 넘어갔다.

그러나 서적에 대해서는 훨씬 공격적인 태도를 보인다. 정조는 천주교의 확산을 저지하려면 근본적인 대책을 세워야 한다면서, 천주학 서적뿐 아니라 『기하원본』『수리정온』 등 과학책도 모조리 태우라는 명령을 내린다. 심지어 청나라 문집도 보지 말라는 지시까지 내렸다.

영·정조 그리고 리더

상대에게서 배우려면 상대를 좋아하게 되는 것을 두려워 말라

참 안타까운 일이다. 그나마 합리적이었다고 손꼽히는 영조와 정조도 이 정도였으니 다른 왕들은 어떠했겠는가? 타인의 행동이나 타국의 문화를 접할 때, 우리는 곧잘 내 기준, 내 관념, 내 이익의 안경을 통해 보는 경향이 있다. 특히 상대에 대해 라이벌 의식이 있거나 좋지 않은 감정이 있을 때는 공정하게 판단하기 더욱 어렵다. 상대의 장점을 받아들이기는커녕 비하하고 무시하려고 든다. 그런데 이런 태도는 더 큰 피해를 가져다준다.

'벤치마킹'이 유행하던 시절이 있었다. 특정 분야에서 두각을 드러낸 조직을 롤 모델로 삼아 자기의 조직과 비교하고, 그 조직의 뛰어난 운영 프로세스를 배우면서 자기 혁신을 추구하는 경영 기법이다. 그런데 벤치마킹의 성공 사례는 의외로 적다. 그러다 보니 요즘에는 벤치마킹 회의론까지 등장하는 실정이다. 하지만 이런 질문을 하고 싶다. '상대의 장점을 얼마나 정

확히 파악하고 벤치마킹을 시도했는가.' 벤치마킹에 성공하려면 상대의 장점을 정확히 파악하는 것이 관건이다.

상대의 장점을 파악하려면 상대를 인정하고 존중해야 한다. 그리고 또 하나, 상대의 장점을 만든 내부의 원리, 문화, 배경을 정확히 파악해야 한다. 하지만 조선과 청나라의 관계에서 보듯 이 두 가지는 실행하기 참 힘들다. 그래서 반감을 가지고 대하거나, 내가 저들에게 동화되거나 호감을 가지면 안 된다는 감정적 선을 그어놓고 대한다. 그러니 정작 오랫동안 연구를 하고 심지어 그 나라나 조직에 가서 시간과 비용을 투자해도, 겉모양만 베끼는 데 그치거나 상대의 장점을 놓치고 엉뚱한 것에 집착하는 결과를 낳는다. 벤치마킹이 잘못된 것이 아니라 벤치마킹에 임하는 자세와 마음의 눈이 잘못된 것이다.

18세기까지만 해도 세상에는 두 종류의 사람이 있었다. 세금을 내는 사람과 내지 않는 사람. 이것이 귀족과 평민을 가르는 기준이었다. 그 시기 조선도 마찬가지였는데, 조선에서 양반과 평민을 가르는 세금은 '군역세'였다.

　여기서 잠깐. 원래 조선 시대에는 양인과 천인의 두 신분만 있었는데(양천제), 여기서 양인이란 양반과 일반 평민을 포함한 개념이다. 그런데 조선 후기가 되면서 양인 또는 양민은 양반이 빠진 신분 개념으로 바뀌면서 양민, 평민, 양인 등이 같은 개념으로 쓰였다. 이 글에서는 '평민'으로 표현한다.

　평민은 1년에 면포 2필을 '군포'라는 이름으로 바친다. 그런데 돈으로 양반 신분을 살 수 있게 되면서 숙종 대부터 평민의 수가 무섭게 줄어들기 시작한다. 세수는 반토막이 났고, 그걸 보충하기 위해 온갖 부정이 동원된다. 한 사람에게, 죽은 아버지와 도망간 형제, 아직 태어나지도 않은 아이 몫의 세금까지 물리는 식이었다. 이런 기상천외한 세금은 이 시대의 창안은 아니고 세금 제도가 탄생할 때부터 있었던 것이다. 전염병처럼, 관리가 잘되는 사회에서는 잠복해 있다가 때를 만나면 무섭게 창궐하곤 했다. 신분제가 붕괴된, 즉 세금을 내는 사람과 내지 않는 사람의 기준이 망가진 조선 후기는 부당한 과세가 창궐할 기회를 제공했다.

가난한 백성은 파산했고 불만이 솟구쳤지만, 그래도 손실분은 보충이 안 됐다. 국가 재정 수입은 절반 이하로 떨어졌다. 이것을 당시에는 양역 변통 문제라고 불렀다. 영조는 왕으로 즉위하자마자, 양역 문제를 해결해야 하니 재상부터 평민까지 누구든 좋은 대책이 있으면 진언하라는 성명서를 반포한다. 수많은 의견이 쏟아졌다. 실은 그 이전부터 쏟아지고 있었다. 하지만 어떤 의견도 실현이 되지 않았다. 양역 문제의 심각성은 누구나 인정하는데, 어찌 보면 대안도 뻔한데, 대안을 실천하는 용기, 대안에 대한 합의가 이루어지지 않았다.

영조의 대응과 반발

영조가 지지했던 방안은 신분의 구분을 철폐하고 모든 사람이 군포를 내는 것이었다. 하지만 양반들의 자존심을 배려해 징세 대상을 사람이 아닌 가호로 바꾼다. 눈 가리고 아웅 하는 격이긴 하지만, 사람이 아닌 기둥과 벽에 세금을 부과하는 것이다. 가호마다 포를 낸다고 해서 이 세법의 이름이 '호포'이다. 하지만 사람들은 기둥과 벽이 가려주는 것도 참을 수 없었다. 호포세는 엄청난 논쟁을 유발한다. 1750년 대신 이종성이 장문의 반대 상소를 올렸다. 그의 논점을 몇 가지 소개한다.

첫째, 호포는 기준이 명확하지 않아 공정 과세가 불가능하다. 부유한 호와 가난한 호를 판별할 객관적 기준이 없기 때문이다. 향리에게 맡기면 부정이 날개를 달 것이다.

둘째, 남아 있는 양인의 호가 얼마 되지 않고, 남아 있는 양인은 대부분 가난해 가호에 세금을 부과해도 거의 다 세액이 적은 최하등 호이다. 따라서 국가의 세수 부족은 해결되지 않는다.

셋째, 이미 가호를 기준으로 온갖 음성적인 준과세를 거두고 있다. 그것을 호포로 대체하면 증세가 되거나 내던 세금의 명목만 바꾸는 꼴이 된다.

넷째, 양반 호에 세금을 물려도 세수는 늘지 않는다. 양반의 대다수는 돈을 주고 신분을 산 신흥 양반이다. 이들은 양반이 되었다는 구실로 일을 하지 않아 일반 평민보다 더 가난해졌다. 이렇게 이미 부와 명예를 바꾼 사람들에게 세금을 부과하면 정작 재정 증대 효과는 적고, 양반층이 불만 세력으로 변해버려 정권이 위태로워질 것이다.

다섯째, 전국의 호구 통계는 엉터리라, 이것에 기초해 세금을 부과해선 안 된다.

이종성의 반대론은 실무적으로 보면 타당한 이야기이다. 분명히 그런 현상이 발생하고, 더 많은 문제를 야기할 수도 있다. 그러나 이것은 호포제가 원칙이 잘못됐기 때문이 아니라, 그것이 성공할 수 있는 조건을 만들지 않고 시행하거나, 조건을 만들려는 노력을 부정하기 때문이다.

양역 문제를 해결하려면 조선의 신분제, 사회·경제구조, 산업 정책, 교육과 문화 등 모든 것을 바꾸어야 했다. 이종성이 지적한 전제는 조선이 마주한 개혁의 진짜 대상을 가리키고 있었다. 그런데 이상하게도 이종성은 이 점은 지적하지 않았다. 이런 전제를 절대적 현상으로 인정한 채 호포제 개혁이 실효가 없다고 주장하고 있었고, 그렇기 때문에 맞는 말이었다.

영조 그리고 리더

진짜 개혁의 대상을 마주하라

오늘날 우리 사회의 화두 중 하나가 개혁이다. 하지만 개혁은 거창한 명분과 구호로 시작한 뒤엔 문지방만 넘어갔다가 되돌아오기 일쑤다. 개혁이란 정책이나 법제를 바꾸는 것이 아니라 근본을 바꾸는 것이라는 사실을 놓치기 때문이다. 호포제 논의도 알고 보면 '양반도 세금을 내자, 세금을 공평하게 내자'가 개혁 과제가 아니었다. 사실 이 점에 대해서는 동의하는 양반도 많았다. 신분제의 개혁, 산업 제도와 경제 개혁에 동의하지 않거나, 그것이 진정한 개혁 과제라는 점에 동의하지 못했던 것이다.

"이번 일은 정말로 백성을 위한 것이었다. 그런데 오히려 구차스러운 폐단이 많아서 백성들의 마음을 흔들어놓는 꼴이 되었으니 차마 못 할 노릇이다." 이 문제를 건드릴 수 없었기에 천하의 정략가 영조마저도 눈물을 머금고 호포제 추진 포기를 선언한다. 대신 그 대안으로 균역법이 탄생했다. 군포를 2필에서 1필로 줄이고, 부족한 세수는 다른 세목을 새로 만들어 메꾸도록 한 것이다. 그로써 세금은 반으로 줄었다. 영조는 만년에 균역법이 절반의 성공이었다고 자평하지만, 군사비를 반으로 줄였다는 것은 곧 군사력을 반으로 줄였다는 의미가 된다. 이때부터 군대는 줄어들고, 한말이 되면 왕궁조차 경비할 수 없는 상황이 된다.

영조는 정치적 술수에 대단히 능하고 판단력과 추진력이 뛰어난 리더였지만, 그런 그도 조선이 반드시 해결해야만 했던 진짜 개혁 대상을 빼두고는 온전한 개혁을 할 수 없었다. 개혁에 성공하려면 개혁의 진짜 대상, 본질에 주목해야 한다.

흰 걸 검다고 해도 모를 터!
:: 영조의 외국어 교육 정책

오늘날 우리 사회에서 영어 능력을 요구하는 곳은 수능 시험부터 대학원 진학 시험, 입사 시험 등등 한두 군데가 아니다. 우리나라 학생들은 특히 영어 능력 인증 시험에서 높은 점수를 받는 것으로 유명하다. 이제는 영작을 하고 문제를 푸는 수준을 넘어, 영어 인터뷰 방식으로 말하기 위주의 시험도 비중을 높여가고 있다. 조선 후기 실학자 박제가가 중국어를 국어로 사용하자고 했던 일화가 떠오른다. 발달된 문명을 제대로 받아들이려면 중국어 구사력을 우선 갖춰야 한다는 주장이었다. 당시에 박제가는 이런 주장으로 많은 지탄을 받았지만, 현재 우리들 삶에서는 두 가지 언어의 구사가 거의 필수가 되어 있다.

외국어를 천시하기 시작한 조선 후기

우리의 과거 역사를 보면, 요즘만큼은 아니어도 주변 나라 언어를 배우는 일의 중요성을 잘 알고 있었다. 조선 시대 사역원은 중국어, 여진어(만주어), 몽고어, 일본어를 가르치는 국가 교육기관이었다. 공식적인 외국어 교육에 대한 기록은, 고려 충렬왕 2년(1276) 통문관을 설치해서 중국어를 가르쳤고, 뒤에 사역원을 설치하여 번역을 전담하도록 했다는 것이 처음이다. 조선 시대에는 태종 때 몽학, 왜학, 여진학 교육에 대한 법률을 마련하여 사역원이 기능을 하다가 『경국대전』에 명문화되었다. 사역원은 정3품 기관으로 상당히 비중 있는 관청이었다. 읽기, 쓰기, 말하기, 번역, 해당 나라에 대한 교양 등을 두루 가르쳤다. 이미 조선 초부터 외국어에 능통한 인재는 귀천을 따지지 않고 등용해서 통역과 번역 등 외교에 필요한 업무에 투입했다.

그런데 조선 후기가 되면 외국어 공부는 역관들만 하는 거라며 천시하는 경향이 생겨났다. 점차 사역원 학생에 대한 특전이 없어지면서 학생 수가 줄었고, 중국어 선생들조차 중국어로 된 교재를 잘 읽지 못하는 지경이 되었다. 여기에 청나라를 무조건 멸시하는 풍조까지 더해져 만주어를 구사하는 사람은 더 드물었다.

정조 때 청나라로 간 사신들이 황제를 만나는 자리에서 있었던 일이다. 그 전날 건륭제가 특별히 조선 사신들에게 선물을 내렸는데, 청나라 예부에서는 조선 사신들이 아침 일찍 직접 건륭제에게 감사 인사 올리기를 원했다. 이에 조선 사신들은 궁궐 앞에서

기다렸다. 이윽고 건륭제가 나타나 조선 사신들을 마주했다.

건륭제는 조선 사신들을 향해 "그대들 중 만주어를 잘하는 사람이 있는가?"라고 물었다. 사신단의 최고 책임자 이은이 만주어를 하는 역관 현계백을 시켜 감사 인사를 올리게 했다. 건륭제는 만족한 듯 머리를 끄덕이고는 다시 물었다. "그대는 만주어를 잘하는데, 그대의 사신도 만주어를 할 수 있는가?" 역관이 못한다고 대답하자 황제는 또 물었다. "그러면 중국어는 할 수 있는가?" 역관은 "그 또한 못합니다"라고 답한다. 황제는 만주어는 고사하고 중국어도 못하면서 조선을 대표하는 사절단으로 온 그들이 정말 한심했던 모양이다. 건륭제는 조선 사신들을 쓱 쳐다보고는 비웃으며 지나갔다. 그는 조선 사신을 따로 만나는 자리에서 작정하고 주의를 준 것이다.

참 낯 뜨거운 장면이다. 조선 사신이 중국어도 만주어도 못하고 오로지 역관들의 입을 빌려 외교 사안을 논하는 통에 청나라 쪽에서 답답해한 일이 이미 여러 차례 있었다. 경종 때 역관들의 무능력 때문에 벌어진 사건이 대표적이다. 조선에 온 청나라 사신과 민감한 사안을 의논하는 자리에서 역관이 발언을 제대로 옮겨 전하지 못해 양측이 서로 불쾌해하며 자리를 끝마쳤다. 여기서 그치지 않고 청 사신은 조선에 머무는 동안 극도로 화를 내고 폐해를 일으켰다. 이태좌는 청나라 사신들의 행태에 대해 말하면서, 일련의 사태가 역관이 청나라 사신의 뜻을 잘 이해하지 못한 데서 비롯된 결과일 수도 있다고 분석했다. 다시 말하면, 역관이 잘못

통역했는지, 아니면 잘 전달했는데 청 사신이 트집을 잡은 건지조
차 판단하기 힘들다는 뜻이다.

영조의 선견지명?

정조의 사신들이 청나라에서 망신을 당하는 일이 벌어지기 30년
전, 이미 영조는 이런 상황을 염려해 사역원 학생뿐 아니라 문관
들에게도 중국어를 익히도록 엄하게 명령한 적이 있었다. 중국어
강좌도 열고 시험도 시행했다. "역관들이 아무리 중국어를 잘한다
해도 문관들이 이를 파악하지 못한다면 역관들이 흰 걸 검다고 말
해도 어떻게 알아챌 수 있겠는가?" 영조는 젊은 문관들을 중심으
로 중국어를 열심히 공부하도록 다그쳤다. 이를 관료 평가에 반영
하기도 했다. 또 북쪽 경계 지역 고을에 만주어 통역관을 배치하도
록 했고, 중국어나 만주어에 능통한 자를 우대한 파격적인 인사도
단행한다.

　　하지만 당시 관료들이 역관을 낮춰 보는 인식은 여전했고,
외국어 구사는 아전 등 중인 계급이나 할 일이지 지체 높은 양반
이 할 일은 아니라고 여겼다. 심지어 정조도 청나라의 언어에 대한
실상을 잘 알지 못했다.

　　청나라 사신이 조선에 오면 벌어지는 광경은 더 가관이었
다. 조선에 만주어를 아는 사람이 너무도 드물었기 때문에 중간에
중국어 통역관을 두고 이중 통역을 하기도 했다. 따라서 청과 조선
사이에 민감한 외교 사안이 발생하면 몇 배나 많은 시간을 들여

소통을 할 수밖에 없었는데, 그나마도 정확하게 전달이 되고 있는 지조차 확인하기 힘들었다. 나아가, 청 사신들이 마음 놓고 자기들끼리 조선 관료의 면전에서 만주어로 비밀 이야기를 하는 황당한 상황도 생겼다. 보다 못한 영의정 김상철이 정조에게 이런 사태를 보고하면서 만주어 교육의 필요성을 제기했다. 하지만 정조의 대답은 "만주어가 중국어보다 중요한가?"였다.

당시 외국어 교육이 겉돌았던 데에는 몇 가지 이유가 있다. 만주어를 배우는 데에 국가적 자존심을 거는 게 맞느냐는 명분적 사고도 있었고, 현지 교육이 안 되는 것도 큰 문제였다. 외국에 가지는 않고 우리나라에서 교재만 가지고 어학 교육을 시행하고 있으니 제대로 될 리가 없었다. 실제로 사역원 학생이 모두 153명인데 그중 매년 16명만 중국 연수를 갈 수 있었다. 방구석에 틀어박혀서 교재만 읽는데 어학 교육이 제대로 될까? 읽기는 되는데 듣고 말하기는 안 되던 근래 우리의 영어 교육이 생각난다.

영조는 조선 초부터 강조되어온 외국어 능력을 문신 관료들에게까지 요구했다. 조선 초에는 뛰어난 음운학자로서 훈민정음을 창제한 세종, 그리고 중국어, 일본어, 몽고어, 여진어 등 통번역이 자유자재였다는 신숙주 등 언어 능력자가 즐비했다. 선조 때까지만 해도 이항복, 이정귀 등이 명나라 사신과 자유롭게 대화할 수 있었다. 역관의 통역 능력을 빌리지 않더라도, 문관들이 스스로 외국어 실력을 갖추고 있어서 외교적인 문제를 정밀하게 조절할 수 있었던 것이다.

하지만 조선 후기가 되자 중국어나 만주어를 잘하는 관료를 보면 마치 별종을 보는 것처럼 신기해하는 분위기가 더욱 심해졌다. 정조 때의 박제가가 따돌림을 당했던 것도 같은 맥락이었다. 하지만 영조는 국제관계의 중요성을 깨닫고, 외교적 대화나 문서를 다루는 데 결함이 없도록 문관들에게 외국어 능력을 갖출 것을 강조했다. 실제 상황에서 통역관이 통역 실무를 수행하는 것과는 별개로, 이를 지휘하고 감독하는 사신들이 상황을 정확히 파악하고 있어야 한다는 취지였다.

영조 그리고 리더

자기가 주관하는 사업의 큰 개요는 꿰뚫고 있어야

한 조직체의 리더가 모든 업무를 혼자서 끌고 나갈 수는 없다. 그래서 주위에 참모도 두고, 능력 있는 인재를 영입하여 사업에 투입하는 것이다. 그렇더라도 리더는 자기가 주관하는 사업의 큰 개요는 반드시 꿰뚫고 있어야 한다. 영조가 당시의 일반 관료들이 무시하던 외국어 능력을 특히 강조한 까닭도 거기 있다. 리더가 모든 것을 다 알 수는 없지만 적어도 기본은 갖추고 있어야, 영조의 말처럼 흰 걸 검다고 하는 부하를 가려낼 수 있을 것이다.

조선 시대에도 야간 통행금지가 있었다. 오후 10시에 종각의 종을 스물여덟 번 치는 '인정(人定)'으로 시작되고, 오전 4시에 서른세 번 종을 치는 '파루(罷漏)'로 해제되었다.

통금 시간에 순찰을 도는 사람도 있었는데 '좌경군'이라고 불렀다. 좌경(坐更)은 원래 궁궐 보루각에서 시각을 알리는 걸 뜻했지만, 성종 때 아예 좌경군이란 조직을 새로 만들었다. 이들에게 화재 예방, 도둑 체포, 순찰 같은 임무를 맡겼다. 여기서 주목해야 할 것은 좌경군 구성원이 모두 서울의 주민이라는 점이다. 마치 자율방범대처럼 자기 동네 순찰 업무를 주민 스스로 책임지자는 뜻이었다. 하지만 시간이 흐르면서 좌경법의 시행이 느슨해져갔다.

사대부나 관료는 슬슬 빠지고, 그 지역에 사는 일반 주민에게만 부담이 가중됐다. 이 법은 숙종 때 폐지되었다.

그런데 좌경법을 폐지하자마자 깜짝 놀랄 사건이 발생한다. 비변사 창고에 쌓아뒀던 진휼청 곡식과 돈을 도둑이 몽땅 훔쳐간 것이다. 조정이 발칵 뒤집혔다. 다른 기관도 아닌 진휼청의 물자였기 때문에 당장 가뭄으로 굶어 죽게 생긴 백성을 어떻게 구제할지 막막해진 것이다. 조정에서는 부랴부랴 좌경법을 부활시켜 진휼청 창고뿐 아니라 여러 기관의 창고를 중점적으로 지키도록 했다.

하지만 일반 주민들로 구성된 좌경군만으로는 역부족이었다. 조선 후기가 되면 범죄도 전문화되어서 일반 백성이 이를 막기 어려웠다. 좌경군이 오히려 구타를 당하고 도망가는 일도 벌어졌고, 사대부들은 이런저런 핑계를 대고 빠져나갔다. 이에 포도청 군관이나 한양에 주둔하는 여러 부대의 병사를 동원해 순찰과 경비 임무를 맡게 했다. 다른 할 일도 많은데 급료도 제대로 안 주면서 밤마다 경비를 서라고 하니 군인들의 불만이 치솟았다. 결국 다시 좌경 제도로 돌아가고, 같은 문제는 또 반복된다.

영조의 좌경법 운영

엉망이 되어가는 도시의 치안을 다잡는 데 영조가 나선다. 영조는 사대부들이 빠져나간 게 사태의 핵심이라고 보았다. 그래서 이미 만들어져 있던 법에 시행 규정을 더해 이들이 빠져나가지 못하게 만들었다. 하지만 10년이 지나도 별 효과가 없자 영조는 법을 다시 손질한다.

영조는 특권층, 권력층의 특혜와 권력 남용을 극도로 싫어했다. 다시 손질한 법에는 이런 그의 성격이 십분 반영되었다. 원래 법에는 왕실과 정승은 좌경에서 빠지게 되어 있었다. 그런데 영조는 법을 개정해서 시각장애인과 극빈자만 빼고는 모두가 좌경 의무를 지게 했다. 공주와 옹주, 왕실 사돈, 정승까지 모두 좌경을 돌아야 했다. '왕실과 정승이라고 해서 특혜를 누릴 게 아니라 앞장서서 솔선수범을 보이라'는 것이었다.

새 좌경법은 한 10년은 성공했던 모양이다. 1750년(영조 26) 영조는 좌경법을 '균역(均役)', 즉 모든 국민이 역을 고르게 지게 하는 성공 사례로 자랑한다. 그런데 여기서 한 가지 생각해볼 문제가 있다. 일반 백성의 입장에서 볼 때, 공평하게 역을 지는 게 좌경 문제의 본질일까? 조선 후기가 되면 상업이 발달하고 사회가 복잡해진다. 당연히 범죄가 늘고 전문화, 지능화된다. 보통의 좀도둑이 어떻게 진휼청 창고를 쓸어 갈 수 있겠는가? 이제는 일반 주민이 치안을 담당할 수 없는 상태가 되었다. 전문적인 경찰이 필요했던 것이다. 바로 이것이 좌경법에 대한 일반 백성의 진짜 불만이었다.

이 불만에는 중요한 시사점이 있다. 사회가 발달하고 복잡해지면 국가의 역할도 늘어난다. 전문 경찰 제도도 그중 하나이다. 늘어난 역할을 국가가 감당하려면 재정이 확대되어야 한다. 18세기 조선 정부가 재정을 늘리려면 이제까지의 농본 정책을 포기하고 상공업을 적극적으로 추진해야 했다. 평범한 백성이 이런 생각까진 못 했을 수 있다. 하지만 국가 전체의 시스템과 운영 차원에서 볼 때, 좌경 제도에 대한 주민들의 불만은 조선에서 벌어지고 있던 위기 상황의 신호탄이었다. 조선의 경제 시스템 자체를 수정하는 근본 대책이 필요한 상황이었다.

하지만 정부는 이 메시지를 감지하지 못했다. 이 이야기가 『승정원일기』에는 실렸는데 『실록』에는 전혀 실리지 않았다는 게 그 증거다. 『승정원일기』는 승정원에 올라온 보고와 문서를 모두 기록했다. 반면 『실록』에는 국가 통치상 중요하다고 생각되는 것만 기재했다. 『실록』에 이 사건을 기록하지 않았다는 것은, 진휼청 도난 사건과 좌경법 부활에 얽힌 과정을 국가적 위기의 신호탄이 아니라 그저 좌경법 운영의 문제로 간주했다는 뜻이다.

영조는 좌경 문제를 좀 더 심각하게 받아들였다. 사회에 만연한 법과 제도의 해이, 지배층의 도덕적 해이 문제로 받아들였다. 훌륭한 인식이다. 그러나 아쉽게도 주민들이 울린 경보의 진의는 놓치고 있었다.

영조 그리고 리더

조직의 위기는 누가 먼저 감지할까?

위기를 먼저 감지하는 것은 누구일까? 조직은 여기저기에 센서를 깔아놓은 크고 복잡한 기계와 같다. 위기는 상부에서도 느끼고 하부에서도 느낀다. 하지만 그 위기의 영역과 내용이 다르다. 각자 자신이 관여하고 있는 범위 내에서 부분적으로 위기의 징조를 감지하는 것이다. 영조의 실수는, 상부의 위기는 감지했는데 하부의 진동은 해석하지 못했다는 데 있다.

요즘 우리 사회에서도 위기 경영이 화두로 던져져 있다. 문제는 그 위기의 실체가 변화무쌍하고 분명하지 않다는 점이다. 이런 위기 상황을 슬기롭게 극복하기 위해서는 조직 전체가 위기의식을 공유해야 한다. 훌륭한 리더, 위기를 슬기롭게 극복하는 리더라면, 조직 내 각자가 자기 영역 내에서 느끼는 위기의식을 서로 공유하도록 해서, 제대로 된 해법이 도출되도록 이끌 것이다.

영국 지하철역에서 대형 폭발 사고가 발생한 적이 있다. 30여 명이 사망한 큰 사고였는데, 수십 년 이상 지하철 에스컬레이터 밑에 버려져 쌓인 쓰레기가 사고의 원인이었다. 다들 존재를 알면서도 귀찮게 여겨 방치했던 자잘한 쓰레기 더미에 불이 붙었고, 그 화염이 폭발로 이어진 것이다.

항공기 추락이나 공장 내 대형 사고는, 그 원인을 찾아보면 아주 분명하고 뻔한 일을 오랫동안 방치했다가 벌어진 경우가 많다. 심지어 굴지의 대기업이 이런 이유로 허무하게 무너지기도 한다. 20세기 말에서 21세기 초, 따지고 보면 겨우 20년 정도에 불과한 전환기에 꽤 많은 세계적인 기업들이 이런 이유로 문을 닫았거나 달을 뻔했다.

　이런 일이 벌어질 때마다 사람들은 어떻게 저런 뻔한 문제를 저 지경이 되도록 놔두었냐고 반문한다. 정말, 왜 그리되는 것일까? 누가 보아도 분명히 심각한 문제인데 평소에는 그냥 불편을 감수하고 살아가는 문제들, 이런 것들이 바로 어느 시점이 되면 핵분열을 일으킬 수 있는 잠재된 위험이다. 발밑에 핵탄두를 묻어두고 사는 셈이다. 우리는 왜 이런 위험을 방치하는 것일까?

영조, 귀찮지만 꼭 필요한 작업에 손을 대다

조선 시대에도 이런 폭탄, 즉 논리적으로 보면 말이 안 되는 부조리인데도 그냥 적당히 넘어가는 문제가 있었다. 바로 법이다. 조선은 왕도 법을 따라야만 하는 법치 우선 국가였다. 그런데 이 법치에 심각한 문제가 있었다. 사건이 벌어지면 참조해야 하는 법전이 한두 개가 아니었고, 법전마다 내용이 다 달랐다.

　1745년(영조 21) 양반 마님님과 노비 남편 간의 간통 사건이 벌어졌다. 양반과 노비의 간통은 같은 신분 내의 간통보다 훨씬 심각한 사회 범죄였기에 왕인 영조가 직접 심사를 했다. 관련 법률을 다 뒤져보니 법전에 있는 처벌 규정,『대명률』에 있는 처벌 규정, 수교집에 있는 형량이 다 달랐다. 어느 법을 적용할 것이냐를 두고 한참 토론을 했다. 결국 영조는 판결을 유예하고, 대신들에게 다시 법률을 검토해 조율하라고 지시했다.

　많은 사람들이 조선 시대 법전 하면『경국대전』하나뿐이

라고 생각하지만 사실은 꽤 많이 있다.『대전속록』『대전후속록』
『수교집록』그리고『대명률』까지, 그 외에도 다양한 수교집과 판
례가 있다. 요즘도 재판할 때 이런저런 판례를 참조하니 별문제 아
니라고 생각할지 모르겠다. 조선에서의 문제는 단순히 사법재판
에 판례가 존재하는 차원이 아니었다. 문제는 조직 운영, 세금, 각
종 제도의 운영에 관해서도 법전마다 서로 다른 규정이 존재한다
는 것이었다. 관청에서 무슨 일 하나를 하려고 해도 법전 여러 개
를 보고 판단해야 했다. 이렇게 법이 여러 개면 행정 능률이 떨어
질 뿐 아니라, 자의적으로 부정을 저지르기가 쉬워진다는 큰 문제
가 있다.

　　이런 사태는『경국대전』편찬 후 200년 이상 지속되어온
것이었다. 조선 시대 관료들은 도대체 왜 이런 불편을 참고 살았을
까. 바로 이것이, 뻔한 문제를 왜 방치하고 있었느냐 하는 서두의
질문과 상통한다. 그 답은 '불편하지 않았기 때문'이다. 오히려 더
편했다. 서로 다른 법전이 충돌하는 것을 문제 삼는 케이스, 즉 위
에 인용한 재판은 사실 특별한 경우였다. 일선 관청에서는 법전들
이 상충함을 핑계로 자의적인 법 적용을 일상화하고 있었다.

　　보통은 관청마다, 담당자마다 자기 편한 대로 의지하는 법
전이 따로 있었다. 자신들에게 특화된 법을 사용하고, 심지어는 만
들어서도 사용하니 오히려 더 편한 것이었다. 법전이 많고 법이 다
양해 외울 수가 없다는 핑계를 대고 사안을 맘대로 처리했다. 암행
어사가 불법을 적발해내면 수령이나 향리들이 이런 식으로 또 핑

계를 대며 뭉개곤 했다. 법을 무시하고 제멋대로 처리하는 경우가 보편화된 것이다. 법이 없어서가 아니라 법이 너무 많아서 법을 사용하지 않는 희한한 상황이었다.

관리들도 평소에는 '법전이 여러 개고 법이 서로 다르다, 이게 상식적으로 말이 되느냐'고 따졌다. 하지만 막상 법전을 정리하자고 하면 번거롭다며 반대하는 경우가 많았다. 정약용의 『목민심서』를 보면 어떻게 행정이 이렇게 엉망이고 관리들이 마구잡이로 수탈을 할 수 있냐는 생각이 드는데, 법이 너무 많고 제멋대로 적용할 수 있었던 것이 바로 중요한 원인이었다.

영조 이전의 왕들도 사태의 위험성을 잘 알았다. 법전을 정리하고 통합하려는 노력을 했지만 쉽지 않았다. 부처 이기주의를 극복하고 통합 법령을 만들어내는 것 자체도 문제였지만, 기술적으로도 아주 어려웠다. 법전이 다양한 만큼 법조문의 형식과 문체도 달랐다. 『경국대전』 같은 대전의 문장과 형식, 수교집의 문장과 형식이 서로 달랐다. 법을 만드는 사람들은 이런 문체를 조정하는 것이 얼마나 어렵고 귀찮은 일인지 잘 알 것이다. 엄청난 불만과 논쟁을 야기한다. 한 조문을 수정하는 데만도 무척 긴 시간이 소요된다. 인테리어를 새로 하려고 마음을 먹었는데, 그러려면 산더미 같은 쓰레기를 먼저 치워야 하고, 그것에 질겁해 인테리어를 미루고 미루는 식이다. 그런 식으로 200년이 넘는 시간이 흘렀고, 조선의 법과 행정은 타락할 대로 타락해가고 있었다.

그런데 영조가 이것의 정리 사업에 뛰어든다. 바로 『속대

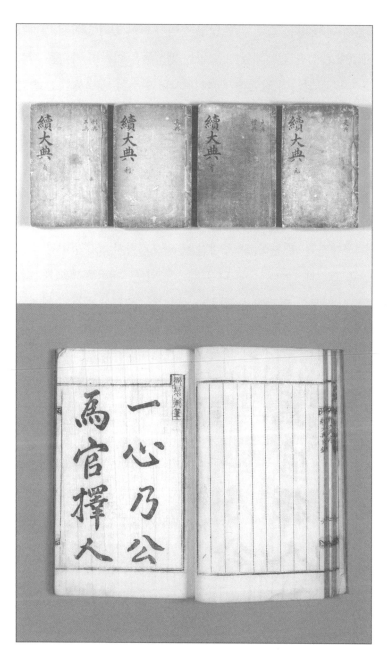

영조가 편찬한 『속대전』의 모습. 영조의 어필 "一心乃公, 爲官擇人"은 "한결같은 마음으로 공정하게 시행하고, 관직을 설치한 취지에 맞게 적임자를 선택하라"는 뜻이다.

전』의 편찬이다. "법이 너무 많고 정리가 되어 있지 않아서 관리가 제멋대로 법을 집행해왔다. 힘없는 백성들은 아무리 가벼운 죄라도 형벌을 받는데 권세가만 빠져나가니 이것이 내가 속대전을 편찬하는 이유이다."

영조는 말년에도 자신의 업적 중 최고를 『속대전』 편찬으로 꼽을 정도였다. 『속대전』은 『경국대전』 이후 발효된 법을 새로 추가한 것이 아니다. 법과 수교의 충돌 사례, 다양한 조문을 다 수합해서 정리하고, 법조문의 문체, 형식부터 고친 것이었다. 이렇게 『경국대전』을 편찬하고 『속대전』이 나오기까지 260년 이상이 걸렸다. 그런데 『속대전』이 나온 뒤에는 바로 『대전통편』 『대전회통』 같은 통일 법전이 줄줄이 나온다. 『속대전』이 법전의 체제를 통합했기 때문에 이후부터는 개정판을 내기가 쉬워진 것이다.

영조 그리고 리더

귀찮은 문제에 손대는 리더와 인재가 조직을 지킨다

핵폭탄이 될 수 있는 뻔한 문제를 우리는 왜 방치할까? 위험성을 몰라서가 아니라, 이것저것 복잡한 문제들을 다루기가 귀찮아 미루고 또 미루는 것이다. 무엇보다, 당장 자신에게 불편한 게 아니기 때문이다. 그러다가 세계적인 대기업이 한순간에 몰락하고, 번듯하던 나라가 흔들리는 것이다.

조직에서 소중한 인재, 소중한 리더는, 쓰레기 더미처

럼 얽히고설킨 귀찮은 문제에 몸소 뛰어들어 해결하려는 자이다. 이런 인재가 조직의 동맥경화를 막고 사고의 위험성을 제거한다. 그런데 조직이 경화되면 이런 인재를 귀찮아하고 피곤하게 여기는 경우가 많다. 조직에 활력을 주고, 조직을 더 건강하고 튼튼하게 만들려면 이런 인재를 장려하고 키우는 환경을 조성해야 할 것이다.

이을 것과 고칠 것을 분명히!

∴영조의 계술(繼述)

청계천 준천 사업은 영조의 업적 중 가장 화려한 스포트라이트를 받았고 평가도 좋았던 사업이다. 영조 스스로도 일생의 자랑거리로 삼았다. 청계천 공사를 시작하기 위해 여론을 형성하고, 공사 비용과 필요한 인원까지도 백성의 자발적인 참여를 끌어낼 정도로 성공적이었다.

　그런데 영조는 왜 청계천 공사를 시작했을까? 답은 간단하다. 청계천이 막혔기 때문이다. 영조가 서울의 청계천을 유달리 사랑해서 준천 사업을 한 게 아니라, 청계천이 막혀서 파내지 않을 수 없었던 것이다.

　앞서 언급했듯 오늘날 우리는 영조와 정조의 시대를 조선의 르네상스 시기라고 부른다. 영조와 정조의 개혁 의지가 충분했고, 균역법과 탕평책 같은 개혁 정책을 시행했기 때문일 것이다. 하지만 더 근본적인 이유는, 청계천이 막혀 파내지 않으면 안 되었던 것처럼, 기존의 체제가 한계에 부딪혀 문제점이 누적되어서 개혁하지 않으면 안 되는 시대였기 때문이다.

영조의 계술, 계승이냐 개혁이냐

하지만 우리가 잘 알고 있듯, 개혁 과제가 누적된 시대라고 해서 개혁이 저절로 이루어지는 건 절대 아니다. 수많은 개혁 과제가 쌓이게 되면 개혁의 방법론과 자세를 두고 논쟁이 벌어지기 마련이다. 이런 때는 꼭 두 부류의 집단이 등장한다. 첫 번째는 선대를 계승해야 한다는 부류이다. 이들은 지금 벌어지고 있는 문제 자체를 부정하지는 않는다. 다만 문제가 발생한 까닭이 선왕의 제도가 잘못된 탓은 아니라고 한다. 선왕의 본뜻은 그게 아니었는데 제도를 운영하는 사람들이 본의를 모르고 잘못 운영하거나, 탐욕으로 본의를 잊어서 문제가 발생했다는 주장이다.

　　두 번째는 제도가 근본적으로 잘못됐다고 보는 부류이다. 『실록』에는 실제로 이런 주장을 한 사람이나 논리가 여간해서는 잘 등장하지 않는다. 너무 파격적이거나 혁신적인 이야기는 잘 기록하지 않고, 또 『실록』의 기록은 공식 석상에서 한 이야기이기 때문에 표현을 조심한 탓도 있다. 그렇다고 이런 경우가 아주 없던 것도 아니다. 법과 제도를 하나하나 고찰하면 기존의 제도를 폐지하고 새로운 제도로 대치했던 경우가 적지 않다.

예를 들면, 왕이 행차하고 있는데 거기 뛰어들어 왕의 앞길을 막고 자신의 억울함을 호소하는 것은 조선 전기에는 사형에 해당하는 중죄였다. 하지만 후기에는 이 행위를 공식적으로 인정한다. 바로 '격쟁'이다. 왕이 행차하는 가운데 꽹과리를 쳐서 행렬을 멈추고 자신의 사연을 호소하는 것이다. 정조는 이것을 소통의 방식으로 공인했고, 실제로 행차가 잦았던 정조가 백성들의 소리를 듣는 창구로 활용했다.

다만, 이런 반전, 역전의 사례가 아주 많지는 않다. 과거제처럼 국가의 핵심적인 제도일수록 이전 제도를 폐기하고 완전히 새로운 제도로 대치하는 것이 더 힘들다. 개혁 군주 영조 역시 이런 두 부류 집단의 갈등에 시달렸고, 그래서 개혁을 수행하려면 뭔가 근본적인 원칙, 철학이 필요하다고 생각한 것 같다.

그래서 개혁의 철학을 하나 제시한다. 바로 '계술(繼述)'이다. 계술이란 '선왕이나 조상이 남긴 뜻과 사업을 잘 받들어 계승한다'는 뜻이다. 사전적 의미로 본다면 첫 번째 논리와 일맥상통하는 듯 보이지만 실상은 그렇지 않았다. 영조는 '과거 선례를 파악해 자신이 바꾸고 싶은 방식대로 바꾸는 것'으로 그 뜻을 해석했다. 이른바 '영조식 계술'이다.

1724년, 영조가 즉위하던 해에 정진교 등 총 260명의 연명 상소가 올라온다. 서얼을 등용해달라는 요구였다. 태종 때부터 서얼이 과거에 응시할 수 없고 관직에 나갈 수 없도록 막았는데, 선조 때 이이의 건의로 이런 금지 조항이 조금씩 풀리기 시작했다. 특히 인조 때 '적서의 명분은 단지 자기 집안 내부의 일이고 조정에서는 다만 현명한 자를 등용해야 한다'는 취지로, 서얼도 과거를 보고 관직에 진출할 수 있도록 수교를 내렸다. 법적으로는 서얼도 과거 응시나 관직 진출이 가능해졌다. 하지만 수교는 수교일 뿐, 실제로는 관직 후보에조차 오르지 못했고, 혹시 누군가 후보에 오르더라도 떼로 몰려들어 그를 끌어낼 지경이었다.

그렇다. 영조가 '영조식 계술'을 단행할 수밖에 없는 순간 중 하나였다. "우리나라는 본래 한쪽 구석에 치우쳐 있는 작은 나라인데 인재 등용이 광범위하지 못해 늘 안타까웠다. 왕이 인재를 쓰는 데에 어떻게 차이를 두겠는가! 인조의 수교를 계술하여 다시 서얼이 주요 관직에 오를 수 있도록 하겠다." 영조는 이렇게 말하고는 훗날 "서얼들을 청직에 등용하니 유자광 이후 처음이네!"라고 시까지 지었다.

영조 그리고 리더

이어나갈 것과 뿌리 뽑을 것을 잘 식별하라

'과거를 계승하고 새로운 것을 창출한다.' 많이 들어본 이야기다. 하지만 영조식 계술이 특별한 건, 과거 제도의 단점과 한계를 몸서리치게 느끼고 폐기 처분한다고 해서, 전체를 부정하려 들거나 과거의 장점까지 소홀히 해서는 안 된다고 단속하는 데에 있다. 오늘날 우리 사회 역시 '개혁의 시대'로 불린다. 많은 조직에서 개혁을 한답시고 과거의 단점 찾기에 급급하다. 제도 전체를 뒤집어엎고, 바꾸고 고치는 것만 생각한다. 단점을 없애겠다고 아예 통째로 없애버리기도 한다. 하지만 어떤 제도가 당장 제대로 작동하지 않는다고 해서 그것의 순기능, 장점을 이해하지 못한 채 새로운 제도를 들이면, 그 제도 역시 반쪽짜리 장점만 지니게 된다.

　사람들이 기성의 제도를 대하는 태도를 보면 두 종류가 보인다. 과거의 장점만 보는 사람, 그리고 문제만 보는 사람. 그래서 어떤 이는 문제가 있어도 과거를 그대로 두자고 하고, 어떤 사람은 뿌리 뽑자고 한다. 하지만 두 경우 모두 제도라는 나무를 죽이는 행위이다. 현실은 항상 과거라는 기반 위에 서 있다. 그 과거를 분석해 이어나갈 것과 뿌리 뽑을 것을 정확하게 찾아내는 것이야말로 리더의 능력이다.

서원은 조선 중기 이후에 세워진 지방의 민간 교육기관 겸 연구기관이자 선현을 모시는 사당이기도 했다. 제사 모시는 기능만 있는 곳도 서원이라고 부르기도 했다. 조선 유교 문화의 핵심이 되는 양반 사회와 그 정신문화가 담겨 있는 곳이다.

　서원은 중국 송나라 때 주자가 백록동서원을 열고 교육·연구기관으로 보급한 이래 확대되기 시작했는데, 원나라와 명나라를 거치면서 더욱 활성화되었다. 조선의 서원은 1543년(중종 38) 풍기 군수였던 주세붕이 경상도 순흥에 세운 백운동서원이 처음이다. 지방 양반들의 사적인 영역으로 만들어진 서원은 점차 향촌 활동의 구심체 역할을 하게 되었다. '인재 양성과 교화'라는 측면에서 국가 정책과 지향점이 같았던 까닭에, 국가에서 지원한 '사액서원'이 늘어나면서 전국 도처에 서원이 깔리게 되었다. 숙종 때가 되면 사액서원만 따져도 131개소가 될 정도였다.

그런데 서원이라고 하면 가장 먼저 떠오르는 게 아마 '흥선대원군의 서원 철폐령'일 것이다. 고종 때 흥선대원군은 서원의 폐단을 없앤다며, 47개소만 제외하고 나머지 수백 개의 서원을 모두 없앴다. 서원의 통제, 정리, 철폐와 같은 정책은 대원군만 했던 것은 아니다. 서원 철폐는 조선 후기 내내 꾸준히 제기된 문제였다. 대대적으로 시행한 사람이 흥선대원군, 그리고 또 한 사람, 바로 영조였다.

전국을 당쟁에 빠뜨린 서원을 철폐하라

서원 철폐가 이슈가 된 것은, 서원이 지역 양반 사대부층의 이권을 보장해주는 역할을 했기 때문이다. 당연히 양반 사대부층의 이익은 전체 주민의 이익과 어긋나는 경우가 많았다. 지역 숙원 사업이나 부조리를 해결하는 게 아니라 오히려 반대하고, 때로는 서원 자체가 부조리의 원인, 소굴이 되는 일도 많았다. 이를 테면, 군역을 거부하기 위해 서원으로 들어가거나, 편법으로 세금 징수 대상에서 빠지는 일도 있었다.

그런데 더 큰 문제는 바로 '사우(祠宇)'였다. 사우는 유명한 인물을 모시는 사당을 말한다. 조선 후기에 특히 발달했는데, 이 사우와 서원이 합쳐지면서 서원 문제가 증폭된다. 사우는 본래 그 지역의 훌륭한 인물 혹은 위인을 모셔서, 해당 마을에 소위 지식인들을 집결시키는 곳이었다. 지역민의 자부심을 높이고 정신교육에 이바지하겠다는 취지였다. 물론 취지는 좋았지만, 이것이 당쟁과 얽히면서 부작용이 생겼다. 누구를 봉헌하느냐는 문제가 자신과 지역의 당파성을 대표하는 일이 되어버린 것이다. 당쟁은 원래 중앙 정치인들끼리 하는 정치 싸움인데, 지방의 서원과 사우가 전 국민을 당쟁 속으로 몰아넣게 된 셈이다.

대개 사우에는 여러 사람들을 모셨다. 꼭 그 지역 사람이 아니어도 위대한 인물이면 자신들의 서원에서 제사를 모시기 위해, 이 지역 사람과 저 지역 사람을 섞어 '지역 연합'을 이루는 방법까지 동원된다. 나중에는 중앙 권력자의 선조나 그 사람이 섬기는 인물을 지역 서원에 모셔 제사를 지내면서, 중앙과 지방이 서로 정치적 연합을 결성해 상호 이권을 추구하는 기막힌 방법까지 등장한다. 지방 서원의 직책 중 하나인 진신유사(搢紳有司)에 중앙의 고위 관료, 권력자를 추대하는 식이었다. 인물을 제향할 때도 당쟁 중에 희생되었다거나 수령의 직을 잘 수행했다거나 자손이 귀하게 되었다는 등 이해 못 할 이유를 내세웠는데, '뛰어난 유학자여야 한다'는 본래의 원칙을 완전히 깨버린 것이다.

사우는 선현의 인품을 배우고 업적을 본받자는 고상한 취지를 내세웠지만, 실제로는 지연과 혈연은 물론이고, 아무런 연관이 없는 사람들까지도 정치적·경제적 이익에 따라 서로 연합하여 상호 네트워크를 형성하는 방법으로 변질되었다.

개혁을 향한 의지 : 저항, 극복 그리고 미완

그래서 영조는 사우를 혁파하지 않을 수 없었다. "조정에 알리지 않고 사사로이 사원(祠院)을 건립하고, 사사로이 제사 지내는 경우 지위 고하를 막론하고 모두 철거하라. 이미 죽은 관리는 빼고 나머지는 모두 파직할 것이며 수령은 잡아 가두도록 하라. 관계한 유생은 5년간 과거 시험을 못 보게 하라. 이후로도 위반할 경우 파직하고 유생은 멀리 유배 보낼 것이다." 1741년(영조 17) 영조는 강력한 서원 철폐령을 단행했고, 173개 서원이 철폐된다. 이 철폐령의 주 대상이 바로 사우였다.

영조 그리고 리더

관건은 합리적이고 발전적인 네트워크의 형성이다

인간 세상의 모든 조직에서 부딪히는 문제는 바로 인적 네트워크이다. 인맥을 중시하는 것 자체가 나쁜 것은 물론 아니다. 세상에는 건실한 가족기업도 많고, 특별한 인맥이 더 효과적으로 작용하는 조직도 많다. 애플의 공동 창업자, 스티브 워즈니악과 스티브 잡스도 고등학교 선후배 관계, 고등학교 컴퓨터 동호회라는 인맥에서 시작되었다. 네트워크를 통해 동기가 유발되고 서로의 능력을 향상시키며 작업의 효율성을 높인다면 그건 좋은 인맥이다.

인맥이 일으키는 부작용은, 이권만을 중시하느라 조직 내에 비합리적인 네트워크가 만들어지는 경우이다. 구성원의 무능을 눈감고, 능력 있는 자의 진입을 방해하는 네트워크, 좀 더 편하고 방만하게 현상을 유지하고자 결성되는 네트워크가 문제인 것이다. 영조의 서원 정리와 사우 혁파는 이렇게 이권으로 연결되어 있는 네트워크에, 정치 현실을 개선하기보다는 정치 부조리를 확대시키는 네트워크에 칼을 들이댄 개혁이었다. 서원이 원래 가지고 있던 교육기관, 인재 양성소로서의 역할로 되돌리고자 고민한 결과였다.

다만 영조에게도 한계는 있었다. 상처를 도려내려고만 했지, 새로운 방법이나 대안을 만들어내지는 못했다는 점이 그것이다. 지위 고하를 막론하고 강력하게 처벌하고 예비 관료군으로 진입조차 못 하도록 해서 일벌백계의 고강도 처벌을 내렸으나, 거기까지였다.

편함을 추구하는 것은 인간의 본성이다. 힘들게 노력하려고 끊임없이 새롭고 합리적인 것을 좇는 사람보다는, 편하게 일하려고 익숙한 환경을 그냥 두고 보는 사람이 많은 법이다. 선진적 조직으로 추앙받는 세계적인 기업에서조차 늘 발생하는 문제이다. 공정만을 내세워 인적 네트워크를 무조건 없애는 것이 아니라, 합리적이고 발전적인 네트워크를 형성하는 것이 과제이다.

8

전례가 없으면 어떤가

ᆞᆞ영조와 정조의 전례 사용법

한 인터뷰 기사의 내용이다. "저는 '창의적인 아이디어 공모전'이라기에, 지금까지 볼 수 없었던 획기적인 아이디어를 출품했습니다. 그런데 돌아온 답은 '전례가 없다'며 뽑을 수 없다는 겁니다. 대체 왜 '창의적 아이디어 공모'라고 했는지 모르겠습니다."

새로운 일을 시작하거나 아이템을 구상하는 이들에게 제일 끔찍한 반응은 바로 "전례가 없다"라는 거절이나 "경험이 있느냐"는 질문이 아닐까 생각된다. 21세기는 창의적인 아이디어가 모이고 모여서 상상을 초월하는 세상으로 더욱 다가가고 있는데, 아직도 우리 사회의 많은 부분에서 이런 장면이 목격된다.

그러면 조선 시대에는 과연 어떠했을까?

조선이 전례를 중시한 이유?

조선은 예법과 전통을 중시하는 정도가 아니라, 목숨 걸고 사수하던 나라였다. 유교를 국시로 삼은 나라이기 때문이기도 하지만, '법조문 개정 불가의 법칙'이란 전통을 가지고 있었던 것도 그 이유이다. '조종성헌(祖宗成憲)'이라고 해서 선대에 만들어져 한번 법전에 수록된 법은 절대 고칠 수 없다는 원칙이다. 그래서 400년이 지나 사문화된 법 규정도 삭제하지 않고 그대로 두어야만 했다. 하지만 사회가 변하고 사람들의 인식도 변하는데 몇백 년간 변하지 않는 법이란 게 있을 수 있겠는가. 조선도 수정할 내용은 수정했는데, 다만 본문 밑에 각주로 달았다. 그래서 조선 후기에 만들어진 법전을 보면, '지금은 없다' '지금은 시행하지 않는다' '지금은 폐지했다'라는 각주들이 수도 없이 달려 있다.

이런 시대였으니 "전례가 없다"는 말처럼 무서운 말이 없었다. 법 규정만큼, 아니 그 이상으로 위력을 발휘했다. 심지어 법조문에 나와 있는 제도에 대해서도 "법대로 합시다"가 아니라 "법대로 하지 않은 전례가 있으니 괜찮습니다"라고 말할 정도였다. 그런데 『조선왕조실록』을 자세히 살펴보면, "전례가 없다"는 말은 복지부동이나 책임 회피를 위해 사용된 게 아니었다.

전례 찾기의 제일 중요한 용도는 권력 남용의 방지였다. 왕이 총애하는 신하에게 권력을 몰아주려고 하거나, 법에 없는 인사를 하려고 할 때, 또는 인기 영합책을 시행하려고 할 때, 이를 방지하는 논리가 바로 "전례가 없다"였다. 권력가가 부당한 청탁을 하거나, 중국 사신이 부당한 뇌물을 요구할 때에도 "난 정말 들어주고 싶은데, 전례가 없다"며 거절했다. 조선이 보수적이어서가 아니라, 바로 이런 순간들을 위해서 평소에 그렇게 전례를 남발하고, 때로는 법보다 중시하는 분위기를 만들었던 것이다.

하지만 조선 시대에도 백성이 큰 고통을 받거나 법이 심각한 문제를 일으키는 경우, 전례에 구애받지 않고 전례에 없는 일을 해야 한다는 '전례 위에 존재하는 원칙'이 있었다. 그러니까, 지금도 사용할 만하면 전례이고, 문제가 되면 전례가 아닌 것이다. 이것이 진짜 원칙이었다.

영조와 정조의 전례 사용 원칙

그러면 영조와 정조는 어떠했을까? 영조와 정조는 전례 사용의 원칙에 더더욱 철저했다. 전례를 악용하는 사례는 색출해내어 금지하고, 새로운 전례를 만드는 데 적극적이었다.

18세기가 되면 '전례'를 악용하는 사례가 늘어난다. 관리들은 자기 편한 대로 행정 관행, 조세 관행, 행사 관행을 만들고 그것을 기록해놓은 뒤, 전례와 관행을 내세우며 수탈하고 개혁을 거부한다. 실제로 영조 때의 사례를 보면 각 관청이나 지방의 관아에서 각자 나름의 '전례등록(前例謄錄)'이라는 규칙, 사례집을 만들어놓고 운용하고 있었다. 중앙정부 차원에서 만들어놓은 법규를 제쳐두고 각자 관청에서 임의로 만든 규칙을 운용하는 방식이었는데, 이것의 기준이 전례, 사례, 관행이었던 것이다. 이에 따른 부조리나 수탈이 심해지자 영조는 모든 관청에 있는 관행 기록을 전부 태워버리게 한다.

정조는 한술 더 떠서 "백성을 위한 일인데 전례가 없으면 어떠냐?"는 태도를 내보였다. 1789년(정조 13), 사도세자의 무덤을 이장하면서 있었던 일이다. 조선에서는 이런 왕실 행사에 백성을 데려다가 '무상으로' 일을 시키는 게 관례였다. 물론 무상이라고 말하진 않고, 왕이 하시는 일이니 자원하라며 독려하면 자원자들이 응모하는 형식이었다. 정조는 이런 관행이 전례를 핑계로 백성을 괴롭히는 일이라며 금지시킨다. 그러고는 정당한 임금을 지불하고 고용하라는 명령을 내렸다. 그런데 서울의 사대부들이 정신을 못 차리고 일을 벌인다. 이 기회에 왕에게 잘 보이기 위해 자신들이 나서서 백성들을 모은 다음, 이들에게 자원했다고 말하라고 시키고는, 이것이 국가의 전례라고 주장한 것이다.

정조는 물론 단호하게 거부했다. 아무리 전례가 있어도 백성을 위하는 일은 전례에 구애받을 필요가 없다는 논리였다. 또 1786년(정조 10)에는 의약청과 백성에게 포상을 하면서, 전례를 따르더라도 제일 좋은 것으로 선택해서 사용하라는 명령을 내린 적도 있다. 당시 조선왕조가 400년이 되어가다 보니 전례도 각양각색이었다. 매너리즘에 빠진 신하들은 무슨 행사든지 전례, 전례 하며 생색만 내려고 하는 경우가 많았다. 정조의 이런 명령을 살펴보면, 겉으로는 전례에 구애받는 것처럼 보이지만 사실은 전례가 아니라 상황에 가장 적절한 방법을 사용하라는 의미였다.

정조가 벌인 여러 사업 중에는 실패한 개혁도 많고, 고민만 하다 시행하지 못한 개혁은 더 많았다. 그럼에도 불구하고 정조가 개혁 군주로 추앙받는 이유는 바로 이런 태도 때문이 아닐까 싶다.

영·정조 그리고 리더

창의적 시도와 새로운 것이 지니는 의미를 알아야

많은 사람들이 전례와 경력을 따지는 데는 그럴 만한 이유가 있다고 생각한다. 하지만 전례를 사용하는 이유, 전례의 존재 목적이 무엇인가를 분명히 따져보아야 한다. 전례가 없다는 말을 '그냥 편하게 일하기 위해서' 혹은 '책임을 회피하기 위해서' 악용해서는 안 된다.

카네기는 스물네 살 때 월급 65달러를 받는 철도회사 직원이었다. 당시 철로는 단선이었기 때문에 작은 사고라도 생기면 철도 운행이 바로 마비되었다. 카네기는 아직 별 볼 일 없는 말단 직원이었고, 그의 상관은 사고가 발생하면 현장으로 달려가 사고를 수습하는 일을 담당했다. 그런데 어느 날, 상관이 자리를 비웠는데 사고가 발생했다는 연락이 온다. 카네기에게는 사고를 수습할 권한이 없었지만, 그는 여기서 전례가 없는 행동을 한다. 상관의 이름으로 전신을 쳐서 사고 수습 명령을 내린 것이다. 카네기는 해고당할까 봐 전전긍긍했지만, 상관은 카네기를 문책하기는커녕 그를 월급 1800달러의 지사장으로 임명한다. 상관의 이런 태도 역시 전례가 없는 일이었지만, 그것이 카네기를 강철왕으로 만드는 작은 출발점이 되었다.

전례의 사용 원칙을 다시 한번 생각하여 그것을 올바로 사용하고, 카네기와 그의 상관처럼 전례에 의지하는 것이 아니라 전례를 창조하는 자세를 되새겨야 하겠다.

9

나는 군사(君師)다

:: 정조, 미완의 개혁들

조선은 국왕이 승하하면 묘지문, 책문, 행장 등 국왕의 생애와 업적을 정리하는 글을 짓는다. 정조는 고민도 많고 문제의식도 충만했던 왕이어서, 행장과 묘지명도 다른 왕에 비해 엄청나게 길다. 업적도 상당히 길게 기록되어 있다.

"약을 나눠주어 백성들의 병을 구제했다. 사재를 털어 객사한 시신을 묻어주었다. 흉년이 들었을 때 사재를 털어 백성을 구제했다. 장용영을 설치해 균역법을 혁파했다. 서얼 차별법을 철폐해 서얼을 등용했다. 노비 세습 제도를 철폐했다. 환곡 제도를 개혁했다."

정조가 즉위할 때부터 마음에 두었고, 꼭 개혁하고 싶다고 여러 번 말했던 것들이다. 그런데 문제가 하나 있다. 장용영을 설치해 균역법을 혁파했다는 내용 이후의 목록은 개혁을 실행한 게 아니라, '하려고 했던' 것들이다.

정조, 안타까운 미완의 개혁 군주

알고 보면 정조에게는 성취한 개혁보다, 하려고 했던 개혁이 더 많다. 세상 일은 참 이상한 게, 역사에 이름을 남긴 위인 중에는 무언가를 이루어서 명성을 얻은 사람도 있지만, 미완성으로 오히려 더 유명해진 사람도 있다. 슈베르트의 대표작은 〈미완성 교향곡〉이고, 레오나르도 다빈치 역시 작품 목록을 보면 미완성이 완성작보다 월등히 많다.

정조도 사실은 이 미완성 목록 때문에 더 안타깝고 위대한 개혁 군주가 되었다. '정조' 하면 따라다니는 이야기가 '정조 암살설'이다. 사실 정조 암살설은 근거가 미약하다. 정조의 미완성 리스트 때문에, 정조가 좀 더 오래 살았더라면 이런 개혁들을 제대로 이루었으리라는 안타까운 마음이 암살설을 더 확산시킨 것 같다. 또 어떤 사람들은 '정조' 하면 고독하고 외로운 군주상을 연상한다. 개혁을 반대하는 세도가들과 음모가들 사이에 둘러싸여 있었고, 신하들이 제대로 움직여주지 않아서 개혁을 온전하게 마무리 짓지 못했다고 생각한다.

그런데 역사를 돌이켜보면, 개혁을 추진할 때 찬성보다 반대가 많은 건 세상의 이치이다. 근본을 흔드는 개혁일수록 반대하는 사람은 많아지고 그 반대의 기세가 결사적이다. 그래서 개혁을 추구하는 리더라면 거대한 반대 세력과 맞부딪히는 건 당연한 일로 받아들여야 한다. 정말 개혁이 성공하려면 그 반대 세력을 이겨내거나 설득할 방법을 찾아야 한다.

정조가 반대 세력을 설득하지 못한 이유

정조는 왜 반대 세력을 극복하지 못했을까? 정조의 문제점은 조금 전에 언급한 대로, 너무나 고독하고 비장한 군주였다는 점이다. 개혁은 엄청난 반대를 낳기 때문에 그것을 성공시키려면 단계적인 전략이 있어야 한다. 그리고 각각의 단계마다 반대파를 설득하고 자기 편을 늘릴 지혜와 노력이 필요하다. 이것이 마키아벨리가 말한 '여우의 지혜'이다. 하지만 정조에게는 이것이 부족했다. 정조는 아버지의 죽음을 목격한 뒤 신하에 대한 불신을 품었고, 결국 자신이 모든 걸 다 알고 해결해야 한다고 생각했다. 그러다 보니 자신이 매사에 가장 뛰어나고 가장 정의롭고 가장 위대한 명군이라고 생각하게 된 것이다.

정조는 스스로 '군사(君師)'라고 불렀다. 이 말은 임금인 동시에 만백성과 모든 신하의 스승이라는 의미이다. 엄청난 자부심이다. 어떤 이들은 정조를 '학자왕'이라고 존경하지만 리더십 관점에서 보면 아주 위험한 발상이다. 정조는 비교적 성공한 개혁도 그 취지와 성과를 자기중심적으로 해석해, 개혁의 결과를 엉뚱하게 몰고 가기도 했다.

대표적인 사례가 금난전권 철폐이다. 금지했던 난전을 모두 풀어주어 자유상업을 허용한 것은 조선의 농본주의를 타파하는 획기적인 정책이었다. 그런데 상업을 허용한다고만 해서 그것이 발전하지는 않는다. 상업이 발전하려면 금융, 기업 설립, 사회 간접자본의 건설과 같은 후속 정책이 필요하다. 정조는 바로 다음 사업으로 화성 건설을 추진한다. 화성 건설은 상업 인프라를 구축하기 위해, 새로운 도시를 만들고 상업 거점을 육성하는 정책으로 이해할 수 있다. 금난전권 철폐와 잘 어울리는 정책처럼 보인다. 하지만 당시 사람들이 이 일을 그렇게 인식하지 않았다는 게 문제이다.

정조는 화성으로 가기 위한 한강의 배다리를 일부 상인들에게 만들게 해, 그 대가로 세곡 수송의 특혜를 주었다. 그리고 일부 상인들에게 국가 자금을 대출해주고 화성 안에 상점 거리를 조성했다. 무역 특권도 주었다. 그래서 관료들은 정조가 독단적으로 권력 거점을 양성하는 것 같다고 생각하며 엄청난 불안감에 휩싸인다. 거기다 정조가 화성에 '장용영'이라는 친위군까지 설치하자 이 불안감은 더욱 가중된다. 정조 암살설이 나오게 된 데에는 화성 건설과 장용영 설치가 낳은 극적 긴장감이 중요한 원인으로 작용했다. 이 역시 자신만 옳다고 여겨, 타인의 입장에서 생각하여 설득하고 융화시키는 자세가 부족했던 결과였다.

비장감과 정의감의 차이

힘든 과업, 대대적인 변화를 시도하는 리더는 비장감에 휩싸이기 쉽다. 어떤 리더는 그런 비장감에서 정의감과 확신을 얻기도 한다. 하지만 과도하게 비장해지면 주변 사람들과 멀어지고 자기 확신에 빠지게 된다. 그것이 가장 위험한 함정이다.

위대한 사람일수록 이런 말을 자주한다. "나를 이길 사람은 나 자신뿐이다." 그렇지만, 그와 동시에 자신을 파멸시킬 사람도 자신뿐이라는 사실을 아울러 생각해야 한다.

10

조선 시대 사람들은 공부를 잘하면 다른 일도 다 잘할 것이라고 생각했다. 급제만 하면 행정, 재판, 군사 등 모든 것을 처리해야 하는 지방 수령으로 임명되곤 했다. 그런데 과거에 급제해서 관료가 된 사람도 다시 공부를 해야 하는 경우가 있었다. 조선 시대 관료 중에는 문과 급제 출신이 있고, 급제하지 못하여 음서나 무과를 통해 관료가 된 사람들이 있어서, 얼핏 생각하면 비과거 출신이 재교육 대상일 것 같은데 사실은 그 반대였다. 문과 급제 출신 중에서도 엘리트 문신으로 간주되는 사람들이 재교육 대상이었다.

세종이 만든 '사가독서제'가 그 재교육 방식의 모체였다. 이 제도는 그 후 '독서당'이라는 상설 국가기구로 실현되었다. 독서당은 한강이 바라보이는 용산 언덕에 있었는데, 지금의 옥수역 부근 아파트 단지 자리이다. 6명 정도의 문신을 뽑아 1년 동안 아무 책이나 읽으면서 자신을 개발하는 시간을 가지게 했다.

세종의 사가독서제 vs 정조의 초계문신제

독서당 제도는 오늘날의 안식년 제도와 비슷했다. 독서당에 든 관료들은 처음에는 요구받는 것 없이 그냥 마음대로 독서와 토론을 즐기면 되었다. 그러자 몇 가지 문제가 발생한다. 다른 관리들이 보기에 그들의 생활이 너무 부러운 것이었다. 그러다 보니 독서당에 선발되기 위한 청탁이 생기기 시작했다.

독서당에 뽑히는 사람보다 뽑히지 않는 사람이 훨씬 많으니 불평도 쏟아진다. '1년 동안 독서를 한다는데, 그게 나라에 무슨 도움이 되느냐?' '전체 관료 중 소수만 이런 혜택을 누리는데, 혼자 즐기고 말 게 아니라 국가에 도움이 되는 결과를 내놓아야 하지 않느냐?' 그래서 조선 후기가 되면 연구 결과 보고서를 제출하라는 지시도 생긴다.

당연한 귀결이 아닌가 하고 생각할 수도 있지만, 잘 생각해 보면 이게 우리 사회의 문제 중 하나이다. 우리는 어떤 제도이든 장기적으로 운용하지 못하고 '인풋과 아웃풋이 정확해야 한다' '눈에 보이는 결과를 보여 주어야 한다'고 독촉하곤 한다.

그래서 세종대왕이 위대한 군주인 것이다. 세종은 애초에 이런 반발을 전부 누르고 사가독서제를 시행했다. 그런데 시간이 지날수록 사람들은 세종의 뜻과는 반대로 나갔다. 청탁도 심해지고 불만도 커져갔는데, 그 이야기가 정조에게까지 들어갔다. 이런 문제를 보고 가만히 있을 정조가 아니었다. 정조는 학술, 연구, 책, 시험 등과 관련된 이야기를 들으면 참지 못하는 성격이었다.

정조의 대책은 사가독서를 시험제도로 바꾸는 것이었다. 바로 초계문신(抄啓文臣) 제도이다. 1781년(정조 5), 정조는 '초계문신을 위한 강제절목(講製節目)'이라는 것을 발표한다. 강제하는 절목이 아니라, 강경과 제술, 즉 암송과 글짓기로 시험을 보는 규정을 뜻한다. 하지만 강제인 것도 맞다. 초계문신 제도는 젊은 문신을 선발해 공부하는 기간을 주고, 시험을 보게 하여 승진시키는 제도였다. 오늘날의 MBA 과정보다 더 엄격했다. 매달 시험을 보고, 정조의 특강까지 들어야 했다. 결석도 허용 안 되고, 시험은 예외가 없었다. 관혼상제 정도나 예외로 인정되었는데, 그것도 면제가 아니고 시험 '연기'였다. 여기에 더 살벌한 규정이 있었다. 성적이 좋으면 파격적인 승진을 하지만, 낙제하면 벌금을 내야 했다. 이 과정을 수료한 사람이 정조 때만 138명이었다.

정조는 강제절목에서 이렇게 말했다. '첫째, 초계문신 대상자의 선발은 최고 관서인 의정부에서 한다.' 이렇게 하면 독서당에 뽑아달라는 청탁이 근절되리라고 보았다. '둘째, 시험은 규장각에서 주관한다.' 규장각이 관리하고 시험을 치르면, 자율에 맡겨놓았던 사가독서와 달리 강제로 공부를 시키고 평가할 수 있으리라 생각한 것이다.

시스템이 해결하는 것, 사람이 해결하는 것

여기서 우리가 생각해볼 것은, 청탁을 없애기 위해 최고 관서인 의정부에 선발을 맡긴 것이다. 여러 조직체의 문제 중에는 시스템이 해결해주는 것이 있고, 사람이 해결해야 하는 것이 있다. 문제는 시스템이 해결해야 할 것을 사람에게 넘기는 부분이다.

우리는 문제가 생기면 모든 것을 가능한 한 상급 기관, 상급 부서에 맡기는 경향이 있다. 기존 시스템에서 하부 조직이 해왔던 것을, 조금 문제가 있다고 해서 바로 상부에서 TF를 만들어 해결하게 하거나, 리더가 바로 결정을 내리도록 떠넘기는 방식이다. 이것을 효과적인 대책이라고 생각하고, 리더의 의욕과 결단이 미덕이라고 간주하기도 한다. 물론 당장 어떤 사태를 급박하게 해결해야 할 때에는 이런 방법이 필요할 수도 있다. 하지만 문제를 상급 기관으로 넘기는 것은 시스템에 의한 해결 방식이 아니다. 이런 일을 반복할수록 시스템 내에서의 문제 해결 능력은 더욱 허약해질 뿐이다. 나중엔 무슨 일만 생겼다 하면 위만 쳐다보게 된다.

정조는 청탁을 없앤다는 목표를 크게 생각해 의정부에 선발을 맡겼다. 물론 선발의 문제에 대해서는 말들이 줄었을 것이다. 그러나 규장각에서 평가를 엄격히 진행함으로써, 세종이 추구했던 '창의적이고 자율적인 연구'라는 본래의 취지는 사라져버렸다.

장기적인 안목에서 볼 때 현대 조직에 필요한 방식은 무엇일까? 세종의 사가독서와 정조의 초계문신 제도, 둘 중 어떤 방식이 더 효과적인 걸까?

제 3 장

제도적 실험들: 시대에 대한 이해 혹은 오해

영조가 사도세자에게 내린 지시를 기록한 현판.
열한 살 무렵 사도세자가 경서 강론 자리에 자주 빠지자,
이를 지적하며 앞으로 빠지지 말라고 명령하고 있다.

乙丑十月二十八日大臣以下入　侍時
傳曰冲歲胄筵一日寢講其可闕也而胄筵頻
禀者名目黙然此則先儒已陳者其況雖在
諒闇之中予亦講學於
因山之前尤況小ㅅ雜頉此後則
國忌私忌日例當有依胄筵召對之事而其大
享及修改日動駕相値日外凡諸頉禀其令
春坊一並除之此亦一體載大典

영조와 정조의 시대에 유럽에는 두 종류의 왕이 있었다. 절대군주와 계몽전제군주. "짐은 곧 국가다"라는 말로 유명한 태양왕 루이 14세는 17세기 프랑스의 절대군주였다. 계몽전제군주의 대표 주자는 18세기 프로이센의 프리드리히 2세이다. "군주는 그 나라의 첫 번째 공복이다"라는 말을 남겼다. 하지만 이 말을 곧이곧대로, 왕의 지위를 태양에서 나라의 종으로 내리겠다는 뜻으로 해석해선 안 된다. 7년전쟁을 승리로 이끌고 프로이센을 강국으로 만든 프리드리히 2세는 국가 통치부터 정복 전쟁 지휘까지 1인 다역을 훌륭히 수행한 인물이다. 대신, 자신에 대한 절대 권력을 요구했다. 태양왕 이론이 '나는 존재 그 자체로 특별하고 절대적인 권력을 지녀야 하는 인물이다'라는 의미라면, 프리드리히 2세의 절대 권력론은 '군주는 국민의 공복이다. 너희를 위해 모든 일을 할 테니 나를 믿고 모든 권력을 내게 다오'라는 의미였다.

우리가 20세기를 경험해 알다시피 모든 절대 권력, 독재 중에서도 최고의 독재는 국가와 국민의 이익이라는 최대 다수를 명분으로 하는 것이었다. 프리드리히 2세는 이것을 이미 깨달았던 것이다. '내가 절대자다'라고 선포하는 것보다, 절대자가 되는 방법과 명분을 찾아 그것을 이용하는 것이 당연히 더 큰 권력을 가져다주고, 성공적이지 않을까?

조선의 군주관

사실 태양왕 같은 절대군주 개념은, 동양에서는 수천 년은 더 된, 너무나 익숙한 개념이다. 동양의 전통적인 군주관은 '하늘이 백성을 낳고 군주를 세워 인(仁)으로써 모두 태평하고 화목하게 지내게 한다'는 것이다. 하늘로부터 백성의 통치를 위임받은 존재, 그것이 바로 군주였다. 그래서 왕을 하늘의 해로 묘사해온 것도 아주 오래된 일이었다. 조선에서는 왕이 승하하면 그 즉시 세자가 왕으로 즉위했다. 장례라도 치르고 나서 즉위해도 괜찮지 않을까 싶은데, 어쩐지 너무 각박한 느낌까지 들 정도로 '그 즉시 즉위'한 이유는 바로 이것이다. "하늘의 태양은 한순간이라도 없어서는 안 된다."

물론, 왕도 백성을 하늘같이 여겨야 하며, 백성의 뜻을 듣는 것이 하늘의 뜻을 듣고 시행하는 것이라는 가르침도 있었다. 하늘이 왕에게 절대 권력을 위임한 데는 백성의 행복이 전제된다고 보는 사상도 있다. 동양의 천명론은 태양왕론이 아니라, 태양왕론과 계몽전제군주론이 복합된 성격으로 보는 게 더 정확할 것이다.

하지만 계몽전제군주론은 어디까지나 통치술에 해당하는 것이다. 즉 잠복해 있는 이론이다. 사상과 의례에서는 '왕은 하늘의 대행자'라는 오랜 관념이 너무나 굳건했다. 따라서 계몽전제군주처럼 행동할 이유는 없었고, 그렇게 행동해서도 안 되는 일이었다. 그래서 조선 시대에 국왕들은 백성을 직접 만나지 않는 것이 원칙이었고, 행차를 해도 자기 모습을 보이지 않았다. 백성이 그 행차에 뛰어들거나 면담을 요청하면 극형으로 다스렸다.

그러므로 영조처럼 백성을 직접 만나 의견을 듣고, 백성이 원한다면 기존의 관행도 바꿔야 한다고 주장하는 계몽전제군주 같은 태도는 대단히 낯선 광경이었다. 그리고 이런 낯섦은 신하들로 하여금 황당한 일을 벌이도록 만들었다. 1724년 영조가 바로 그런 경험을 한다.

왕이 지나는 길에 꼿꼿이 선 물건이 있어서는 안 된다

영조가 막 즉위한 1724년. 그는 선왕인 경종의 장례를 위해 능으로 행차했다. 이 행차는 영조에게 정말 중요했다. 경종은 소론의 지지를 받고 영조는 노론이 받든다는 사실은 당시 조선의 전역에 알려져 있었다. 온 사회가 이미 당파로 갈라진 갈등의 사회로 진화해 있는 상황에서 영조에게는 자신에 대한 소론의 불안감과 당파적 인식이 큰 부담이었고, 또 그것을 해소해야만 했다. 실제로 얼마 후에 소론 세력이 경종 암살설을 내세우며 이인좌의 난을 일으킨다.

이런 불안감을 해소하기 위한 좋은 방법 중 하나가 바로, 영조 스스로가 경종을 존중하고 백성을 사랑하는 모습을 보이는 것이었다. TV도 인터넷도 없던 시절에 시각적인 효과를 최대한 거둘 수 있는 것이 왕의 행차였다. 영조는 자신의 치세 동안 경종의 능에 최대한 자주 행차했다. 장례가 끝나면 부왕의 능조차 거의 찾지 않던 조선 시대의 관행을 감안하면 이런 친행은 아주 파격적인 것이었다. 영조는 이 친행이라는 퍼포먼스를 통해 자신이 경종을 존중하는 마음, 아울러 백성을 사랑하는 모습을 최대한 과시하고자 했다.

그런데 첫 행차에서 영조는 어이없고 참혹한 광경을 목격하게 된다. 자신이 지나가는 길가에 있는 무덤들이 전부 훼손돼 있었다. 둥근 봉분은 서양식 무덤처럼 평평하게 깎여 있고, 무덤의 비석은 모조리 뽑혀 있었다. 한·중·일 3국 중에서도 장례와 제사 의례가 가장 발달했던 조선에서 무덤 훼손은 최악의 재난이자 범죄였다.

그 광경에 놀란 영조는 도대체 무슨 일이 있었던 거냐고 물었다. 돌아온 대답은, 영조의 행차를 대비한 작업이라는 것이었다. 정부가 즉 공권력이 자행한 일이었다. 조선 시대에 백성이 왕의 행차를 만나면 모두 그 자리에서 바닥에 엎드려야만 했다. 그런데 감히 꼿꼿하게 서 있는 것들이 있었으니, 바로 비석과 봉분이었다.

'왕이 지나가면 엎드려야 하는데, 아무리 비석이라도, 아무리 죽은 사람이라도 곧추서 있어서는 안 된다.' 이런 논리로 봉분을 깎아버리고, 비석을 모두 뽑아버린 것이었다. 왕이 잠든 곳에 백성들이 비석을 세우고 함께 누워 있으면 안 된다! 그야말로 왕을 하늘이 내린 태양으로 생각하는, 뿌리 깊은 절대군주제가 빚어낸 촌극이었다. 모르긴 몰라도 신하들은 아마 무덤의 비석을 뽑으면서 이런 생각을 했을 것이다. '이런 참신한 아이디어로 전하가 가시는 길을 정돈해두었으니, 전하가 우리를 얼마나 기특하게 생각하실까!'

영조는 신하들의 충성에 감동하기는커녕 경악했다. 이 시기에 봉분을 만들고 비석을 세우는 것은 양반 사대부나 부호나 가능한 일이었다. 더욱이 경종릉은 현재의 성북구 화랑로에 있는데, 그 주변은 당시에 사대부들의 묘지로 애용되던 곳이었다. 그들의 무덤을 행차 때문에 파헤쳐버리다니, 그들 중에 소론은 몇 명이고 노론은 몇 명일까. 노론은 실망하고 소론은 불안을 증오로 바꿀 게 뻔했다.

화가 난 영조는 바로 그 자리에서 신하들에게 일장 연설을 늘어놓았다. "왕의 임무는 백성을 잘 보살피는 것이다. 산 사람도 불쌍하게 여겨야 하는데 하물며 죽은 사람의 무덤을 깎아서야 되겠느냐." 『실록』을 보면 이렇게 말했다고 적혀 있다. 평소 영조의 성향으로 미루어 보건데, 아마 속으로는 분명 이렇게 생각했을 것이다. '아무리 왕이 존귀하다고 해도 상식 밖의 행동을 해서야 되느냐? 그리고 이것이 어떻게 왕의 권위를 높이는 일이냐? 오히려 깎아내리는 일이지.'

실제로 이 일은 영조의 권위를 깎아 먹는 데 일조했다. 봉분을 깎고 비석을 뽑는 게 다가 아니라, 아예 무덤을 파내야 한다 했다고 소문이 퍼져 큰 소동이 일어난 것이다. 아닌 밤중에 홍두깨도 아니고, 왕이 지나갈 예정이라 무덤을 파낸다니, 왕을 원망하는 마음이 생기지 않는다면 오히려 이상한 일이었을 것이다. 더군다나 조선은 조상 숭배와 제사를 무엇보다 소중히 여기는 사회였다. 오늘날까지 그 전통이 남아 있어서 명절날 성묫길 교통정체는 세계적인 화제가 될 정도이다. 하물며 조선 사회에서 이런 일이 일어났으니 영조의 권위가 세워질 리 없었다.

영조 그리고 리더

상식 밖의 권력 행사는 범죄다

왕의 권위를 세운다고 무덤까지 파괴하는 관행이 언제부터 시작된 것인지는 모르겠다. 적어도 조선 전기에는 이런 사건이 없었다. 이 정도 사건이라면 『실록』에 기록되지 않을 리가 없기 때문이다. 하지만 인간은 무슨 제도나 관념을 만들면 그것을 자꾸 극대화하려는 경향이 있다. 의전이나 계율에서 이런 인플레이션의 사례를 곧잘 볼 수 있다. 어떤 행사에서 원래는 절을 한 번 하게 되어 있던 게, 시간이 지나가면서 두 번이 되고 세 번이 된다. 때로는 집단들이 서로 경쟁적으로 절의 횟수를 늘린다. 왕이 사망한 후에 올리는 존호도 시간이 갈수록 길어진다. 글자가 길어진다고 훌륭함이 더 커지는 것도 아닌데, 이상하게 이런 일에 집착하는 것이 인간과 조직의 생리이다.

　현대의 조직 역시 마찬가지이다. 처음에는 좋은 뜻으로 만든 제도였다 하더라도, 관념이 관념을 낳고 형식이 형식을 낳아 결국은 과도해진다. 건강한 조직인지 아닌지는 그 조직이 의전을 대하는 태도를 보면 금세 알 수 있다. 우리 사회는, 우리 조직은, 나는, 길가의 비석까지 관심을 두고 뽑거나 눕히고 있지는 않은지 늘 돌아보고 조심해야 하겠다.

──────────── 제도적 실험들: 시대에 대한 이해 혹은 오해

여염집 탈취를 금한다!

: 영조의 부동산 정책

조선 시대의 한양은 단순한 행정구역이 아니었다. 행정구역 이상의 의미가 있었다. 한양은 왕과 지배층이 거주하는 특별한 영역이었다. 경계를 아예 성벽으로 두르고 있어서, 한양의 공간은 영원불변이었다. 실상 한양의 영역은 성벽을 넘어 계속 늘어나기는 했지만, 궁과 관청이 있고 왕과 지배층이 거주하는 특별함이 살아 있는 지역은 도성 안, 즉 사대문 안이라는 의식은 계속 유지되었다.

여기에는 관념적인 의미만이 아니라 현실적, 실용적인 이유도 있었다. 관료들은 궁에 출퇴근해야 하는데 사대문 밖으로 나가 살면 너무 멀었다. 서울에 도성을 처음 쌓을 때 이런 거리 문제까지 고려했던 것이 틀림없다.

사대문 안의 인구는 계속 늘어나는데 공간은 변함이 없으니, 집을 늘리려고 주변 민가를 허무는 일이 속속 생겼다. 이런 일이 잦다 보니 조선 정부는 권세가들이 남의 집을 함부로 빼앗지 못하도록 하는 법까지 제정했다. 하지만 어떤 법이든 빠져나갈 구멍은 있다. 권세가들은 갖가지 방법으로 민가를 차지했다. 별별 기상천외한 수법이 다 동원되었다. 예를 들면 이런 식이다. 전염병이 돌면 궁 안 사람들이 병을 피하게 하고자 민가에서 생활하는 것을 허용했는데, 이때 아주 좋은 집으로 피난을 가서 원래 살고 있던 사람을 내보낸 뒤 그 집에서 안 나가고 버티는 것이다. 세 들어 살다가 비켜주지 않는다든가, 또는 매매를 빙자해 자기 것으로 만드는 경우도 있었다.

초강수를 둔 영조

억울하게 집을 빼앗긴 사람들은 권세가의 보복이 무서워 고발도 못 하고 쉬쉬하는 경우가 대부분이었다. 길거리에 나앉은 사람들의 고생은 말로 다 못 할 정도였다. 가족이 뿔뿔이 흩어져, 남자는 남의 집에 머슴을 살러 가고 부녀자들은 허드렛일을 해주러 가는 경우도 많았다. 영조는 왕이 되기 전 궁 밖에서 살았기 때문에 이런 광경을 여러 번 목격했다. 그래서 왕이 되자마자 강력한 법을 하나 만들었다. 바로 '여염집 탈취 금지령'이었다. 힘 있는 권세가들이 민가를 빼앗는 불법을 반드시 뿌리 뽑겠다는 의지의 표명이었다. 처벌도 굉장했다. 적발된 사람은 일반 양반뿐 아니라 왕족과 고급 관료들까지 예외 없이 유배를 보냈다. 유배에서 해제된 후에도 고급 관료로의 진출 길을 막아버렸다. 범법자가 관료가 아닌 유생이라면 6년간 과거 시험을 보지 못하게 했다.

여기까지만 해도 당시로선 정말 엄청난 처벌이었다. 그런데 영조의 초강경 시책은 여기서 끝나지 않았다. 궁 밖에서 자란 영조는 왕이 법령을 내려도 그것이 시행 과정에서 어떻게 왜곡되고 형식화되는지 너무 잘 알았다. 너무 잘 알아서 오히려 탈이었다. 탈취 금지령을 내리면 분명히 매매나 전세로 위장할 거라는 사실도 미리 알았던 영조는 매매뿐 아니라 전세조차 금지해버렸다. 매매와 전세를 금지하니 사실상 이사까지 금지한 셈이 되었다. 한마디로, 집 옮길 생각 말고 넓히려고 하지도 말고, 지금 사는 집에서 평생 그대로 살라는 것이었다. 신하들은 지나치다며 반대했고, 실제로 선의의 피해자도 나타났다.

대표적인 케이스가 박제가이다. 1761년(영조 37) 영조는 금지령 위반자에 대한 보고가 뜸하다는 생각에, 한성부 관리를 불러 즉시 보고하라고 한다. 그런데 이때 제출된 위반자 명단에 박제가의 어머니 이씨가 들어 있었다. 당시 열두 살이던 박제가는 아버지인 승지 박평이 사망한 뒤 어머니와 함께 필동의 집을 사서 이사했다. 이것이 양반의 권력을 이용해 민가를 빼앗은 경우라고 고발당한 것이다. 7월 21일, 위반자 처벌을 위한 회의가 열렸다. 이 자리에서 우의정 홍봉한은 이씨가 서얼 집안 출신으로 허울뿐인 양반이라 초가삼간도 구입하기 힘든데 어떻게 강제로 매입했겠느냐며 선처를 구했다. 옆에 있던 예조판서와 병조판서도 홍봉한의 말에 동조했다. 하지만 영조는 단호하게 박평의 유가족에게 유배형을 내린다. 박평은 죽기 전까지 영조를 가장 가까이서 모신 승지였는데도 그랬다. 당시 현행법상 이씨는 여자라 유배를 갈 수가 없어 아들인 열두 살짜리 박제가가 유배를 가야 했다. 그런데 형조판서 남태제가 어린 아이를 유배형에 처하는 것이 법에 어긋난다고 지적한 덕분에, 박제가는 간신히 귀양살이를 면했다. 만약 이때 귀양을 갔다면 우리가 아는 박제가와 『북학의』는 아마 없었을 것이다.

영조가 무리수를 둔 이유

법과 정책의 의도가 아무리 좋아도 기본적인 상식선에서 집행되어야 한다. 행차 길에 훼손돼 있는 비석과 봉분을 보며 영조가 신하들에게 늘어놓았던 연설과 비교하면, 이번에는 영조가 이 원칙을 어긴 것이다. 영조가 무리수를 둔 속사정을 소개하기 전에, 채제공이 정조에게 건의한 말부터 소개해보겠다. 영조의 여염집 탈취 금지령은 정조 때까지 유지되었다. 어느 날 채제공이 정조에게 이런 건의를 한다. "요즘은 세상이 전과 판이한데, 양반이 여염집을 탈취하고 싶다고 해서 그 누가 빼앗길 것이며 고발하지 않는 자가 어디 있겠습니까?"

사실 일반 백성이 양반의 불법을 고발조차 할 수 없었던 건 아니다. 하지만 조선은 철저한 신분제 사회였기 때문에 형식적으로는 고발이 허용돼도 진짜로 고발하는 것은 사실상 불가능했다. 천하의 세종도 해결 못 한 조선의 법 관행이 바로 윗사람에 대한 아랫사람의 고발 제도였다. 사람들은 법을 모르기도 했지만, 힘없는 자신이 초특급 권력가를 고발해봐야 제대로 처리나 되겠냐는 두려움 때문에 더더욱 고발을 하지 못했다. 그런데 영조의 강경한 여염집 탈취 금지령이 시행된 이후, 백성들은 권력가가 정말, 실제로 처벌을 받는 장면을 목격하게 된다. 그리고 이런 장면을 계속해서 목격하다 보니, 마침내 집을 빼앗기면 상대가 양반일지라도 고발할 수 있는 용기가 생긴 것이다. 국가와 관청에 대한 신뢰가 생겼다는 뜻이다.

영조 그리고 리더

규정으로 할 수 있는 일과 그렇지 못한 일을 구분해야 한다

훗날 채제공의 건의를 들은 정조는 그제야 영조의 매매 금지령을 손질한다. 초가집이나 작은 기와집은 관에 보고하면 매매를 허용하는 것으로 법을 완화했다.

이 이야기의 교훈은 무엇일까? '개혁을 하려면 무리한 조치가 있더라도 밀어붙여야 한다'인가? 영조의 매매 금지령은 너무나 무리한 정책인 듯하지만, 아주 현실적이고 교묘한 요

소가 숨어 있다. 앞서 말했듯이 조선은 철저한 신분제 사회였기 때문에 지체 높은 사람에 대한 고발이 형식적으로는 허용돼도 현실적으로는 불가능했다. 이것이 권력자와 양반들의 불법을 조장했고, 이런 문제는 늘 지적돼왔다. 그러나 토론이 벌어져 이론 논쟁으로 가면 '신분제의 논리'를 이길 수가 없었다.

그래서 영조는 아주 구체적인 작은 사실, 그리고 모두가 수긍할 수밖에 없는 분명한 하나의 문제에서 출발한다. 바로, 여염집 탈취는 불법이라는 사실이다. 모두가 불법임을 인식하고, 그것에 토를 달기 어려운 사안이었다. 모든 것을 바꾸려고 하면 개혁은 반드시 실패한다. 모든 개혁은 부작용과 무리수가 따르기 때문에 한꺼번에 일을 벌이면 감당 못 할 대혼란이 발생한다. 그렇다고 부작용이 없을 만한 작은 일로만 빙빙 돌아도 실패한다. 그건 개혁이 아니기 때문이다. 그래서 영조는 하나의 안건이지만 근원으로 파고들면 더없이 근원적이고 오랜 개혁 과제와 연결되어 있는 하나의 일에 집중했다. 참 교묘하다. 한 가지 사안에 집중했기 때문에 부작용도 어찌어찌 관리하며 끌고 나갈 수 있었다. 그리고 조선 건국 이래 강고하게 유지되어온 신분제의 커다란 방벽 하나를 허물었다.

문서에 먹물이 마르기도 전에

: 영조의 행정 관행 개혁

조선 시대에는 민원을 어떻게 처리했을까? 아마 당장 떠오르는 제도가 신문고일 것이다. 그런데 사실 신문고는 아주 잠깐, 정말 잠깐씩 시행되어서 제도라고 할 수도 없다. 신문고에 대한 환상이 오늘날까지도 퍼져 있는 것을 보면 놀랄 만한 성공을 거둔 제도임은 분명하지만, 신문고의 성공이 역사에 남긴 교훈은 알고 보면 씁쓸하다. '성능은 형편없어도 이름만 잘 지으면 성공할 수 있다'는 것뿐이니 말이다. "대중에게 히트 치려면 성능은 상관없다. 대중의 심리를 파악해서 환상을 던져줘라." 아무리 봐도 현대의 마케팅 이론으로는 쓸모없을 것 같지만, 정치와 선동에는 여전히 유효할 것이다.

종로 가죽신 가게 주인의 상소

허울뿐인 신문고를 대신해서 조선 시대에 민원 처리의 역할을 훌륭하게 해낸 제도는 바로 상소였다. 요즘에는 상소에 대해서도 과장된 해석, '실상보다는 대중의 심리에 맞춘 로망'이 돈다. "남녀노소, 신분을 불문하고 누구나 상소를 올리고 어떤 이야기든 건의할 수 있었다."

이건 말도 안 되는 이야기이다. 단 상소도 정치적, 외피적 요소와 실제 운용은 다른데, 외피만 보면 그렇게 생각할 여지가 없는 건 아니다. 하지만 실제 운용 방식은 다르다. 어떤 제도든 표피와 내면 사이에는 괴리가 있다. 실제로는 꼭 그렇지도 않았지만 남녀, 신분을 가리지 않고 모든 이의 상소를 허용한다고 해도 현실적으로 그것을 다 들어줄 수는 없다. 다 읽기도 힘들다. 여기까지는 그래도 진지한 고민이라고 할 수 있는데, 행정 현장으로 가보면 이야기가 달라진다. 거기에서는 상소도 아주 기능적이고 현실적이며 속물적으로 운영되었다.

조선 후기 서울 종로에 있던 '혜전'이라는 가죽신 가게에서 비변사에 이런 상소를 올린다. 정부 관청에서 수시로 공문을 보내, 행사에 필요하다며 신발을 내놓으라고 요구한다는 것이다. 이 요구를 다 들어주다가는 파산할 지경이고, 들어주지 않으면 여러 방법으로 괴롭힌다는 것이었다. 혜전만 이런 일을 당한 게 아니었고, 수법도 이런 수법만 있는 게 아니었다. 모든 시전이 비슷한 고통을 겪었고, 외상으로 가져가버리는 것도 상인들을 괴롭히는 흔한 수법이었다. 물론 정식으로 차용증을 쓰고 가져가더라도 갚는 법은 결코 없었다. 상소를 하는 시전의 입장에서는 정말 피를 토할 것 같은 상소였다.

상소를 접수한 비변사도 피를 토할 것 같은 울분을 표출했을까? 그렇지 않다. 하지만 외면한 것은 아니다. 그랬더라면 조선은 예전에 망했다. 비변사는 비변사답게 조치를 내린다. 이런 조치이다. '부당한 공문은 거부하라. 그런 공문을 내린 관리는 징계하고, 가게에 와서 행패를 부리거나 물건을 받아 간 하인은 처벌하라.' 이 조치는 한마디로 법대로 하라는 것이다. 조선은 법과 규정이 의외로 잘 마련되어 있었다. 관청에서 시전에 물품을 요구할 때도 다 법과 절차를 따라야 했다. 법을 어기는 자들에 대한 처벌 규정도 있었다. 그런데 왜 법은 지켜지지 않아 상소가 줄을 이었으며, 최고 권력 기구에서는 법대로 처리하라는 판결과 지시를 하지만 왜 같은 일이 지속적으로 반복된 것일까?

비변사의 조치는 합당했나?

그렇다면 비변사의 조치는 과연 적절한 것이었을까? 법대로 하면 되는데 법이 지켜지지 않아 문제가 생기는 일은 흔하다. 이런 경우 보통은 법의 집행 기구가 집행 의지가 없거나, 있더라도 그 의지가 막히기 때문에 법과 실제의 괴리가 발생한다. 하지만 조선의 경우는 집행 의지가 없지는 않았다. 그럼 권력가나 고위 관원들이 비변사의 명령조차 우습게 보며 법의 집행에 저항하거나 거부한 것일까? 그런 면도 없지는 않지만, 아무리 권력가라도 비변사의 명령조차 휴지 조각으로 만들어버리기는 쉽지 않았다. 여기에는 보다 근본적인 이유가 있다. 관청의 시전 약탈 행위 또한 법으로 보장되어 있었던 것이다.

조선은 재정을 절감한다며 조세를 줄이고 관청에 예산을 제대로 주지 않았다. 필요한 물건은 시전에서 공짜로 받아 사용하게 하고, 대신 시전에 판매 독점권을 주었다. 가끔은 국가와 대의를 위해서라는 명분을 사용했다. (이 명분은 지금도 당당하게 사용되고 있다.) 그러니 애초에 법과 제도 자체가 권력의 횡포와 남용을 조장할 수밖에 없는 구조였다. 그리고 사실, 대책도 그 자체로 문제였다. 과연 시전에서 상부의 명령을 거부하는 일이 가능했을까? 만약 그렇게 했다가는 음으로 양으로 더 심한 보복을 당했을 게 뻔하다.

관청의 시전 착취권과 시전의 독점권. 이것은 처음에는 정부와 상인 간에 윈윈 관계로 설정되었다. 우리나라만의 현상도 아니다. 인류 역사의 초기부터 시장 상인과 권력은 이런 식으로 서로 도와가며 성장했고, 역사의 발전 과정으로 보면 그럴 수밖에 없는 사정과 합리적인 이유도 있다.

그러나 역사적 합리란 시간이 지나면 불합리가 되고, 그러므로 다시 합리적인 제도로 바뀌어야 한다. 아쉽게도 조선은 그러지 못했고, 그것이 이런 상소의 발단이었다. 17세기 이후로 상업이 발달하고, 사상이 등장했다. 시전 상인의 독점권이 깨지고 이익도 급감했다. 반대급부인 독점적 이익권이 깨졌는데 관청의 무상 사용권은 여전하니, 윈윈의 계약이 착취로 바뀌어버린 것이다.

직접 나선 영조

이런 부조리가 100년간 계속되었다. 마침내 영조가 팔을 걷어붙이고 나섰다. 시한이 다한 관청과 시전 상인의 윈윈 관계를 해체하고 새로운 윈윈 방식을 창조하려고 하지는 않았다. 영조는 시전 상인의 수익성 악화를 배려하지 않은 관청의 지나친 혹은 부정적인 착취가 원인이라고 보았다. 아니면, 당장 근본적인 해결책을 낼 수는 없고 그나마 이것이 증세를 완화시킬 수 있는 실현 가능한 대증요법이라고 생각했던 것 같다. 문제는, 이 간단해 보이는 대증요법조차 실행이 쉽지 않았다는 것이다.

1752년(영조 28), 영조는 '공시당상(貢市堂上)'이라고 불리는, 시전 상인과 공인들을 위한 고충 처리반을 만든다. 박문수의 건의로, 재정을 담당하는 양대 관서인 호조판서와 선혜청 당상이 공시당상을 겸임했는데, 이들은 공인과 시전 상인에게 폐단을 하나하나 물어 영조에게 보고해야 했다. 그런데 호조판서와 선혜청 당상이 높은 자리이기는 하지만, 이들이 권력형 부패를 처리할 수 있었을까? 영조도 당연히 안 된다고 생각했던 것 같다. 영조가 직접 나서야 했다.

영조는 시전 상인과 공인들을 궁궐로 불러 직접 대면한다. 1769년(영조 45)에 상인들은 영조와 만나, 임금의 인척인 낙창군 이탱 1200냥, 청성위 심능건 1100냥, 홍자 2500냥, 송낙휴 1500냥 등 지체 높은 이들의 외상값 미변제 건을 하소연했다. 청성위 심능건은 영조의 딸 화녕옹주의 남편, 다시 말해 영조의 사위였다. 그는 이 사건이 발각되기 전에 이미 은전(銀廛), 즉 은을 파는 가게에서 물의를 일으켜 사직된 상태였는데 또다시 문제를 일으킨 꼴이었다. 영조는 즉시 홍자, 송낙휴 등을 잡아서 처리하고, 제대로 보고하지 않았다는 이유로 공시당상 김시묵과 김종정을 파직하고, 낭청(실무를 맡아보는 당하관)도 파직한 뒤 체포해 심문하도록 했다. 인척들은 일단 잡아 가둔 뒤 돈을 다 갚으면 풀어주겠다고 했다.

그리고 영조는 신문고를 달아놓은 경희궁의 건명문으로 나가 다시 한번 시전 상인들을 만난다. 영조가 채무의 폐단에 대해 묻자 상인들이 대답했다. "전부 돌려받았습니다." 그러자 영조는 심드렁하게 "그런가?"라고 중얼거렸다. 영조는 늘 이야기했다. "특별 공시인들에게 묻는 것은 깊은 뜻이 있기 때문이다. 처결을 내리는 공문서에 먹물이 마르기도 전에 또 어기고 있으니, 이 하나만 봐도 나머지 일을 짐작하고도 남는다. 권력자의 세력에 겁을 먹고 제대로 보고하지 않는 것은 아닌지 어찌 알겠는가."

이 이야기의 올바른 교훈은, 근본을 개혁하지 않고 대중요법으로 부조리를 치유하는 데는 한계가 있다는 것이다. 그러나 근본적인 개혁은 말 그대로 근본적인 개혁이다. 탁상에서 생각해서는 근본적인 개혁을 도모하기 쉽지 않으며, 근본적인 개혁을 하기 위해서는 상황이 충분히 악화되거나 무르익어야 한다. 의사들이 늘 하는 말이 있다. 수술은 근본적인 치유법이 아니고 최후의 방법이다. 그리고 수술을 해도 약물 치료는 병행해야 한다. 근본적인 개혁을 하든 안 하든 대증요법도 나름대로 역사적 순기능이 있고 항상적으로 존재해야 한다.

대증요법이라고 해서 결코 쉬운 게 아니다. 지도자가 부조리 척결의 의지를 가져도 아랫사람이 단합하고 저항하면 시정되기 어렵다. 이걸 해결하는 방법은, 지도자가 확고한 의지를 가지고 투지를 보이는 것뿐이다. 영조는 열린 채널을 확대했다. 시전 상인과 공인들을 연초나 연말 즈음에 궁궐에서 직접 만나 그들의 어려움과 폐단을 듣는 자리를 정례화했다.

영조 그리고 리더

법과 관행에 안주하지 말고 현장에서 문제와 해결책을 찾으라
왕이 아무리 노력해도 부정이 완전히 사라지지는 않는다. 부정은 매일 일어나는데 왕이 1년에 몇 번 상인들을 만난다고 해서 얼마나 개선되겠느냐고 반문하는 사람도 있을 것이다. 리더가 홀로 정의로운 최후의 보루가 되려고 하면 실패한다.

그러나 리더가 끈기와 의지를 보이면, 결국 문제를 해결하기 위해 실질적인 대책을 찾아내는 사람이 등장하기 마련이다. 그런 인재를 발굴해 해결책이 만들어지고, 그것이 시행되기 시작하면 '변화'가 생긴다.

영조가 상인들을 면담하고 직접 고충을 들었던 진정한 이유는 이것이었다. '법대로 하면 된다고 안이하게 대처하지 말고, 현장으로 뛰어들어서 법의 문제점을 파악하라. 해결책을 찾아내기 위해, 최소한 부당한 관행과 부조리만이라도 극복하기 위해 노력하는 관료가 되어보라, 혹은 그런 관리를 발굴해보라.' 영조의 이런 노력은 정조에게 계승되었고, 권력과 시전 간 부조리의 온상이었던 독점 상업권을 폐지하게 된다. 다만 이런 노력이 더 이상 계승되지는 못했다. 그것이 조선을 부패시키고 조선의 몰락을 가속했다.

법과 관행에 안주하지 말고 현장에 뛰어들어 문제와 해결책을 찾아내보라. 오늘날 조직의 경쟁력은 인재 한두 사람의 노력으로 해결되지 않는다. 얼마나 많은 구성원이 이런 자세를 지니고 노력하느냐, 조직이 그런 노력을 독려하는 분위기를 얼마나 갖추고 있느냐가 관건이다. 이것이 진정한 경쟁력이자 지속적인 성장의 비결일 것이다.

낡은 제도에 새 생명을
:: 영조가 시행한 특별한 시험

우리는 처음 학교에 들어서는 순간부터 시험에 매여 살아간다. 교육제도의 변화에 따라 세대별로 시험 지옥의 성격과 고통은 다르지만, 공통적인 게 하나 있다. 학교를 졸업하면 시험과는 이별이라는 생각이 환상이라는 것이다. 우리 인생에서 시험은 끝이 없다. 업무에 영어가 필요 없는 직장인의 승진에도 토플 점수가 반영되는 황당한 일이 지금도 벌어지고 있다.

조선 시대 사람들은 어땠을까? 개별 기업 입사 시험이나 특정 분야 전문가가 되기 위한 자격증 시험은 당시 없었다. 하지만, 운명을 결정짓는 특별한 시험이 있었다. 바로 과거 시험이다. 과거는 3년에 한 번씩 치러졌기 때문에, 당시 사람들에겐 오

히려 시험이 너무 적어서 스트레스였다. 두세 번 떨어지면 강산
도 변한다는 10년이 훌쩍 흘러갔다.

늘어난 과거 시험

조선 후기가 되면 특별 과거라는 게 생겨난다. 국왕이나 왕실 가
족의 생일 같은 국가 경사나 특별한 행사 등을 축하하기 위해 경
과, 증광시, 별시 등등의 이름을 붙여 임시 시험을 치른 것이다.
덕분에 과거 급제자는 기하급수적으로 늘어났다. 합격자가 너
무 많아서 '만과(萬科)'라고 불릴 정도였다. 하지만 과거 급제자는
많은데 관직 자리는 한정되어 있으니, 급제하고도 몇 년씩 혹은
10년 넘게까지 관직에 임명되지 못하는 사람들이 넘쳐나는 새
로운 문제가 발생했다. 과거는 더 이상 관직을 보장하지 못하고,
동네에서 양반이냐 아니냐를 가르는 기준에 불과하게 되었다.

그래서 과거도 영조의 개혁 레이더에 탐지되었다. 재미
있는 것은, 이런 폐단에도 불구하고 영조는 과거를 줄이기는커
녕 이전에 없던 과거 시험을, 그것도 세 가지나 추가로 만들었다
는 사실이다. 기로과, 충량과, 구현과가 그것이다. 기로과(耆老科)
는 60~70세 이상에게만 응시 자격을 준 시험이다. 영조는 대비
인 인원왕후의 70세 생일을 기념하겠다며 60세 이상의 늙은 선
비들도 문·무과 시험을 볼 수 있게 해주었다. 기로과는 영조 때
모두 다섯 번 시행되었다. 합격 인원은 문과는 보통 6명 내외에
불과했지만 무과는 600명이 넘었다. 응시자의 나이를 감안하면

반대여야 할 것 같은데, 노익장 무과 급제자를 수백 명이나 배출한 것이다. 합격자 모두 직급을 올려주었고, 음식과 상을 내리기도 했다. 파격적인 대우였다. 하지만 나이가 많은 탓에 직무를 제대로 수행하지 못하는 사람도 있어 빈축을 사기도 했다.

충량과(忠良科)는 병자호란 때 청나라에 항거하다 순절한 이들을 기리고 그 후손들을 위로할 목적으로 1764년(영조 40) 실시된 특별 시험이다. 다분히 정치적, 사회적 의도가 큰 시험이었지만, 영조는 이 정도에는 만족하지 못하고 스토리를 만들어냈다. 충량과를 시행한 1764년은 간지로 보면 갑신년이다. 명나라 의종이 자결한 1644년이 갑신년이었다. 어느 날 영조는 인조가 청나라 태종에게 삼전도에서 무릎을 꿇은 사건(1637년 정축년)을 문득 떠올렸다. 그러나 정축년은 이미 지나갔고, 다시 만나려면 50여 년은 기다려야 한다. 집요한 영조는 즉시 대안을 찾아냈다. 바로 갑신년 명나라 의종의 자살 사건이었다. 여기에 명분을 붙여 충량과를 생각해낸 것이다.

신하들은 모두 전례가 없는 일이니 불가능하다고 반대했다. 우리 사회에 전례가 없다는 말처럼 깨기 힘든 말이 없다. 지금도 그런데, 200년 전에는 어땠을까? 영조는 다시 눈물을 흘리며 호소했다. "내 나이가 이미 팔순을 바라보고 있다. 날은 저물고 갈 길은 먼데, 강물은 맑아지지 않고 초목도 함께 시들게 되었다. 이 시험은 충신과 의사의 마음을 위로하려는 것인데 어찌 불가능하다고 말할 수 있겠는가." 그러고는 20일도 지나지 않아 시험을 강행한다. 원래는 삼학사, 김상용, 김상헌 등의 후손만 응시할 수 있었지만, 임진왜란 이후 귀화한 명나라 사람들의 후예들까지 시험을 볼 수 있도록 했다. 모두 120명이 응시했는데, 문과 3명, 무과 14명이 합격했다.

구현과(求賢科)는 영조가 꿈에 현자를 만난 후 만든 시험이다. 영조는 이 꿈을 훌륭한 인재를 얻을 징조라고 보았다. 1775년 11월 14일, 영조는 성균관과 사학(四學) 유생들에게 정책 시안을 작성하라는 시험 문제를 내린다. 공신이나 고위 관원의 자제였던 음관들에게도 답안을 작성하게 했다. 하지만 마음에 드는 답안이, 정말 단 하나도 없었다고 한다. 그러던 차에 밤늦게 추가로 답안지를 하나 보게 되었는데, 조진관이라는 자의 것이었다. 조진관은 공신의 후예인 조상경의 손자이자 이조판서 조엄의 아들이었다. 영조는 매우 기뻐하며 "조엄이 아들 하나는 잘 키웠구나. 조진관의 답안지는 내가 꿈속에서 현자와 주고받았던 얘기와 비슷하다. 이는 우연한 일이 아니다"라고 했다. 그리고 특명을 내려 조진관의 관품을 올려주었고, 좌천될 위기에 있었던 조엄을 예조판서에 임명하기도 했다. 조진관을 만난 자리에서 영조는 "네가 바로 꿈속에서 만났던, 나를 보필할 인재였구나. 그러니 이 술을 마시도록 하라"며 마시던 술잔을 내렸다고 한다.

조선 시대 과거 시험의 광경을 그린 〈북새선은도〉 일부. 함경도 지방에서 치러진 과거의
과정들을 묘사한 것으로, 이 장면은 관아에서 합격자를 발표하는 모습을 담고 있다.

조금 다른 시각으로, 낡은 제도에서 새로운 아이디어를

조선 후기에는 잦은 과거 시행으로 인해 많은 문제가 생겼는데, 영조는 도대체 왜 이전에 없었던 새로운 과거 시험을 추가로 만들었던 것일까? 영조는 과거의 새로운 용도를 만들어냈다. 인재 선발이라는 전통적인 목적 이외에 다른 용도로 확대한 것이다.

사실 이 사례는 별로 바람직한 것은 아니다. 영조처럼 제도를 자의적, 정치적 술수로 이용하는 것은 현대사회의 정치는 물론 조직 운영에서도 지극히 좋지 않은 방법이다. 요즘 같으면 권력남용으로 고발당할 수도 있다. 요란한 사연을 안고 급제한 조진관은 곧장 승지로 발탁되고 그해에 광주 부윤으로 임명되는 전례 없는 승진을 했다. 그러나 그의 관운은 다음 해에 순식간에 끝났고, 그 뒤로는 별로 빛을 보지 못했다. 영조가 꿈속에서 만난 인재였다는 일화는 그를 평생 따라다닌 것 같은데, 사람들이 뒤에서는 술안줏감으로 사용했을지도 모른다.

그러나 발상의 전환이라는 차원에서 교훈을 도출해보고자 한다. 과거 문제는 당시 사회에서도 골칫거리였다. 노인 600명에게 무과 급제를 주는 데서 알 수 있듯이, 이 시기 관직은 고사하고 능력과도 무관해진 것이 과거였다. 이처럼 문제와 부조리가 넘쳐나는 사례와 마주치게 되면, 그리고 마땅한 개혁 방안이 떠오르지 않는다면 우리는 보통 그것을 외면하고, 무관심으로 일관해버린다. 하지만 영조는 무관심이 아니라 다른 시각을 통해 필요성을 발견하고, 이전과는 다른 용도로 활용하는 전략을 선보였다.

영조가 시행했던 세 가지 특별 시험은 그동안 관심 밖에 있었던 계층을 관심의 대상으로 끌어냈고, 음지에 머물러 있던 소외된 사람들을 관심 영역으로 끌어내면서 그들의 존재감을 드러내도록 했다. 기로과를 통해 60~70세 이상 노인들만 응시하도록 했고, 충현과를 통해서는 병자호란 공신 후손과 명나라 후손들에게 기회를 주었으며, 구현과를 통해 음관들 중에서 인재를 구하려는 의도를 내보였다. 모두 조금은 다른 시각으로써 필요성을 부각하고 다른 용도로 활용한 사례이다.

하나의 물건이 꼭 하나의 쓰임만 갖는 것은 아니다. 진통제로 개발된 아스피린이 암 발병률도 낮춘다는 보고가 나오자 외국에서는 예방약으로 먹는 사람이 늘었다고 한다. 고물 창고에서도 신제품의 아이디어를 얼마든지 찾아낼 수 있다. 이렇게 조금은 다른 시각으로 접근해 새로운 필요성을 발견해보는 건 어떠한가? 영조가 그랬듯이 말이다.

1734년(영조 10) 어보(御寶) 위조 사건이 발생한다. 어보는 임금의 도장을 뜻한다. 정확히 말하면 왕의 권위를 상징하는 의례용 도장인데, 왕실 혼례나 책봉 같은 궁중 의식에서 사용되었다. 이런 어보의 위조는 심각한 문서 위조 사건으로, 당대 최고의 범죄에 속했다. 1734년 발생한 이 어보 위조 사건은 전직 관리가 저지른 범죄라 사람들에게 더 큰 충격을 안겨주었다. 장예원(掌隷院)의 전직 아전이었던 서진적이란 자가 임금의 도장을 위조해서 공명첩(空名帖)을 만들어 판 사건이었다. 장예원은 노비 문서나 노비 소송 등을 관장하는 관청이다. 장예원의 아전이라면 실무를 담당하는 자이기에 도장이나 공문서의 형식 등을 일반인보다 훨씬 자주 접해 잘 알고, 공인 도장의 위력을 충분히 아는 사람이다.

공명첩의 필요 그리고 폐해

문서를 담당했던 관리가 범죄를 저질렀다는 점은 차치하고, 이 사건이 심각한 이유는 임금의 도장을 위조했다는 점, 나아가 이걸로 공명첩을 만들어 돈벌이를 했다는 점이다. 단순히 도장 위조 범죄가 아니라 문서 위조에 돈벌이까지 한, 복합적인 경제 범죄였다.

'공명첩'은 임명하는 관직명만 적혀 있고, 이름 적는 칸은 비워둔 백지 임명장을 말한다. 돈이나 곡식을 관에 바치면, 빈 칸에 그 사람의 이름을 써주는 식이다. 진짜 관직이 아닌 이름뿐인 관직이어서 근무도 안 하고 월급도 없다. 그야말로 이름뿐인 명예직이다. 우리나라에선 고려 때부터 시작됐다. 전쟁에서 공을 세웠을 때 국가에서는 뭔가 포상을 해야 하는데, 나라에 돈이 없으니 임기응변으로 '첨설직(添設職)'이란 명예 관직을 준 것이다. 국가에 돈이 부족할수록 첨설직은 늘어났고, 당연히 폐해도 함께 늘어났다. 새로운 나라 조선이 건국됐을 때만 해도 이런 첨설직 양산의 폐해를 잘 알고 있었기 때문에 처음에는 적극적으로 막았다. 하지만 이런 태도를 보였던 조선도 임진왜란 이후 재정 부족이 심각해지자 공명첩을 뿌리기 시작한다. 이때 정부가 내세운 명분은 백성이 굶어 죽는 걸 막기 위한 '진휼용'이란 것이었고, 또 어디까지나 '임시방편'이라는 것이었다.

공명첩이 나름 긍정적인 역할을 하기는 했다. 당시 조선의 경제가 워낙 좋지 않으니, 군대 가는 대신 내는 세금인 군역세도 잘 걷히지 않았다. 이런 상황에 공명첩을 발행해 이 군역세를 벌충하기도 했고, 구멍 난 재정을 메우고 돌려막기 하는 수단으로 유용한 측면이 있었다. 진휼곡도 흉년으로 굶어 죽는 사람이 많은 심각한 지역에 배포될 때는, 신분이나 빈부에 상관없이 골고루 분배되었다. 이런 쓸모 때문에 실제로 지방관이 흉년이라 돈이 필요하다고 하면, 수표를 발행하듯 어보를 찍어 공명첩을 1000장, 100장 단위로 내려보냈다. 정부가 아예 공식적으로 공명첩을 발행하자, 이 공명첩을 훔쳐서 지방에 가 팔아먹거나, 서진적 사건처럼 어보를 위조해서 판매하는 범죄가 증가하기 시작한다.

팔수록 손해 보는 장사, 공명첩

이렇게 공명첩이 남발됨에 따라 양반은 자꾸만 늘어났고, 양반이 늘수록 공명첩 가격은 떨어졌다. 원래는 흉년이 들게 되면 정부가 진휼미나 돈을 받고, 그 대가로 공명첩을 찍어주는 방식이었다. 상식적으로 생각해보면, 흉년이 들면 쌀값이 오른다. 그러니 정부 입장에선 공명첩을 남발하면 할수록, 공명첩 장사가 '남는 장사'가 아니게 되는 아이러니한 상황이 연출되었다.

이런 아이러니한 상황에 처한 영조는, 머리가 비상한 왕답게 발상을 전환한 개선책을 내놓는다. 곡식값이 싼 풍년에 미리 공명첩을 대규모로 발행하여 곡식으로 바꾸어서 비축해놓자는 것이다. 아주 좋은 아이디어 같지만 사실 여기에도 문제가 있었다. 그 곡식이 다음 해까지 무사히 보존되기 어려울 뿐더러, 바로 그다음 해에 흉년이 들지 예측할 수 없다는 것이다. 이 쌀이 진휼용으로 쓰일지 알 수 없는 상태에서 흉년이 아닌 해에도 공명첩을 뿌려대니, 결과적으로 영조의 솔루션은 '공명첩은 진휼용이며 임시방편'이라는, 정부 스스로 내세웠던 명분조차 폐기 처분해버린 셈이었다. 흉년, 풍년 상관없이 아무 때나 공명첩을 발행하니, 요즘으로 치면 상품권 같은 것으로 전락해버린 셈이다.

자연스레 영조의 솔루션을 비판하는 관리들이 생겨나며, 공명첩 발행을 흉년 때로 국한하자는 논의가 진행되었다. 영조는 어떤 반응을 보였을까? "진휼 자본을 마련할 길이 없어 어쩔 수 없이 시행한 일이지, 어찌 좋아서 하는 일이겠는가. 지방수령들은 속수무책 앉아만 있고 백성들은 백성대로 공명첩으로 진휼하는 전례가 있는 것을 아는데, 이마저도 안 한다면 분명 정부를 원망할 것이니 정말 걱정이다." 영조는 신하들이 백성을 구제할 계책은 내놓지 않고, 공명첩은 안 된다는 말만 하고 있다고 불편한 심기를 드러낸다.

결국 공명첩 타파에 대한 논의는 200년 이상 지속되었지만 개선되지 않았다. 정부에서 벼슬을 판다, 민간에 억지로 떠

맡긴다 등등, 양반이든 평민이든 원망하고 비판하는 사람들이 많았다. 하지만 공명첩을 사는 사람에겐 이익이 되었기 때문에 근절되지 못한 것이다. 정부는 정부대로 재정을 충당할 방법이 이것뿐이었고, 그 수익이 진휼이나 공공 사업에 쓰이니, 가난한 사람은 부자들이 자기 세금을 대신 내주는 것처럼 생각했다. 결국 공명첩은 한말까지 계속되었고, 신분제 혼란과 같은 사회 혼란은 더욱 가중된다.

영조 그리고 리더

손쉬운 편법의 유혹을 경계하라

구한말의 삼정 문란은 단순히 세금으로 인한 사회 혼란이 아니라, 공명첩 같은 편법이 누적되고 반복되어 사회구조가 흔들린 탓에 발생한 일이었다. 사회구조가 깨져가고 있는데도 눈앞의 떡밥만으로 상황을 무마하고 당장의 문제를 한 겹 가리고 있었던 것이다.

조직체의 리더는 이런 유혹을 경계해야 한다. 공명첩처럼 임시방편으로 시작했던 일이 야금야금 조직의 구조 전체를 흔들고, 우리 사회의 기본 구조까지 흔들 수 있기 때문이다.

왕인 내가 이렇게 절약하는데!

:: 영조의 사치 금지령

각 지방을 돌아다니다 보면 그 지역 특산품이 조선 시대 진상품이었다고 광고하는 것을 자주 볼 수 있다. 어느 왕이 먹던 것이다, 어떤 왕이 이름을 지어주었다며 자랑한다. 그중에는 당대에 아직 존재하지 않았던 음식인 경우도 꽤 많다. 사실 이런 건 우리나라에만 있는 마케팅도 아니다. 전 세계에서 왕국이 사라져 이젠 지구상에 겨우 몇 개의 왕가가 존재할 뿐이지만, 왕이 먹던 음식이나 물건이라는 말에 사람들은 여전히 솔깃해한다. 브랜드로서, 마케팅 수단으로서 '로열'은 이전보다 더 큰 위력을 발휘하는 것 같다.

너무도 검소했던 왕, 영조

왕에 대한 백성의 동경은 왕에게도 고통이 될 때가 있다. 그 동경을 통치에 이용하기 위해 왕이 본을 보여야 하기에 왕은 스스로를 구속한다. 조선의 왕들은 검약, 절약을 늘 강요받았다. 임금이 백성을 생각하고 백성에게 모범을 보여야 한다는 유교적 이념 때문에 신하들은 틈만 나면 임금이 먹고 입고 꾸미는 것에 간섭했다. 물론 일반에서는 상상도 하지 못할 음식을 먹고 맛을 경험했을 수도 있지만, 조선의 왕들은 의외로 혹은 주기적으로 요즘 중산층 가정보다 못한 식사를 하고, 무명옷을 입으며 검소하게 살거나 검소한 척 살아야 하는 삶을 강요당했다.

예를 들면, 왕들은 자주 소식(素食)을 했다. 소선(素膳)이라고도 하는데, 보통은 고기반찬을 빼거나 반찬 가짓수를 줄이는 것을 말한다. 조선 시대에는 고기가 귀했다. 시장과 냉장 시설도 발달하지 않았고, 농업사회라 소의 도살을 금하고 소고기를 먹으면 처벌했다. 그 정도면 육류 자체에 대한 거부감을 가졌을것 같지만, 원래 귀하면 가치가 더 올라가는 법이다. 조선 시대 사람들도 소고기를 꽤 좋아했을 뿐 아니라 그것의 정신적 가치까지 높였다. 건강하게 살려면 매일 고기를 먹어야 한다는 속설이 현대보다 더 강했다. 그리고 소고기 말고도 돼지, 닭, 꿩 등 다른 육류 반찬도 많았다. 그래서 왕은 물론이고 고위 관료, 부자들은 고기반찬을 정말로 중시했다.

그런데 왕들은 흉년이나 가뭄이 들거나 재해가 발생한

경우, 친부모는 물론이고 일가 친인척의 제삿날이 되면 소식을 하는 관행이 있었다. 양반의 예법이 그랬는데, 왕들은 친인척은 물론이고 공신, 대신, 고위 관료가 사망해도 소식을 했다. 세종의 경우 친인척이 아닌 사람이 죽어도 꼭 3일은 소식을 했다고 한다. 왕가 친척도 많은데, 관료들의 죽음까지 챙기다 보면 일주일에 절반은 소식을 해야 했을 수도 있다. 태종은 세종의 이런 성격을 알고, 세종의 식단에는 매일 고기가 없으면 안 된다는 유명을 남기기까지 했다. 이 때문에 최근 '세종이 고기 마니아였다'는 이상한 주장이 세간에 돌고 있는데, 이건 조선 시대의 식생활이나 왕가의 생활을 잘못 이해한 것이다. 이 외에도 왕들은 옷을 기워서 입었다거나 무명옷을 걸치고 살았다는 등, 종종 자신의 검소함을 자랑하는 일화를 남겨놓곤 한다. 물론 그 절반은 강요된 것이거나 의례적인 것이었지만 말이다.

그 어떤 왕보다 정치적 행동을 좋아하고 그만한 정치 센스를 발휘했던 영조는, 국왕에게 돌아오는 이 부메랑을 원망하지 않고 더 강한 부메랑으로 만들어 뿌리려고 했다. 검소함을 예로 들면, 영조의 검소함은 그 어느 왕보다 특별했다. 빨지도 않은 옷을 입고 무명옷으로 몇 해를 나며, 몹시 낡은 가죽신을 신었고, 반찬 수를 줄이고 소식했다. 검소한 임금으로 칭찬이 자자했을 뿐 아니라, 간소한 식단 때문에 주변에서 그의 건강을 염려할 정도였다.

영조는 재활용 정책의 창시자이기도 하다. 조선의 양반

들은 중고품 사용이나 재활용은 '모욕'으로 간주했다. 결혼식이나 중요한 행사에서는 더 말할 것도 없었다. 하지만 영조는 왕실 혼례에서도 가능한 한 물건을 재활용하게 했다. 당시 기준에서 보면 정말 대단한 혁신이었다.

하지만 사실 영조도 혼자 고생할 마음은 없었다. 영조는 왕위에 오래 있어서 그런지 좀 심술궂은 데도 있었다. 자신이 그렇게 고생하는 것은 남도 고생시키기 위한 것일 때가 종종 있었다. 그 때문인지, 보통은 신하들이 왕에게 검소하게 지내라고 요청하는 것이 정상인데, 영조의 경우에는 신하들이 임금께서 너무 검소하시다며 그를 열심히 말렸다.

영조는 강력한 사치 금지령을 내린다. 이런 금지령은 이전에도 있었지만 영조의 금지령은 역시나 강력했다. 1746년 영조는 무늬 있는 중국산 비단의 수입을 금지한다. 또 1756년에는 혼인 때 예복으로 사용하던 가체(다리)를 금지하고 족두리로 대신하게 했다. 그런데 무늬 있는 비단의 수입 금지가 외교문제를 야기한다. 사치 금지령 이전에도 조선은 원래 절약하는 나라라 중국에서 진짜 고급 비단은 사오지 못했다. 그래서 중국의 전문 업자들은 조선 판매용 저급 비단을 생산했다. 그런데 영조가 갑자기 금지령을 내리자 이들이 파산하게 된 것이다. 그래도 영조는 꿈쩍 않는다. 우리가 좋은 의도로 하는 것이니 너희가 양해하라며 밀어붙였다.

일본과의 문제도 발생한다. 조선에 온 왜인들에게 중국

에서 사 온 비단을 선물로 주는 관례가 있었는데, 그 관례가 없어진 것이다. 왜인들이 오해하여 항의할지 모른다는 의견이 제기되자 영조는 이렇게 말한다. "왜인들은 이미 남경과 직거래를 하고 있지 않느냐. 그러니 이미 우리 사정을 알고 있을 것이다." 당시 일본의 경제력은 이미 우리보다 앞서서, 고급 비단을 직수입하고 있었다.

강력한 사치 금지령, 왜?

영조는 왜 이렇게 강력한 사치 금지령을 내렸을까? 그리고 그것은 효과가 있었을까? 조선 후기에는 상공업이 발달하고 부가 증가하면서 양반이 늘어났다. 조선 전기보다 2~3배는 늘어난 수치였다. 요즘의 부자들이 자동차나 옷, 사치품으로 신분을 과시하는 것처럼 당시에도 옷이나 가마, 가옥에 사치를 부리기 시작했다. 웬만한 양반들이라면 집에 무늬 있는 비단이 없는 경우가 없었고, 가마나 말을 탈 수 있는 신분이나 직책이 아닌 자들도 그것을 버젓이 타고 돌아다녔다.

'시쳇말' '시체(時體)'라는 단어를 들어보았을 것이다. 시체란 '유행하는 것'이라는 뜻이다. 속뜻은 '남이 하면 나도 해야 한다'는 것이다. 영조 때는 시체가 특별히 심했는지, 영조가 이런 말도 한다. "원래 옷이나 음식은 빈부의 형편에 따라 사람마다 다르기 마련인데, 요즘은 한 사람이 하면 모두가 이것이 '시체'라고 하면서 우르르 따라 하고 있다."

어떤 사람은 이것이 한국인의 특성이라고 하는데, 실은 조선 후기에 양반이 갑자기 급증하면서 발생한 현상이다. 양반이 되었으니 양반의 복장을 하고 양반 티를 내야 했다. 이렇게 되자 갑자기 비단, 가죽신, 장식품의 수요가 폭발했다. 당시 생산 수준으로는 도저히 수요를 감당할 수가 없게 되었다. 이런 상황에서 대처법은 두 가지이다. 산업을 육성해 공급 능력을 늘리거나, 또는 수요를 억제하는 것이다. 조선은 후자를 택한다. 그래서 영조 때부터 떨어진 옷을 입을 정도로 심하게 절약을 하고, 강력한 사치 금지령을 내렸던 것이다.

그러면 이 정책은 성공했을까? 성공할 수가 없다. 인간의 기본적 욕망을 억지로 저지하려는 정책은 성공할 리가 없다. 안타까운 이야기이지만, 조선의 르네상스라 불리는 영조와 정조의 시대에는 분명 르네상스다운 현상도 있었지만, 서양의 르네상스와 똑같지는 않았다. 정반대로 간 것도 있었다. 사치 금지령이 그렇다. 이탈리아 르네상스는 폭증하는 부와 생산의 확대를 배경으로 탄생한 것이다. 여기에 조응해 욕망의 개방, 인간 본성을 긍정하는 새로운 사조가 탄생했다.

하지만 조선은 반대로 갔다. 사치와 욕망을 억제해서, 즉 분배를 조정해서 기존의 생산 수준에 맞추려고 했다. 더 큰 문제는, 조선은 이미 오래전부터 사치 금지령을 시행해왔다는 점이다. 여기에 더 강한 금지령을 내리니 마른 걸레를 짜내는 식이었다. 당연히 제대로 시행될 수가 없었다.

검약은 새로운 목표와 생산을 전제로 해야 의미 있다

저성장 기조가 지속되면서 기업에서도 검약과 절약, 원가절
감 운동이 심심찮게 등장한다. 극심한 경쟁 속에서 원가절
감, 비용절감은 기업 생존의 과제라고도 한다. 하지만 기업
에서의 절약과 검약은 언제나 새로운 목표와 생산을 전제로
한 것이어야 한다. 절약 정신은 상존해야 하는 미덕이지 그
자체가 혁신은 아니다. 생산 단가를 10퍼센트 낮출 수 있는
기술을 개발했다면 그것은 혁신이지만, 혁신의 주체는 기술
이지 절약이 아니다.

　　단순한 비용절감은 함정이 될 뿐이다. 수치상의 원가
절감, 불안한 경제 환경에서 불안감을 타도하기 위해 시행하
는 절약은 기업의 본질을 훼손할 우려가 있다. 기술 문제나
안전 문제 등을 일으켜 대량 리콜 사태를 불러올 수도 있고,
잘못하면 기업이 휘청거릴 정도로 신용에 타격을 입을 수도
있다. 기업 환경이 급변하고 복잡해져가지만 한편으로 불황
이 계속되고 있는 지금, 영조의 사례를 교훈 삼아 현재의 우
리가 나아가야 할 방향을 다시 한번 진단해볼 때가 아닌가
싶다.

학창 시절에 백일장이 열려 야외로 나가 글을 지었던 추억은 누구나 가지고 있을 것이다. 원래 백일장이란 조선 시대에 각 지방에서 유생들의 학업을 장려하기 위해 실시한 글짓기 시험이었다. 그런데 백일장이 '해가 떠 있는 동안에만 시행되었던 시험'이란 사실은 잘 알려져 있지 않다. '백일(白日)'이 바로 태양이 비치는 시간을 말하며, 이때에 치러진 시험이라는 뜻으로 붙인 이름이다.

실제로 백일장은 해 떠 있는 동안만 시행되어서 오후 6시쯤 답안지를 거둬들여야 했다. 그런데 많은 응시생들이 답안지를 쉽게 제출하지 못했고, 해가 져서 어두워지자 당연히 시험장에 등불이 켜졌다. 어두운 등불과 달빛 아래서 답안을 작성하는 사람들이 많았고 빈 답안지를 내는 자도 많았다. 응시자들은 시간을 재촉하는 데에 불만을 터뜨리기도 했다.

시험장 등불 사용 금지령의 진짜 이유

그런데 태종 때 변계량이란 사람이 시험장에서 등촉(燈燭) 사용을 금지하자고 건의했다. 밤늦게까지 등촉을 켜놓고 시험을 보니 부정을 저지르는 자들이 속출한다면서, 원래 취지를 엄격히 적용해서 해 떠 있을 때만 시험을 보게 하자고 한 것이다. 결국 태종 때 과거 시험 규정이 만들어졌는데, 이후 조선에서 치러지는 모든 시험은 백일장처럼 등촉 사용이 금지되었다.

그런데 왜 모든 시험에서 등불 사용을 금지하는 것으로 확대되었을까? 변계량의 건의처럼 단지 시험 부정을 방지하는 게 목적이었을까? 사실은 더 근본적인 이유가 있다. 바로 절약을 위한 것이었다. 조선 시대 전체를 통틀어서, 절약은 백성은 물론 국왕까지 모두가 실천해야 하는 대원칙이었다. 시험장에서 사용되었던 등촉, 즉 등불과 촛불은 구입 비용이 상당히 많이 드는 상품이었다. 수백 명에서 수만 명에 이르는 인원이 한자리에 모여 있는데, 전체를 환하게 밝히려면 얼마나 많은 조명이 필요했겠는가. 이 비용을 고스란히 세금으로 충당해야 하는데, 그러려면 그만큼 더 많은 세금을 거둬들여야만 했을 것이다.

우리는 조선 후기에 부정부패가 늘고 세금이 가혹하게

늘었다는 이야기를 많이 듣는다. 하지만 사실 조선 정부는 절약을 통해 국정 운영 비용을 최소화하고 세금을 줄이려는 노력을 엄청나게 많이 했다. 백일장이라고 하면 우리는 그저 글짓기 대회라고만 생각하지만, 알고 보면 절약 정신이 깃들어 있는 단어인 셈이다.

그런데 글짓기는 그렇다 치고 야간 행사를 치를 때는 어떻게 했을까? 영조 때의 사례를 보자. 영조는 선대 임금과는 다르게 자주 행차를 나갔다. 영조의 행차는 밤늦게 이뤄지는 경우가 많았고, 그만큼 횃불이 더 필요했다. 더욱이 왕이 지나갈 때는 '식거(植炬)'라고 해서, 요즘의 가로등처럼 길 양쪽으로 횃불을 쭉 꽂아놓는 장치가 필요했다. 이 횃불에 드는 비용은 행차가 지나가는 길 주변 마을 사람들이 부담했다. 횃불 하나당 2냥씩이라는 거금을 집집마다 내게 되었고, 이 횃불값을 빙자해서 그 마을 수령이 비용을 착복하는 등의 비리도 늘면서 주민들의 불만이 커질 수밖에 없었다. 결국 영조는 이 횃불을 없애고 초롱으로 대체하도록 했다. 요즘으로 치면, 가로등을 끄고 손전등을 들고 가는 식이다.

초롱을 사용하자 자기 발밑만 겨우 밝힐 정도로 조도가 낮아졌다. 주민 부담은 물론 행차 비용도 줄었지만, 경호 부대, 말 탄 기병들은 엄청난 곤란에 빠졌다. 그래서 나름 새로운 아이디어도 등장한다. 임금 행차에는 빨간색 바탕에 파란색 초롱, 동궁 행차엔 검정 바탕에 빨강 초롱, 신하들은 파랑 바탕에 빨강 초롱을 들어서 구분했다. 조선 시대식 네온사인 도입이랄까.

참고로, 정조는 아예 야간 행차를 중단했다. 낮에만 움직이고 저녁이 되면 바로 숙박을 했다고 한다.

영·정조 그리고 리더

절약은 미덕이 아니다?

조선 왕들의 이런 절약 정신에 감동받는 사람이 많을 것이다. 그런데 여기서 우리가 생각해볼 것이 있다. 18세기면 서양에서는 밤을 개척하던 시대이다. 고래기름 등이 발명되었고, 그 덕에 포경 사업이 확대되어 전 세계의 바다를 항해하게 되었다. 포경이 한계에 달하자 가스등이 개발되고, 거리에는 가로등이 설치되었다. 이런 노력은 에디슨의 전구 발명으로 이어졌다.

하지만 조선은 횃불과 초롱에서 더 이상 진전이 없었다. 왜 그랬을까? 기술 개발을 통한 절약, 생산 증대를 위한 절약, 이런 개념이 없었기 때문이다. 생산을 늘리고 기술을 개발해서 더 좋은 상품을 저렴한 가격에 보급할 생각을 하지 못한 것이다. 단지 해오던 것을 중단하거나 아예 하지 않는 식의 절약만 추구했다.

오늘날에도 경기가 불투명하거나 악화되면 제일 먼저 등장하는 말이 절약과 비용절감이다. 마른 걸레를 짜고 또 짜야 한다는 말이 유행하기도 한다. 하지만 어떤 경우든 절약은 기술혁신과 생산 증대와 연결된 것이어야 한다. 단순한 절약은 의미가 없다. 오히려 사회 전체의 경제 규모가 줄고, 기업의 생존력이 떨어지는 역효과를 가져올 수 있다.

조선에서도 무조건 절약만 강조할 게 아니라, 조명을 위한 기술을 개발하고 상품 생산을 늘렸다면 어땠을까? 그럼 우리나라에서도 일찍이 에디슨 같은 사람이 나왔을 수도 있지 않을까?

8

"동이족은 술 마시고 노래하며 춤추기를 좋아한다." 2000여 년 전 부여와 고구려를 방문한 중국인 관찰자들은 자신들에게 낯선 한국인의 풍속을 이렇게 적었다. 이 기록에서 노래와 춤에 주목한 사람들은, 고대로부터 이렇게 흥을 가진 경향을 두고 지금의 케이팝이나 한류의 원류라고 해석하기도 한다. 그런데 여기에는 주목할 게 하나 남았다. 바로 술이다. 폭탄주, '원샷', 과음의 풍속은 조선 시대까지 꾸준히 이어졌다. 조선 시대 때 술은 특별한 경우에 마시는 게 아니라 일상 음료에 가까웠다. 평소 손님에게도 차 대신 술을 대접했고, 차례 지낼 때도 마찬가지였다. 호미질 나갈 때 술 단지를 잊지 말라는 당부의 인사도 있었다고 한다. 그런데 이렇게 일상화된 음주를 금하는 금주령 또한 조선 시대 내내 끊임없이 이어졌다.

조선 시대 금주령

조선 시대의 금주령은 정해진 기간 동안 술을 빚어 팔거나 마시기를 금하는 것이었다. 그래서 대개는 봄 가뭄에 금주령을 내려 가을 추수 정도엔 해제하는 정도였다. 금주령을 내리는 목적은 식량 낭비를 막는 것이었다. 술을 마시는 것은 열 사람이 먹을 곡식을 한 사람이 먹어 치우는 것과 같다는 게 이유였다. 당시의 소주는 증류 방식으로 만들어져 지금보다 곡물이 훨씬 많이 소모되었다. 증류 방식으로 소주를 만들면 원료인 곡물이 거의 7분의 1로 줄어든다. 더욱이 소주는 주식인 쌀로 빚었으니, 포도를 원료로 하는 와인이나 2급 곡물이었던 호프를 사용하는 맥주와 비교할 때 식량의 손실이나 비효율성이 심하긴 심한 편이었다. 조선에서 금주령을 내린 것이 이해는 된다. 막걸리 같은 곡주 역시, 식량 낭비는 덜하지만 밥을 지어서 먹는 것보다는 식량 소비가 큰 편이다. 정조의 재상 채제공은 무절제하게 차리는 안주마저도 금지해야 한다고 했다. 육류와 생선이 안주로 소비돼 물가가 올라 주민들의 생활을 궁핍하게 한다는 게 이유였다.

하지만 금주령은 제대로 지키기가 힘들었다. 앞서 말했듯이 조선에서 술은 너무나 일상적인 음료였기 때문이다. 제사나 혼례 등에 술이 빠질 수 없었고, 술을 약으로 여겨 건강을 지키려고 마신다는 사람도 많았다. 조선 시대 사람들은 밤에 자기 전에 반드시 술을 마셔서 몸을 데워주어야 건강하게 장수할 수 있다고 믿었다. 따라서 금주령을 발효할 때도 나이 많은 대신이나 노인들이 건강을 위해 마시는 것은 예외로 해주었다.

심지어 금주령 기간 동안 공식적으로 술을 마실 수 있는 사람들도 있었다. 바로 사간원 언관 다섯 명이었다. 언관은 자신의 직과 목숨을 걸고 왕에게 직언해야 하는 자리였던 만큼 평소 그 기개를 꺾지 말아야 한다는 게 이유였다.

권력자들은 예나 지금이나 단속을 피해 빠져나간다. 그렇다고 누구나 공공연히 법을 무시하거나 법망을 빠져나간 것은 아니었지만, 이런 사례는 사례마다 편차가 커서 딱 정의하기는 어렵다. 다만 가끔 고위 권력자라고 해도 금주령 면제인 언관들로부터 탄핵을 당하는 경우는 있었다. 하지만 이때도 대개 망신 정도로 끝나고 처벌은 면하는 경우가 많았는데, 주로 대는 핑계가 '제사가 있었다'거나 '귀한 손님이나 친척이 찾아와서 접대상 어쩔 수 없었다'는 것이었다. 예의를 목숨처럼 아끼는 사회다 보니 이 '어쩔 수 없음'이 발휘하는 효과는 꽤 컸다.

너무 나간 영조의 금주령

하지만 조선 시대 그 어느 때보다 강력하게 금주령을 밀어붙였던 시기가 있었다. 바로 영조 때였다. 미꾸라지처럼 법망을 빠져나가는 행위, 법을 제정해도 실행 단계에서 왜곡되는 행위에 대해 병적인 증오심을 가지고 있었던 영조는 태묘제에 쓰는 술까지 금지했다. 역대 임금과 왕비의 위패가 모셔진 태묘, 즉 종묘에 지내는 제사 때조차 술을 쓰지 못하게 한 것이다. 제사를 중시하고 절차에 엄격했던 조선 사회에서 태묘제의 술까지 금지한 건 정말 유례가 없는 일이었다. 위에서도 이렇게 모범을 보이니 반드시 따르라는 의미였다. 동시에, 법을 위반할 경우 강력한 처벌이 부과될 것이라는 엄포이기도 했다.

　　실제로 금주령 위반자에 대한 처벌은 정말 강력했다. 1762년(영조 38), 영조는 아주 심하게 금주령을 위반한 자를 효시, 즉 목을 베어 높은 곳에 매달아 전시하는 형에 처했다. 조선 시대라고 해서 아무 범죄에나 사형을 선고하지는 않았다. 사형에는 원칙이 있었다. 반역이나 존속상해와 같은 강상죄에나 적용하는 것이 원칙이었다. 살인죄에는 원칙적으로는 사형을 내렸지만, 과실치사나 특별한 사정이 있으면 상당히 참작을 해서 형을 낮추었다. 단 이때의 반역에는 왕명을 어기거나 왕을 모욕하는 행위도 포함된다. 그래도 가능한 한 사람을 죽이는 것은 자제하는 것이 조선 시대 사법의 전통이었다. 관료, 양반 사대부에 대해서는 더더욱이 조심을 했다. 그러므로 금주령 위반에 사형을 내리는 건 조선의 사법 전통 전체를 흔드는 일이었다. 아마 어떤 이는 충격을 받았고, 어떤 이는 실행할 리가 없다고 생각했을 것이다.

　　여기에 시범 케이스로 걸려든 사람이 바로 남병사(함경도

병마절도사) 윤구연이었다. 윤구연은 고관임에도 불구하고 멋대로 술을 빚어 마시고 매일 취해 있다고 고발당했다. 영조는 사형을 명령했고 직접 남대문까지 나가 윤구연의 효시 장면을 지켜봤다. 윤구연이 효시당한 이후 여러 신하들이 처벌이 너무 과했다는 의견을 냈다. 특히나 윤구연은 정말 억울했는데, 그가 음주로 고발되어 처형당한 시점은 금주령이 발표되기 전이었기 때문이다.

결국 영조의 사형 집행 자체가 조선의 법 체제를 흔드는 심각한 위반이었고, 큰 실수였다. 할 수 없이 영조는 위반자에 대한 처벌 수위를 낮췄다. 사형은 보류하고, 평생 관직을 금지하거나 유배를 보내거나 노비로 삼는 등 신분에 따라 형을 정했다. 12년 뒤에는 윤구연의 관리 임명장(직첩)을 돌려주기까지 했다.

정조의 금주령

영조가 그 어떤 왕보다 강력하게 금주령을 엄수했다는 것만은 변함없는 사실이다. 재미있는 사실은, 정조는 금주령에 관한 한 할아버지와 정반대의 정책을 시행했다는 사실이다. 정조는 기우제가 있을 때 정도만 금주령을 내렸고, 그 처벌도 경고 수준이었다. 이유가 무엇이었을까? 정조는 우선, 아무리 강력하게 처벌하더라도 인간의 기본적인 욕구를 제한하는 법은 제대로 시행되지 않고 문제만 일으킨다는 생각을 가지고 있었다. 백성을 성가시게 하지 않겠다는 뜻이었다. 그리고 또 한 가지, 더 중요한 사정이 있었다. 사회상의 변화와 관계가 깊다. 조선 후기가 되면 상업이 발달하면서 주막과 주점이 늘어났다. 다시 말해, 술장사를 생계 수단으로 삼는 사람들이 늘어났다는 이야기이다. 과거에는 금주령의 목적이 식량을 아껴 민생을 돕는 것이었는데, 이제는 금주령을 내리면 술장사를 하는 사람들이 굶게 되니, 오히려 민생을 괴롭히는 법령이 되어버린 것이다.

"과부가 술 파는 것으로 생계를 잇고 있는데 금주령이 내려지면 생업을 폐하게 되어 굶어 죽게 되는 폐단을 가져옵니다." 1738년(영조 14), 경연 자리에서 검토관 이성효가 했던 말을 봐도 이런 상황을 짐작할 수 있다.

실패했으나 명분 있었던 영조와 정조의 금주령

현대인의 기준에서 보면 금주령은 절대적으로 잘못된 법이다. 그리고 인류 역사에서 결코 성공한 적이 없는 정책이기도 하다. 미국의 그 유명한 금주령은 미국 사회에서 마지막으로 시도된 청교도적 사회통제 정책이었다. 그 결과 인류는 도덕으로 사회를 통제할 수 없을 뿐 아니라 그렇게 해서도 안 되고, 아울러 커다란 부작용만 낳는다는 사실을 확인할 수 있었다. 금주령은 밀주 산업에 엄청난 이익을 가져다 주었다. 당연히 조직폭력배가 이 경쟁에 뛰어들었고, 그 결과 미국의 마피아가 대도시 경영을 좌우할 정도로 성장했다.

영조의 금주령도 실패했고, 결국 정조는 금주령을 포기

했다. 그러면 금주령은 역사적 해프닝으로 간주해야 할까? 영조의 금주령과 정조의 금주령 포기 사이에는 중요한 사회적 변화가 내재해 있다. 모든 법령과 정책은 시행되는 당시의 사회 환경이나 수준과 관련이 있다. 영조 때 조선에서 술장사로 생계를 유지하는 사람은 전 국민의 0.1퍼센트도 되지 않았다. 아울러 대다수 농민이 가난하게 살았고 식량은 늘 부족했다. 거의 모든 농민이 하루에 두 끼도 먹기 힘든 사회에서, 술을 규제하는 건 당시로서는 어쩔 수 없이 필요한 정책이었다. 규제를 강화해도, 완화해도 억울한 사람이 발생하는데, 이것은 법과 정책의 잘못이 아니라 당시 사회가 지닌 한계 때문에 그런 것이었다.

그러므로 영조의 금주령과 20세기 초 미국의 금주령을 수평 비교할 수는 없다. 금주령은 인간의 기본적인 욕구에 국가가 간섭하려 들었다는 관점에서 보면 분명 잘못된 정책이지만, 영조의 금주령은 기본 욕구의 억제나 도덕적인 생활을 위한 것이 아니었다. 식량의 확보와 절약이라는 현실적인 명분이 있었던 것이다.

그러나 영조에서 정조로 넘어가는 시간 동안 조선 사회는 크게 변했고, 상업이 획기적으로 발달했다. 상업과 소매업이 발달하면 필연적으로 증가하는 것이 주점과 술 판매이다. 정조가 현명해서 금주령의 한계를 알아차린 것이 아니다. 정조의 시대가 되면 벌써 술이 가계의 상당한 생계 수단이 되었던 것이다.

제도의 씨앗은 생장 가능한 토양 위에 뿌려야 한다

세상에는 많은 기업과 경영 방식이 있다. 우리는 그것을 선진적인 것과 후진적인 것으로 나누고, 선진적인 것을 도입하고 싶어 한다. 하지만 선진 기법은 의외로 곧잘 문제를 일으킨다. 우리가 나무의 열매만 보고 그 나무가 성장할 수 있는 토양과 기후는 보지 않기 때문이다. 구글의 경영 방식은 분명 매력적이지만, 우리 기업 중 구글의 자유분방한 방식을 그대로 도입해 효과를 볼 수 있는 곳이 과연 얼마나 될까?

그래서 어떤 사람들은 이렇게 말한다. '모든 경영 방식은 그에 맞는 환경과 조건이 있다. 무조건 도입해서는 안 된다.' 옳은 말이다. 하지만 이런 생각은 변화와 혁신을 거부하는 구실이 될 수도 있다. 이런 딜레마를 어떻게 해결해야 할까?

무턱대고 어떤 경영 방식을 도입할 것이 아니라, 그 방식이 가능한 토대와 조건을 먼저 파악하고, 그것을 만들기 위해 노력해야 한다. 금주령의 불합리성은 금주령을 개정하는 것이 아니라 사회 상태를 바꾸어야만 개선될 수 있다. 영조는 그것을 무시한 채 너무 강하게 나갔고, 정조는 너무 앞서 나갔다. 선진 경영의 도입, 불합리와 모순의 제거, 그 제도만 보지 말고 그것이 뿌리박고 있는 토양을 보아야 한다.

9

정조는 왜 열심히 기록했을까
∵『일성록』의 실용성

우리가 전 세계에 자랑하는 조선의 기록 문화유산으로『조선왕
조실록』『승정원일기』『비변사등록』이 있다. 실록은 중국에서
탄생한 형식이지만, 중국의 역대 실록은『조선왕조실록』에 비
하면 아주 소략하다.『승정원일기』『비변사등록』은『실록』보다
더 자세하고 방대한 기록이다. 이처럼 대단한 기록이 있었는데
도 불구하고 정조는 새로운 기록을 하나 추가한다. 바로『일성
록』이다.『일성록』은 원래 정조의 개인 일기였다. 정조가 세손
시절부터 작성해오던 일기가 국가의 정식 기록으로 변모하여,
1910년 대한제국이 마감될 때까지 이어진 것이다. 조선의 관찬
사료에 개인의 일기가 정식 국가기록화된 사례는 처음이다.

효율적 국정 운영을 위한 정조의 일기

정조는 어려서부터 정국의 동향과 변화에 민감할 수밖에 없었다. 아버지 사도세자의 죽음을 목격했고, 그로 인해 후계자 구도마저 불안했기 때문이다. 영조의 전폭적인 지지로 즉위할 수 있었지만 불안은 여전했다. 그래서인지 정조는 단순히 개인적인 감정을 토로하고자 함이 아니라, 시사와 사건을 기록하기 위해 일기를 쓰기 시작했다. 이 일기가 정치적으로 큰 역할을 하기도 했다. 정조는 왕이 된 후, 즉위 직전인 1775년부터 즉위 이듬해인 1777년까지의 일기를 『존현각일기(尊賢閣日記)』라는 제목으로 편집했다. 정조의 즉위를 극력 반대했던 화완옹주를 비롯해 정후겸, 홍인한 일당의 무례함이 모두 기록되어 있다. 정조는 이 기록을 기반으로 그들의 역적 행위를 입증하고 숙청했다. 또 그 대의명분을 『명의록(明義錄)』으로 남겼다.

왕세자 때의 기록이나 왕의 개인적인 기록은 대개 문집 혹은 어제(御製)의 형태로 남아 있는데, 정조는 왜 유독 자신이 어릴 때부터 써왔던 일기를 공론화하고 확대, 재편집해서 국가 기록으로 작성한 것일까 하는 의문이 든다. '역사는 승자의 기록이니 『조선왕조실록』이나 『승정원일기』에는 사도세자나 정조 자신에게 불리한 기록이 많이 남게 되었고, 그래서 정조는 이런 사료 왜곡에 대응하기 위해 자신의 입장에서 기록을 남기려고 새로운 시스템을 도입한 게 아닐까?'라고 생각할지 모르겠다. 이런 측면이 전혀 없다고는 할 수 없다. 하지만 이것이 『일성록』

이 등장한 배경의 전부라면, 별로 바람직한 대응 방식은 아닐 것이다. 주관적인 기록으로 주관적인 기록에 대항하겠다는 건, 상대가 편법을 쓰니 '그래? 그럼 나도 편법으로 대응해주지' 하는 것과 마찬가지이기 때문이다.

다행히도 그런 단순한 논리는 아니었다. 정조의 진짜 문제의식은, 좋은 국왕이 되고 훌륭한 정치를 펴기 위해서는 과거의 정책을 끊임없이 검토하고 반성할 필요가 있다는 것이었다. 아울러 국정 운영에는 과거의 역사 못지않게 당대의 자료가 필요하다는 점도 있었다. '현재도 역사이다'라는 관점이 돋보인다. 정조의 이런 생각은 『일성록』 서문에도 잘 표현되어 있다.

"옛날을 거울 삼는 것은 오늘을 살피는 것만 못하고, 남에게서 찾는 것은 자기의 몸에 돌이켜보는 것만 못하다."

『조선왕조실록』도 훌륭한 기록이지만, 정조의 이런 문제의식에는 도움이 되지 않았다. 왕은 원래 『실록』을 볼 수 없도록 되어 있었기 때문이다. 『승정원일기』는 임금도 볼 수 있지만, 양이 너무 많고, 주제도 인사나 경연 등 몇 가지로 제한되어 있었다. 정조는 보다 간결하고, 찾아보기 쉽고, 국정 운용에 도움이 되는 새로운 형식의 자료가 필요했던 것이다.

1785년(정조 9), 정조는 전격적으로 『실록』이나 『승정원일기』와는 다른 방식으로 기록을 정리하게 한다. 강(綱)과 목(目)이라는 형식이다. 요즘식으로 말하면, 육하원칙까지는 아니어도, 한 문장으로 요체를 파악할 수 있는 표제를 만들어 붙이는 방식이다.

　더 큰 차이는, 『실록』이나 『승정원일기』는 왕이 죽은 뒤 자료 편찬과 정리 작업이 시행되지만, 『일성록』은 가장 최신의 소식을 바로바로 편집하게 했다는 점이다. 신하들의 상소문, 임금의 포고문, 임금의 동정, 정부에서 편찬한 서적, 죄수의 심리, 진휼, 격쟁 등을 가능한 한 전문을 실어서 인과관계를 알 수 있게 했다. 한마디로 국정 전반을 『일성록』 검토만으로 파악할 수 있게 만든 것이다.

　실제로 1798년(정조 22) 이성보가 사직 상소문에서, '옛날 송명흠(宋明欽)도 임금의 부름을 받았을 때 현직으로 자처하지 않고 경연과 시강원을 출입했다'는 내용으로 문제를 지적한 적이 있다. 정조는 『일성록』을 들먹이며, 그때 송명흠은 전직의 사표가 수리되지 않은 상태여서 전 직함으로 시강원에 들어왔고, 정확한 날짜까지도 증명할 수 있다고 반론을 폈다. 『일성록』이 얼마나 실용적이었는지 알 수 있는 대목이다.

정조 그리고 리더

경험을 축적하고 사고를 발전시킬 수 있는 기록의 중요성

인간이 만물의 영장이 될 수 있었던 것은 선대 즉 과거로부터 경험과 지혜를 배워, 후대가 선대의 어깨 위에서 출발할 수 있었기 때문이다. 경험과 지혜를 전달해준 것이 바로 '기

록'이다. 기록하고 보존하는 시스템의 중요성은 조직에서도 결코 가볍지 않다. 그런데 이것이 과연, 기록을 담당하는 부서가 있다고 해서 해결될 수 있는 일일까?

기계적이고 형식적으로 기록을 남기고, 사보나 계약 증빙서류 등을 보존한다면, 물론 그것도 안 하는 것보다는 나을 것이다. 그런데 정조가 요구했던 기록은 과거 사건에 대한 증빙서류가 아니라, 경험을 축적하고 사고를 발전시킬 수 있는 기록이었다. 이런 기록을 하려면 조직마다 상당한 관심을 가지고 투자와 노력을 해야 한다. 100년 된 기업이 있다고 해도 100년의 경험이 기록으로 남아 있지 않거나, 형식적인 기록만 있고 통찰력을 기반으로 정리되어 있지 않다면, 그 기업은 진정한 100년 기업이라고 할 수 없을 것이다.

채제공이 수원 유수가 되었을 때 일어난 일이다. 서울의 시전 상인 70여 명이 수원까지 쫓아가 금난전권을 복구해달라고 소동을 피웠다. 조선은 국가가 상업을 통제하는 사회였기 때문에 허가받은 시전 상인만 특정 상품을 판매할 수 있었다. 시전 상인은 '난전' 즉 무허가 상인을 단속할 권리도 얻었는데, 이것이 금난전권이다. 정조가 이 금난전권을 폐지하자 흥분한 시전 상인들이 정조의 오른팔, 채제공을 향해 시위를 벌인 것이다.

'특허 상인인 시전 상인이 자기네 특권을 침해당하자 저항한 것인데, 공명정대한 정조는 부당한 독점 상인 편을 들지 않고 불쌍한 난전 상인 편을 들어주었다. 금난전권은 갑이 아닌 을의 입장을 대변하는 정의의 입법이다.' 이렇게 생각하기 쉽지만, 전형적인 이분법 사고이다. 사회의 구성원은 다양하고, 국가의 정책은 이렇게 간단하게 이분법으로 규정될 수 없다.

문제의 본질은 평시서 너머에 있다

금난전권 폐지에는 좀 더 복잡한 배경이 있다. 채제공이 처음 들고 나온 안건은 금난전권 폐지가 아니라 '평시서' 폐지였다. '평시서'는 조선 전기부터 있었던 관서로, 시장의 물가를 관리하는 기관이다. 그런데 사실 평시서는 '물가 관리 기구'가 아니라 '물가 관리를 핑계로 시장의 이권에 개입하는 기구'라고 표현하는 게 더 정확할 것이다.

서울 쌀값이 올라간 경우를 보면 흉년이 들어 쌀 공급이 부족했거나, 시전 상인이 매점매석을 했을 수도 있고, 아니면 난전 상인이 서울로 들어오는 쌀을 가로채 숨겼거나, 권력층과 대지주들이 쌀값을 올릴 목적으로 상인들과 짜고 일부러 추수한 쌀을 창고에 쌓아놓고 풀지 않는 등 여러 원인이 있었다. 실제로 1782년(정조 6)에도 이런 현상이 발생했다. 어떤 사람들은 시전 상인이 매점매석해놓고 쌀 가격을 조종한다고도 했고, 공인들이 감추어 쌓아두어서 그렇다고도 했다.

이런 사태가 발생하면 평시서는 조사를 해서 진짜 원인을 찾고 대책을 강구한다. 상인이 비밀 창고에 쌀을 숨겨놓았다면 창고를 찾아 쌀을 풀고 상인을 처벌하면 된다. 그런데 지주나

중간 유통업자가 아예 출하를 하지 않았거나, 정말로 흉년이 들어서 쌀이 부족한 것이라면 어떻게 해야 할까?

제일 좋은 방법은 임시로 공급업자를 찾는 것이다. 평시서가 나서서 허가받지 않은 상인이라도 찾아내 임시로 영업 허가증을 발급하면 된다. 문제는 이럴 때마다, 이 허가증이 결국 특권이 된다는 사실이다. 난전 상인이 허가증을 받아내기 위해 평시서와 결탁하는 일이 늘어났고, 권력가에게 이권이 돌아가는 일도 잦아졌다. 평시서는 이런 권한을 가진 기구였다. 물가가 오른다고 하면 단속, 협박, 우회적 압박, 임시변통 등 합법과 불법의 경계에서 다양한 방법을 사용해 시장을 관리했다. 명분은 언제나 물가 안정으로, 전형적인 관치경제였다.

조선은 이렇게 400년을 지내왔다. 그래도 큰 문제가 되지 않았던 건 경제 규모가 작았기 때문이다. 관행이 어느 정도 정착되어 그야말로 '적당히' 굴러갈 수는 있었다. 그런데 영조와 정조 때가 되면 사정이 달라진다. 상업이 발달해 경제 규모가 커지고 이권도 커졌기 때문이다. 유통이 늘고 유통 구조와 상품이 다양해지니 새로운 비리가 생겨난다.

예를 들면, 담배는 조선 후기 최고의 히트 상품이었다. 담배 판매가 늘어나니까 담배의 원료인 절초를 담배와 분리하여, 이 절초를 팔 수 있는 권리를 원래 담배를 팔던 시전 상인이 아닌 새로운 상인, 즉 다른 품목을 취급하던 시전 상인 혹은 난전 상인, 또 다른 권력자에게 팔아넘기게 된 것이다. 생선을 전매하는 어물전의 경우도, 생선의 가공 형태인 건어물이나 염장한 생선 등 특화한 상품을 취급하는 권리를 따로 내주기도 했다.

상업 발달 초기 독점과 특허를 둘러싼 이런 현상은 다른 나라에도 있었다. 영국이나 프랑스에선 더 심했다. 사회발전을 위한 성장통이라고도 볼 수 있다. 하지만 성장통이라도 통증은 통증이니 어떻게든 처리를 해야 했다. 그래서 채제공은 평시서를 혁파하고 그 역할을 호조에게 맡기자고 주장한다. 독점 상인과 권력자들이 긴밀히 결탁하고, 사실상 많은 관료들이 돈을 벌기 위해 상업 행위에 뛰어들고 있는 마당에, 평시서가 오히려 이들을 비호해서 온갖 부정이 발생하고 있다고 본 것이다. 즉 문제가 생기면 없애면 된다는 발상이다.

하지만 정조는 이 의견에 반대한다. "폐단이 생긴 건 운용을 잘못한 탓이지, 제도 자체가 나쁜 건 아니다." 평시서 혁파는 '눈 가리고 아웅'이라는 이야기였다. 평시서는 조선 전기부터 있었고, 고유 업무는 불량 화폐를 사용하거나 도량형을 속이는 행위, 또는 시장 질서를 교란하는 행위를 단속하는 것이었다. 상점과 시장이 훨씬 한가하던 조선 전기에도 이런 업무가 필요했는데, 상권의 규모가 커진 조선 후기에야 말할 필요도 없었다.

리더는 플랫폼 자체를 바꿀 수도 있어야 한다

정조는 문제의 본질을 보았다. 평시서가 타락해서 문제가 생긴 게 아니라, 금난전권 즉 관치경제가 이제는 한계에 달했다는 사실을 꿰뚫어 본 것이다. 금난전권 폐지는 기존 관치경제의 한계를 깨닫고, 자유경쟁으로 그 틀을 바꾸겠다는 선포이다. 플랫폼을 새로 짜겠다는 것이다. 정조가 평시서를 존치한 것도, 갑과 을이 뒤섞여버리고 새 판이 짜이는 상황에서 표면적인 부정을 잡겠다며 평시서를 혁파하는 것이 오히려 더 큰 반발과 혼란을 초래할 것이라고 본 혜안이 작용한 결과라고 볼 수 있다. 물론 여기서도 갑과 을의 문제는 발생하겠지만, 그건 새로운 플랫폼에서 새로운 방식으로 해결법을 찾을 일이다.

국가든 기업이든 문제가 생기면 당장의 현상만 보고, 종기를 제거하듯 대책을 세우곤 한다. 하지만 그래서는 문제를 뿌리째 제거할 수 없다. 배후에 있는 본질을 보아야 한다. 부정이나 실수가 원인이 아니라 사회 변화가 원인이라고 파악되면 플랫폼 자체를 바꿀 수도 있어야 한다. 평시서가 아니라 그 배후에 있는 관치경제의 한계를 꿰뚫은 정조처럼 말이다.

제 4 장

공감과 참여의 리더십 : 진심 그리고 한계

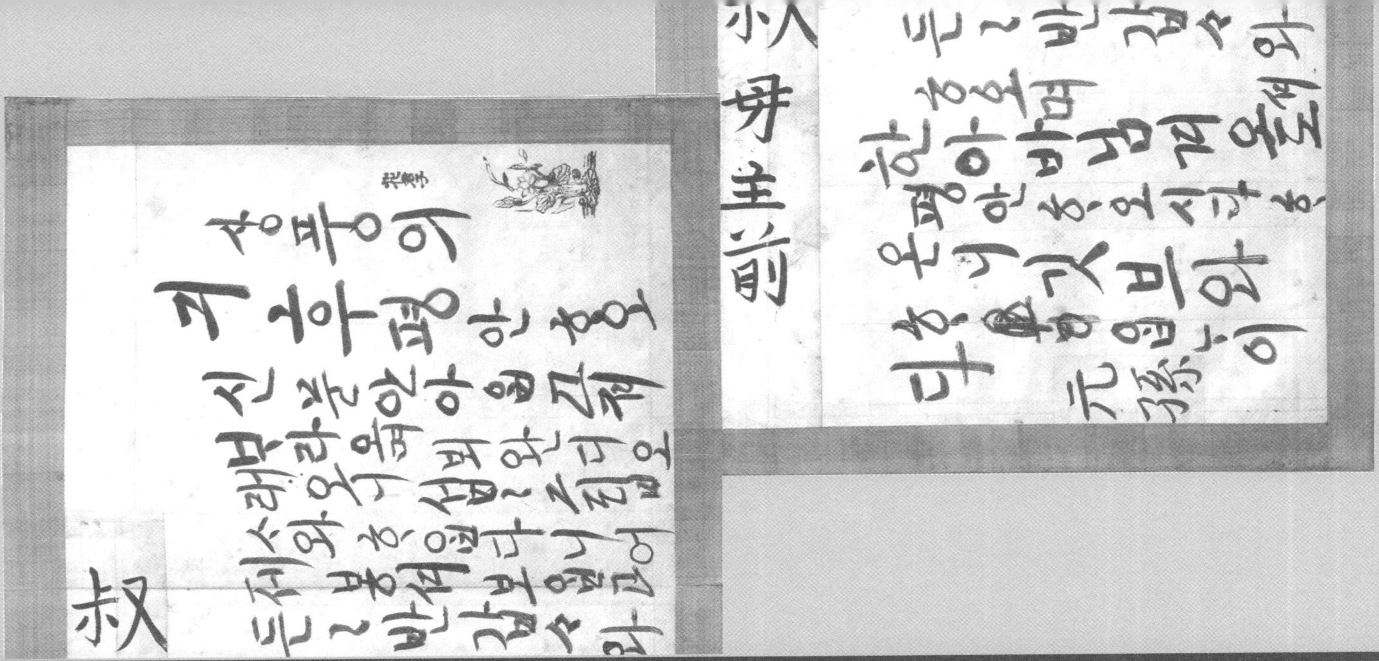

정조가 어린 시절 큰외숙모 여흥 민씨에게 보낸 편지.
〈정조 어필 한글 편지첩〉에 포함된 이 편지는,
18세기 국어사 연구에서 중요한 자료이다.

우리나라에는 국가와 궁중의 의례를 그린 자료가 많이 남아 있다. 특히 의식과 관련한 자료들은 관원의 배치, 복장, 행동을 꼼꼼하게 그려놓았기에 역사 연구에 큰 도움이 된다. 그러나 심각한 단점도 하나 있다. 그림 속에 왕은 절대 그리지 않는다는 원칙이 있었다. 이로 인해 국왕이 등장하는 중요한 장면을 묘사한 모든 그림에서 정작 주인공인 왕의 모습은 전혀 볼 수 없다.

초상화를 제외하고 조선 국왕이 묘사된 그림은 단 하나가 존재한다. 〈아극돈봉사도(阿克敦奉使圖)〉. 영조가 청나라 사신을 접대하는 그림이다. 이 그림은 조선 화가가 아니라 청의 사신을 따라온 중국 화가가 그렸기에 영조의 모습을 삭제하지 않고 그대로 표현했다.

그림 속 영조는 붉은 곤룡포를 입고, 키가 크고 호리호리한 인상이다. 우리가 초상화에서 보는 영조의 이미지와 다르지 않다. 그러나 이 그림은 우리에게 기분 나쁜 인상을 주는 탓에 잘 알려져 있지 않다. 영조가 중국 사신에게 허리를 굽혀 인사하는 장면이기 때문이다. 영조가 사신에게 절을 한 까닭은, 청의 사신이 곧 중국 황제를 대리하는 자이기 때문이다. 즉 영조가 머리를 숙인 대상은 관원인 사신이 아니라 중국의 황제이다.

동북아의 새로운 패자, 청에 대한 조선의 반감

조선의 외교정책을 사대교린책이라고 부른다. 중국과의 외교관계는 사대, 일본이나 여진과의 외교관계는 교린이라고 한다. 사대는 외교상 강대국을 높이는 것이고, 교린은 동격이거나 약한 나라와 교류하는 태도를 뜻한다. 쉽게 말해서 중국에는 조공을 보내 책봉을 받고, 일본 등 주변 국가와는 서로 국서를 교환하고 때때로 우리가 은혜와 아량을 베푸는 식이다. 하지만 임진왜란은 일본과의 교린 관계를 무너뜨렸다. 중국에서도 명이 청으로 교체되며 조선의 외교정책에는 커다란 혼란이 생기게 된다.

명나라에 대해 예의를 갖추는 것은 조선에서도 별다른 문제가 없었다. 명나라 사신이 행패를 부리면 불쾌해했지만, 조선과 명의 관계에서 명이 강대국이고 우리가 약소국이라는 사실은 인정하고 있었다. 그러나 명이 망하고 청나라가 동북아시

아의 패자가 되었다. 청은 과거 조선이 명을 대하던 태도 그대로의 자세와 예의를 요구했다.

국제관계는 힘의 논리로 작동하는 영역이다. 한족의 명나라가 멸망하고 없으니 조선은 청의 요구를 수용할 수밖에 없었다. 그 결과, 겉으로 조선과 청의 관계는 과거 명나라와 조선의 관계와 유사했다. 조선과 청은 서로에게 사신단도 계속 보냈고, 외교와 무역 관계도 지속했다. 청 사신이 오면 영접사가 조선의 국경까지 나가 맞이했고, 조선의 왕이 성 밖 교외에 나가 영접하는 관례도 계속되었다.

하지만 조선은 청나라로부터 책봉을 받고 연초마다 달력을 받으면서도, 속으로는 청을 무시하는 마음을 버리지 못했다. '만주족의 청나라 말고, 우리 조선이 명나라의 전통을 이었다' '우리가 중화의 정통을 이어받았다'는 조선 중화주의, 소중화 의식이 가득했다. 그래서 효종 때는 급기야 '청나라를 치자!'는 북벌론까지 등장하게 된 것이다.

숙종의 반청 감정

특히나 반청 감정이 높았던 왕이 있었다. 바로 영조의 아버지, 숙종이다. 숙종이 얼마나 청나라를 싫어했는지 보여주는 재미있는 에피소드를 소개해본다. 숙종 11년이었던 1685년, 변경 지대에서 일어난 일이다. 조선인이 청나라 영토로 들어가 산삼을 캐다가 중국 관리를 해치는 일이 벌어진다. 청에서는 사건을 조사하기 위해 사신을 조선에 파견했다. 관례를 따른다면 숙종은 중국의 황제를 대하듯 의관을 갖춰 입고 성 밖까지 마중을 가야 했지만, 숙종은 아프다고 꾀병을 꾸며 마중을 가지 않았다. 청이 양해를 해줘서 겨우겨우 편전에서 황제의 편지를 받는 수준으로 합의를 봤다. 처음에는 숙종도 황제를 대신하는 사신을 맞는 자리이니 의복 정도는 정식으로 갖춰 입어야 하지 않겠냐고 생각했다. 그러나 신하들은 관대를 갖춰 입고 앉아 있으면 병이 심하지 않은 것처럼 보일 수 있다며, 아예 방 안에서 이불을 덮어 쓰고 있으라고 조언한다. 해 질 무렵 어두워진 편전, 숙종은 이불을 덮고 앉아서 황제의 편지를 읽었다. 아프다고 해서 관례의 생략을 용인했는데, 옷도 제대로 입지 않고 편지를 읽는 숙종의 모습에 청 사신은 결국 폭발한다. 이렇게 어두운데 뭘 보겠냐며 칙서를 읽기 싫어 수작을 부린다고 노발대발했다. 숙종은 할 수 없이 부랴부랴 촛불을 가져오게 해서, 다시 칙서를 받드는 예를 거친 후 그것을 읽었다.

하지만 이날 사건도 숙종의 반청 감정을 어쩌지는 못했다. 숙종은 사건의 범인과 중국 국경을 침범한 20여 명을 조사하는 자리에도 나가지 않고 버텼다. 청 사신은 이례적으로 사건이 발생한 지역의 지방 관리들까지, 관리 감독을 소홀히 했다는 이유로 모두 불러들여 조사했다. 숙종이 별안간 이 자리에 나타났다. '아니, 범인만 처벌하고 말 것이지, 감히 남의 나라 관리들까지 전부 소집해?' 아마 이런 생각을 했던 것 같다. 조사하는 모습을 가만히 지켜보던 숙종은 갑자기 이렇게 말한다. "관리들을 감독하지 못한 책임은 나에게 있으니 모두 나의 죄와 같다. 범인은 물론 변경 지역 수령들까지 모두 중벌로 다스려라." 청에서는 원래 국경 침범자, 인삼 판매자, 청 관리를 해친 자, 동조자 등등 죄목을 철저히 나눠서 형을 정했다. 그런데 숙종이 죄목 나눌 것도 없이 전부 중벌을 주라고 하니, 나중에는 오히려 청 사신이 전부 중벌을 줄 필요는 없다며 감형을 해야 한다고 맞서는 상황까지 연출됐다. 결국 청 사신의 말대로 범인들은 감형되었고, 숙종에게도 벌금 2만 냥이 부과되며 상황은 일단락됐다.

청을 대하는 영조의 자세

영조 역시 청에 대한 감정이 그렇게 좋지만은 않았을 것이다. 하지만 속마음은 속마음이고, 겉으로 청을 대하는 태도에서 영조는 아버지와는 많이 달랐다. 영조는 청 사신이 도착하면 중국 사신을 영접하는 모화관에 미리 나가 정성과 예의를 다했다. 사신들은 당연히 무척이나 감격했다. 한번은 사신 일행 중에 환자가 발생한 적이 있는데, 영조는 급히 의원을 보내 극진히 치료케 하여 청나라 사신들을 더욱 감동하게 했다.

사실 이때도 신하들은 영조에게 병을 핑계로 대고 청 사신을 피하는 게 좋겠다는 조언을 올렸다. 당시에 특히 껄끄러운 문제가 하나 있었기 때문이다. 청 사신이 조선의 공물에 대한 하사품으로 '공청'이라는 특수 광물을 가져왔는데, 이 광물을 가져온 대가로 관행보다 훨씬 많은 '은'을 요구해 양국 사이의 논란거리가 된 것이다. 일전에 관행보다 많은 은을 준 적 있는데, 그일이 나쁜 선례가 되어버린 상황이었다. 그래서 신하들은 사신과의 대면을 피함으로써 껄끄러운 상황은 우선 면하고 보자고 조언했던 것이다. 하지만 영조의 뜻은 확고했다. "선대왕들은 언제나 친히 나섰다"라고 하면서 "병을 핑계 삼는 것은 성실함이 부족한 태도"라고 일축했다.

심지어는 이런 일도 있었다. 청 사신이 왕세자인 효장세자가 너무 어리니 접견 절차를 대폭 줄여도 된다고 먼저 제안했다. 그러나 영조는 이때에도 "우리나라는 예를 지키는 나라로 중국에 알려져 있고, 내가 절을 하는데 세자가 절을 하지 않는 것은 옳지 못하다"며 정식대로 하라고 말했다. 이후 역관이 전해준 말에 의하면, 청나라 사신이 세자를 보고 떠들썩하게 칭찬하면서 '세자가 중국에 있더라도 비교될 만한 사람이 없을 정도이니, 만약 돌아가서 황제께 이 사실을 전하면 반드시 하사품이 있을 것'이라고 했다고 한다.

영조 그리고 리더

힘의 논리가 지배하는 전장, 자존심보다는 현실감각을

외교 관례를 철두철미하게 준수하는 영조의 이런 태도는, 보는 이에 따라 평가가 달라질 것이다. 국가적 자존심이 손상

되었다고 속상해하는 사람도 있고, 조선의 선비들은 자존심도 없고 비굴했다고 비난하는 분도 있다. 하지만 국제관계는 힘의 논리로 움직이는, 철저하게 이성이 지배하는 영역이다. 국왕은 개인이기 이전에 국가와 국민의 리더이다. 따라서 국왕은 더더욱이 감정에 사로잡히지 말고 철저하게 현실주의자가 되어야 한다.

자존심을 앞세웠던 숙종의 태도는 국민감정은 위로해줄 수 있을지 모르나, 현실적이고 현명한 태도는 아니었다. 그로 인해 조선과 청의 관계 역시 불안정했다. 숙종과 신하들은 겉으로는 자존심을 세우면서도 속으로는 청이 무슨 심술을 부릴지 몰라 전전긍긍했고, 혹시나 트집을 잡힐지 모르는 일을 예방하고 단속하느라 고생했다. 청나라는 조선의 태도와 속임수를 모르는 바 아니었다. 그러나 조선에 군사적 행동을 할 이유가 전혀 없었다. 그들이 추구하는 것은 만주와 조선의 절대적인 안정이었다. 다만 조선의 태도와 속셈을 알고 있었기에 간간이 군기 잡기식으로 심술을 부렸다.

이런 청의 심술마저 사라지고 온전하게 평화로운 관계로 안착한 것이 영조 때였다. 여기엔 영조의 솔직하고 현실적인 태도가 크게 기여했다. 영조의 외교 방침은 청나라에 '조선은 법과 원칙을 준수한다'는 신뢰감을 심어주었다. 그리고 이런 신뢰감은 영조가 청과의 관계에서 '실리'를 챙길 수 있도록 만들어주었다. 특수 광물과 은 문제에서도 영조는

공감과 참여의 리더십 : 진심 그리고 한계

규정된 절차대로 일정량의 사례품과 은을 주도록 했을 뿐 아니라, 아예 청으로 보내는 공물의 수효 자체도 줄여버렸다. 청이 영조의 이런 방침을 용인한 이유는 무엇일까? 단순히 영조가 자존심을 굽혀 예의를 갖춘 모습에 흡족했기 때문일까? 아니다. 원칙을 지키는 영조의 모습이 양국 사이에 '신뢰'를 쌓아주었기 때문이다. 필야정명(必也正名), '반드시 이름을 바로잡고 명분을 분명히 해야 한다'는 영조의 신념이 청나라와의 외교관계에서도 통했던 것이다.

현대에도 각국의 외교 상황을 표현할 때 '외교전'이라는 말을 쓴다. 총성 없는 전쟁이라는 말도 있다. 어제의 적이 오늘의 동지가 되는 일이 다반사이다. 비즈니스에서도 마찬가지이다. 경쟁 관계냐, 협력 관계냐? 이기는 싸움을 하고 싶은가, 얻어내는 싸움을 하고 싶은가? 숙종처럼 감정이 앞서서 섣불리 행동했다가 관계를 악화시켜 실리는 모두 내어주고 자존심을 지켰다는 자기만족에 빠지기보다는, 영조처럼 규정된 원칙을 지키며 줄 것은 주고 내게 필요한 것은 확실히 챙겨 오는 게 현명하지 않겠는가?

조선 시대 가장 큰 혼란을 가져온 전쟁은 임진왜란과 병자호란
이다. 이 두 전쟁을 기점으로 조선 전기와 후기를 나누기도 한
다. 그런데 이 두 전쟁의 와중에 조선의 백성들이 가장 크게 실
망한 점은 바로 국왕이 도성을 버리고 도망쳤다는 사실이다.

　왕의 도주는 오늘날에도 많은 논란을 낳고 있다. 백성을
버리고 도망쳤다고 비난을 하는 사람도 있고, 현실적으로 왕이
포로가 되거나 죽으면 더 큰 혼란과 충격이 발생했을 것이라고
옹호하는 사람도 있다. 그런데 선조는 도망쳐서 나라를 지켰고,
인조는 농성하다가 항복했어도 나라를 지켰으니, 이 논쟁에도
사실 명쾌한 답을 내리기 어렵다.

그런데 왕의 이런 행동이 백성의 원망을 사기는 했어도 이반을 불러일으키지는 않았다. 분노하고 배신하는 사람보다는, 상황을 인정하고 왕을 보호하려고 했던 사람이 더 많았다는 뜻이다. 이런 선택을 한 이유는 다양했다. 전통적인 충성심, 인간 일반의 보수성 또는 안정을 지향하는 경향, 이것이 최선의 선택이라는 합리적 판단 등이 복합된 결과일 것이다. 그러나 이 최선의 선택은 변하기 마련이다. 사회가 변하고 사회의 갈등이 커지면 사람들의 선택은 얼마든지 달라질 수 있다.

이제는 버릴 수 없었던 서울, 도성

조선 후기가 되면 바로 이런 안정적인 충성심에 변화가 생긴다. '한 번만 더 왕이 도망치면 국가를 유지하지 못한다'는 문제의식이 대신들은 물론 백성들 사이에서도 떠돌기 시작했다. 한마디로 위기감이 커졌다는 이야기이다. 근본적인 원인은 국가 체제의 안정성이 도전받고 있는 상황에 있다. 전쟁이 발발했을 때 왕이 도망을 쳐도 단단하던 기반이, 평소에도 진동을 느낄 수 있을 정도로 동요하기 시작했다. 정치인들은 개혁을 하는 데는 느리지만, 이런 진동과 불안감을 감지하는 데는 빠르다. 그래서 이런 생각을 떠올렸다. 또 난리가 나고 왕이 도성을 버리고 도망치는 사태가 발생한다면, 그때는 백성들이 폭동을 일으키거나 이반하지 않을까?

그것은 난리가 나기 전에는 확신할 수 없는 문제였다. 그

러나 그런 불안감까지 유발하는 이 발밑의 진동을 진정시켜야
했다. 그래서 나온 방안이 바로 '도성 방어론'이다. '수도인 서울
을 지키자! 지켜야 한다!'는 것이었다. 17세기 후반 조선은 상품
화폐경제의 발전으로 상업이 발달하며 시장이 늘어났고, 모든
상품이 서울에 몰려 부가 집중되고 있었다. 재화가 쌓여 있고 돈
이 모여 있기 때문에, 이제는 전쟁이 난다고 해도 서울을 버리고
도망을 가버릴 수가 없게 된 것이다.

그래서 숙종은 서울에 도성을 새로 쌓았다. 서울 북쪽
에 북한산성을 쌓고, 근교의 강화나 개성에 있는 산성도 정비했
다. 하지만 구조적으로 서울을 완벽하게 방어할 수는 없었다. 이
것은 불가능한 일이었고, 숙종과 대신들도 이 사실을 알고 있었
다. 실제로 숙종의 기본 입장은 도성이 지나치게 넓고 견고하지
못해서 지키기 어렵다는 것이었다. 숙종 스스로도 "당초에 도성
을 축성한 게 이것을 지키려는 계책에서 나온 방안이 아니기 때
문에 견고하지 못하다"고 말하기도 했다. 도성을 수축하고 도성
수비 대책을 내놓기는 했지만 여전히 차선책 정도로 생각하고
있었다.

숙종의 도성 축성 대 영조의 『수성절목』

1704년(숙종 30) 3월, 삼각산에서 고유제를 지내는 것으로 시작
된 도성 축성은 1710년까지 6년 동안 일시 정지와 재개를 반복
한 끝에 마무리된다. 서울 도성의 동서남북 사방을 크고 네모반

듯한 돌로 바꾸고 보수해서, 이때 새로 조성된 부분은 이전의 돌과는 확연히 구분될 정도로 멋있게 만들어졌다. 하지만 부족한 재정과 가뭄 등의 이유로 공사가 거듭 중단됨에 따라, 성벽 높이를 높이거나 치와 옹성을 추가하거나 이중 혹은 다중의 성곽을 구축해서 방어력을 획기적으로 높이는 구조적인 변경은 하지 못했다. 그저 인테리어만 바꾸는 수준이었다. 또, 성곽의 신축과 개축을 하지 못하게 하는 청나라와의 조약도 있었기 때문에 계속 눈치를 봐야 했다. 숙종의 도성 방어책은 딱 여기까지만 진행되었다.

그런데 이렇게 외장을 바꾼 공사만으로, 백성들은 도성의 방어력을 신뢰하게 되었을까? 약간의 효과는 있었겠지만, 역시 일시적인 것에 불과했다. 영조도 이 사실을 잘 알고 있었다. 하지만 성을 더 높이거나 구조를 개혁해 난공불락의 요새로 만드는 것은 사실상 불가능했다. 고민을 거듭하던 영조는 백성들이 불만을 가졌던 것은 성 자체가 아니라, 그 성을 지키고 방어하려는 의지와 태도의 결핍, 도성을 버리고 도망가는 왕과 지배층의 태도였다는 점에 주목했다. 여기서 영조는 전혀 새로운 해결책, 다르다기보다는 숙종의 도성 방어책에 아예 빠져 있던 해결책을 제시한다.

1751년(영조 27), 영조는 『수성절목(守城節目)』이란 것을 발표한다.

"만일 위급한 일이 생기면 모두 나와 성을 지켜야 하니 동서반(東西班) 실직(實職) 및 전함(前銜, 전직을 뜻함) 이상, 그리고 유생(儒生) 출신(出身) 잡과(雜科) 한산인(閑散人) 등에 이르기까지 일제히 성에 올라 힘을 합쳐 성을 지킴으로써 소민(小民)의 모범이 되어야 한다."

『수성절목』은 요즘 말로 하면 '서울 방어 계획'쯤 되겠다. 서울 주민 모두에게 도성의 방어 구역과 방어 위치를 지정해주는 대책이었다. 지위 고하를 막론하고 모든 서울 주민이 편입되어 있었다. '수도인 서울에는 종묘와 사직, 궁궐, 창고, 양반에서 일반 백성에 이르기까지 말 그대로 모든 것이 있기 때문에 이곳을 버리고 다른 곳으로 도망갈 수는 없다'는 것이 영조의 생각이었다. 이런 생각을 바탕으로 영조가 마련한 구체적인 방위 전략이 바로 『수성절목』이었다. 사실 서울 주민들조차 스스로 모두가 도성을 나누어 지킬 수 있게 해달라고 청하기도 했었다. 1739년(영조 15) 영조가 서울 주민들을 불러 폐단을 듣는 자리에서 한 60세 노인은 이렇게 말한다. "서울 주민이 모두 1만 호 정도 되니, 도성을 나누어 지키게 하면 국가도 버틸 수 있을 것입니다!"

숙종과 영조, 뭐가 달랐을까?

숙종과 영조의 방식은 어디에서 차이가 났을까? 숙종은 도성 방어론을 국정 과제로 내세우고 사람들을 동원해 도성 정비에 투입했다. 그리고 그 광경을 노출함으로써 주민들이 안심하도록

공감과 참여의 리더십 : 진심 그리고 한계

했다. 번듯하게 조성된 성벽, 험한 북한산에 구축한 산성을 보면서 '이제는 외적이 쳐들어와도 적어도 서울만큼은 안전하겠지'라는 막연한 기대를 할 수 있게 해준 것이다. 반면 영조는 서울의 주민 모두에게 각각 역할을 부여함으로써 각자가 몸소 국방의 한 부분을 담당하고 있다는 자부심과 책임감을 가지게 했다. 전쟁이 나면 도망쳐야겠다고 미리 생각하는 사람은 적다. 그러나 다른 사람들이 도망치지 않는다는 확신을 갖지 못한다. 대부분의 사람들은 바로 이 때문에 도망을 친다. 영조의『수성절목』은 이 부분을 공략했다. 백성들에게 '다른 사람들도 도망치지 않으리라'는 신뢰를 준 것이다. '함께 싸울 사람들이 있다! 최소한 법으로 규정되어 있다!' 하는 믿음을 주었다.

이러자 비로소 사람들의 생각이 바뀐다. 자신이 맡은 역할을 수행하면 외침으로부터 생명과 재산을 보호할 수 있으리라는 자신감을 갖게 된 것이다. 그래서 결국 영조의 도성 방어책 자체를 신뢰하게 되었고, 더 나아가서는 영조라는 임금을 신뢰하게 되었다.

영조 그리고 리더

리더는 가시적인 꿈과 희망을 주어야 한다

리더에게는 장기적인 비전과 계획이 있어야 한다. 세계 정세를 파악하고 조직의 내적 역량을 쉼 없이 파악해야 하는 건,

결과적으로 장기적인 비전과 계획의 타당성을 끝없이 점검하고 효과적으로 실천하는 역량을 유지하기 위함이다.

하지만 더 어려운 일은, 구성원들로 하여금 리더의 비전을 믿고 따르게 하는 일이다. 도성이 아무리 훌륭해도 그 안에 구성원 자신의 역할이 없다면 그것은 구경거리에 불과하고, 결국 윗사람들의 의지와 능력에만 기대게 된다. 이런 막연한 의지는 비판적으로 흐를 수밖에 없고, 조금만 실적이 나빠지면 불신으로 폭발하게 된다.

비전을 믿고 따르게 하려면, 비전에 실행력을 부가하려면, 리더에 대한 신뢰를 넘어서는 무언가가 필요하다. 신뢰는 추상적인 믿음이나 당장의 대차대조표에 따라 요동하기 때문이다. 그러므로 진정한 리더는 성벽에 병력을 배치하듯이 구성원 각자에게 행동력과 책임감을 부여해야 한다. 구성원 각자에게 구체적인 역할을 주고, 그 역할을 통해 전체적인 그림을 그려볼 수 있게 하고, 비전을 완성할 수 있다는 확신을 갖게 해줘야 한다. 각자가 자기 역할의 중요성을 인지하게 되면 자발적으로 참여하려는 동기가 생기고, 목표를 완성할 수 있다는 자신감이 생긴다. 그리고 나아가서는 리더를 신뢰하게 된다. 변화하는 사회 환경 속에서 주민들의 욕구 변화를 인지한 영조가 '도성 방어책'을 통해 주민 개개인이 참여할 수 있는 가시적인 환경을 만들고, 그들의 신뢰를 이끌어낸 것처럼 말이다.

사람들에게 억지로 직책을 맡길 수는 있다. 하지만 그래서는 자발적인 참여와 창조적인 발상, 일을 완성하고자 하는 의욕을 갖게 할 수 없다. 당신이 리더라면, 현재 진행 중인 프로젝트의 구성원들이 자발적인 의지로써 참여하며 비전을 완성시키고 있는지 한 번쯤 점검해보는 것도 좋겠다.

조선 후기가 되면 왕실의 권위가 심각하게 떨어진다. 권위의 손상은 왕과 신하 사이의 대화에서 제일 명확하게 드러난다. 조선이 아무리 언론의 자유가 있는 나라였다고 해도 전기에는 왕의 정책에 대해서만 비판했지, 왕의 인격과 능력에 대해서 비판하지는 못했다. 그런데 후기가 되면 인격 모독성 발언도 곧잘 등장한다. 요즘에도 저런 말은 못 하겠다 싶은 대화도 보인다.

제일 큰 원인은 임진왜란과 병자호란의 치욕이다. 국가의 지도자로서 왕의 신뢰와 권위에 엄청난 손상이 발생했다. 정쟁도 극심해지고, 그때마다 왕족들이 얽혀 들어 처형되었다. 특히 효종 때부터 국왕을 무시하는 듯한 언행이 자꾸 늘어나는데,

여기에는 또 하나의 사정이 있었다.

왕조 권위 추락의 현장을 직시한 영조

숙종의 아버지 현종 때 그 유명한 예송 논쟁이 벌어진다. 현종의
아버지이자 숙종의 할아버지인 효종이 죽었다. 그는 인조의 둘
째 아들이었던 탓에, 인조의 부인인 조대비가 상복을 3년간 입
어야 하는지 1년간 입어야 하는지를 놓고 한바탕 큰 소란이 일
었다. 원래 왕은 적장자나 말자가 중요한 게 아니었다. 왕은 그
런 것 상관없이 존경을 받아야 하는 자리였다.

그런데 조선 후기가 되면 예법, 적장자, 적통 이런 관념
이 사회 전반에 걸쳐 중요해진다. 그게 국왕에게까지 영향을 미
친 것이다. 예송 논쟁은 순수하게 예법을 적용하는 문제 같지만,
그 배후에는 왕의 권위에 대한 심각한 도전이 있었다. 간단히 설
명하면, '왕에게는 과거나 혈통을 물을 수 없다. 일단 왕이 되면
존중해야 한다'는 생각과, '왕도 사대부 집안과 마찬가지로 전통,
기준의 적용을 받아야 한다'는 견해로 갈린 것이다.

두 번째 의견에 따르면, 효종은 적자인 소현세자를 제치
고 왕이 되었기 때문에 정통성과 권위에 약점이 있다는 결론이
나온다. 숙종은 효종의 친손자였으니 이런 생각이 더더욱 맘에
들지 않았을 것이다. 숙종이 조선의 창건주인 태조 숭앙 사업에
열심이었던 건, 단순히 '창업주를 기억하자'는 의미가 아니라 '모
든 왕이 태조의 후손'임을 강조하려는 의도였다.

그런데 이처럼 태조 숭앙 사업을 벌이는 데 껄끄럽고 처치 곤란한 장소가 있었다. 서울에서 제일 붐비는 육조 거리와 면한 경복궁이 바로 그곳이다. 현재의 세종로에 해당하는 육조 거리 양쪽 편으로는 주요 관청들이 몰려 있었다. 인근의 종로는 최대의 상가 거리였다. 매일같이 수많은 사람들이 오고 가는 이 일대에서, 광화문과 경복궁 자리는 흉물스러운 폐허가 되어 있었다. 임진왜란 때 경복궁이 불에 탄 이후 그 모습 그대로 방치된 상태였다.

　　그 폐허를 보면서 당시 사람들은 무슨 생각을 했을까? 경복궁은 태조가 한양으로 천도해서 세운 궁궐이고, 태조가 거주한 곳인 동시에, 임진왜란의 참화를 대표하는 장소이기도 했다. 경복궁이 불탄 건, 선조가 궁궐을 버리고 백성을 버리고 떠난 다음에 벌어진 사건이었다. 왕실 입장에서는 더 이상 깎일 체면이 없는, 치욕스러운 역사의 현장이자 산 증거였다.

　　태조의 위업과 영광을 반영하는 장소인 동시에, 후손들의 실패와 권위의 추락을 증명해주는 장소, 경복궁. 그래서 왕들은 경복궁을 언급하는 것조차 회피했다. 마음 같아서는 복구하면 좋겠지만 재정 문제로 엄두를 내지 못했다. '나라에 돈이 없어 불에 탄 왕궁을 재건하지도 못한다.' 이 또한 망신스러운 현실이었으니 생각하기조차 싫었을 것이다. 그래서 가능한 한 생각을 않고, 근처에는 가지도 않으려고 했고, 그 빈터를 활용하려는 생각도 하지 않았다.

그런데 영조가 난데없는 행동을 시작한다. 먼저 경복궁 폐허를 자주 찾는다. 왕의 침전이었던 강녕전 터를 찾아 천막을 세우고 음악을 연주하게 한다. 심지어 자신이 방문했음을 세상에 널리 알리라며, 방문 기념으로 주변 주민들의 1년 치 세금을 감면해주게 한다. 심지어 근정전 터에서 과거까지 시행한다. 여기서 과거를 보면, 응시생들이 군주의 잘못이 초래한 끔찍한 결과에 대해 격분해서 글을 써낼지도 모를 일이었다.

영리한 영조가 이런 분위기를 예측하지 못했을 리 없다. 그리고 재정 문제로 경복궁 재건을 꿈도 꾸지 못하는 것은 영조도 마찬가지였다. 가뜩이나 국왕의 권위가 떨어져가는 시대, 스스로도 모친의 낮은 신분 때문에 콤플렉스가 강했던 영조는 왜 굳이 경복궁 폐허에서 이런 이벤트를 벌였던 것일까?

영조 그리고 리더

책임지는 리더의 자세

"옛사람이 창업은 쉽고 수성은 어렵다고 말한 바 있는데, 이 말은 중흥의 군주가 창업의 군주와 같다는 뜻이다. 창업과 중흥의 군주는 어려움과 고난을 두루 극복해 다스림이 쉽지만, 수성의 군주는 몸이 편안해 어려움을 알지 못하여 다스리는 것이 어렵기 때문이다."

영조가 보여주고 싶었던 것은 책임지는 리더의 자세

라고 생각된다. 치욕의 장소, 나의 체면이 깎이는 장소라고 해서 회피하는 것이 아니라, 당당하게 그곳에 서서 관료, 학생들과 함께 과거를 반성하고 이런 일이 다시 발생하지 않도록 하겠다는 책임감 있는 모습을 보인 것이다. '중흥'이라는 새로운 역사를 써가겠다는 의지를 표명한 것이다.

사실 조상의 과거가 찬란했음을 아무리 자랑한다고 해도 그것이 후손의 권위와 영광으로 직결되지는 않는다. 존경받는 리더는 잘못을 인정하고 책임을 회피하지 않고, 책임감을 가지고 잘못을 개선하려고 노력한다. 이는 과거든 현대든 변함없다. 영조가 선왕들은 방문조차 꺼려하던 이 장소를 찾고 과거까지 개최한 것은, 백성들이 느끼는 문제의식과 비판을 스스로 똑같이 느끼고 책임지는 자세로 당당하게 서겠다는 의지의 표명이었다. 폐허가 된 경복궁에 선 영조의 모습을 통해, 지금의 현실을 반추해본다.

공감과 참여의 리더십 : 진심 그리고 한계

반대가 많은 대형 사업, 관건은 공감이다

19세기 중반 런던에서는 시민 수십만 명이 죽고 병드는 대참사가 벌어진다. 참사의 원인은 상하수도 시설의 부재였다. 산업화로 인해 런던의 인구가 급속히 늘어나면서 스모그와 공해도 극심해졌는데, 더 큰 문제는 템스강으로 가는 지류의 오염이었다. 지류가 막히고 오염되면서 식수와 오수가 뒤섞여버린 것이다. 그 바람에 수원이 오염되고, 수인성 전염병이 창궐했다.

조선의 한양도 이런 위험에 직면하게 된다. 청계천이 막힌 것이다. 조선 시대의 청계천은 지금의 청계천과는 많이 달랐다. 지금 우리가 보는 건 청계천의 본류이다. 당시에는 남북으로 거미줄처럼 지류가 뻗어 있었다. 도성 안의 주민 모두가 이 물을 식수로 사용하고 빨래도 하며 하수로 내보냈다. 노천수를 사용하면서도 도시 기능이 400년간 유지된 것이 신기할 정도이다. 그러나 결국엔 오염이 발생했다.

청계천 공사를 계획하다

18세기부터 상공업이 발달하면서 서울 인구가 급증했다. 식량과 거주지가 부족해 주민들이 하천변까지 경작을 하다 보니 물길이 막혔다. 조선 후기에 온돌이 발달하고 도시 인구가 늘면서 장작 수요도 폭증했다. 결국 남벌로 산들이 민둥산으로 변했고, 산에 나무가 없으니 비만 오면 토사가 쓸려 내려왔다. 도시가 정상적으로 돌아갈 때는 하천가에 사람들이 거주하는 것을 금지했고, 관리들이 통제도 했다. 그러나 사람들이 몰려들면서 결국 관리 체제는 붕괴했다.

하천에는 쓰레기가 증가했다. 심지어 죽은 짐승이나 무연고 시신까지 몰래 버려졌다. 토사와 쓰레기가 쌓이고, 지류가 막히면서 한강의 물길이 막혔고, 하상이 높아지자 비만 오면 한강이 범람했다. 잦은 홍수로 집이 떠내려가고, 홍수 후에는 어김없이 전염병이 돌았다. 이 악순환이 반복되면서 범람 지역은 점점 넓어졌다. 마침내 4대문 중 지대가 낮은 동대문까지 물이 밀려들었다. 이 일대는 작은 범람으로도 성벽의 축대가 다 무너질 정도였다. 청계천의 상황을 방치하면 런던의 대참사와 같은 사태가 발생하는 것은 시간문제였다.

유일한 대책은 청계천을 준설해서 물길을 트는 것이었다. 그런데 이게 쉽지 않은 대공사였다. 알다시피 근래 2000년대에 청계천 복원 사업을 할 때도 천문학적인 비용이 들었다. 조선 시대에는 중장비도 없었다. 모든 흙과 오물을 일일이 사람들이 손으로 파내서 옮겨야 했다. 파내는 것으로 끝이 아니었다. 오염된 흙과 쓰레기를 옮겨야 했다. 굴삭기도 트럭도 없던 시절에 그 엄청난 흙더미를 어디로 어떻게 옮길지는 아주 큰 문제였다. 비용도 막대했고, 필요한 인원이 수십만 명이라 한양 주민 전부를 동원해야 할 판이었다.

그런데 원래 조선의 관행은 '내 집 앞의 눈은 내가 치워야 한다'였다. 이 원칙대로라면 청계천을 파내는 건 청계천 주변 사람들만의 책임이었다. 하지만 청계천 주변 사람들만으로는 도저히 감당하기 힘든 대공사였다. 그렇다고 서울 주민 모두를 동원하면 그 반발 또한 만만치 않을 것이었다. 그래서 영조는 여론조사를 실시한다. 1754년(영조 30) 3월, 영조는 서울의 각 지역 주민 대표자를 궁궐로 불러 청계천 준설 공사에 대한 의견을 묻는다. 그랬더니 공사가 필요하다는 의견과 필요하지 않다는 의견이 팽팽히 맞섰다. 그래서 영조는 주변에 있던 호위 군사들과 궁중 악단의 악사들에게 물어보았다. 그러자 장구를 메고 있던 악사 한 명이 이렇게 말했다. "개천을 파든 안 파든 나는 상관없습니다. 홍수가 나서 집이 떠내려가는 건 안됐지만, 그건 그곳에 사는 집주인의 문제입니다." 영조는 이 악공이 솔직하게 얘기했다며 칭찬하고 포상을 했다. 하지만 속마음은 답답했을 것이다.

청계천 공사를 홍보하다

이때부터 영조는 청계천 공사의 필요성을 홍보하기 위해 온갖 수단을 강구한다. 과거 시험에서 '청계천 공사의 장단점을 논술하시오'라는 문제를 낸다. 그리고 일등에게는 바로 관직을 주는 특혜를 주었다. 그가 답안지에 뭐라고 썼는지는 알려지지 않았다. 예나 지금이나 여론 형성에 큰 역할을 하는 집단은 바로 대학생들이다. 조선 시대의 대학은 성균관이다. 영조는 성균관 유생들을 불러 청계천 문제를 가지고 공청회도 벌인다.

나중에 공사를 시작한 뒤에는 공사 현장을 공개해 주민들이 현장을 보고 체감할 수 있도록 했다. 사실 공사 현장을 공개하는 것은 사고를 유발할 가능성이 있는 위험한 일이지만, 영조에게는 청계천 공사의 필요성에 관한 공감대를 형성하는 게 훨씬 더 중요했다. 그래서 자신도 직접 현장에 나가 백성들과 섞여 앉아 공사를 관람한다.

영조는 청계천 주변을 돌아다니며 주민들을 만나 대화를 나누고 설득하는 작업을 서너 해나 지속한다. 어느 날 영조는 광통교에 나가 청계천 주변에 사는 사람들을 만났다. 영조가 "나는 그대들을 힘들게 하고 싶진 않다. 하지만 지금 보니 다리 아래가 심하게 막혀서 치워내고 싶은데 괜찮겠는가?"라고 묻자, 모인 사람들이 일제히 "모두 우리를 위한 일인데 누가 싫어하겠습니까?"라고 했다. 그러자 영조는 혹시 준천을 바라지 않는 사람이 있을까봐 물어보았다고 대답했다.

공사 현장을 누비며 주민과 직접 대화를 나누는 지도자, 사실 요즘도 쉽게 볼 수 있는 광경은 아니다. 더군다나 조선의 왕 중에서 이렇게 직접 백성을 찾아다니며 대화를 나눈 왕은 영조가 처음이었다. 마침내 1760년(영조 36) 2월 18일, 대망의 청계천 공사가 시작된다. 이날도 영조는 현장에 나가 직접 첫 삽을 떴다. 이런 의식 역시 조선에선 처음 있는 일이었다. 오늘날 공사를 시작하는 걸 '첫 삽을 뜬다'라고 표현하는데, 이 표현과, 착공식에서 첫 삽을 뜨는 행사가 영조의 청계천 공사 착공식에서 유래했을 가능성이 높다. 어쨌든 청계천 공사는 대성공으로 끝난다. 서울 전 지역에서 자원자가 몰려들었고, 인근 경기도 사람은 물론, 제주도 공인들까지 참여했을 정도다.

영조 그리고 리더

모두의 이익을 위한 아이디어 공유의 중요성

찬반 양론이 팽팽했던 청계천 공사가 이렇게 대성공으로 마무리될 수 있었던 건, 청계천 준설이 청계천 주변 사람들만의 이익이 아니라 서울 전체 주민의 이익이라는 점을 납득시킨 덕분이다. 우리는 보통 어떤 프로젝트를 시작할 때 예상 비용, 수익 등을 파악하는 데 많은 시간을 투자한다. 하지만 구성원으로 하여금 그 프로젝트가 궁극적으로 자신을 위한 것이라는 생각을 갖게끔 하는 데에는 소홀하기 쉽다. 인간은 어떤 프로젝트가 바로 자기의 일이고 자기에게 구체적인 이익이 될 때 자발적으로 참여하고, 창의와 혁신에 관한 아이디어를 쏟아내는 법이다.

영조는 이런 말을 했다. "마음 같아서는 공사를 밀어붙이고 싶다." 공사의 필요성과 정당성은 이미 충분히 확신했다는 뜻이다. 하지만 영조는 공감대가 확산될 때까지 기다렸다. 속이 타고 답답했을 것이다. 4년 동안 청계천만 생각하면 잠도 못 자고 밥도 제대로 못 먹었다고 한다. 그래도 영조는 꾹 참고 기다린다. 프로젝트는 성공으로 귀결되어야 의미가 있는 것이고, 가장 큰 성공은 모두가 그 이익을 공감하고 공유하는 것이기 때문이다. 그래야 성공이 그 프로젝트만의 성공으로 끝나지 않고, 다음 프로젝트의 기반이 된다.

밀어붙이면 프로젝트 하나쯤은 성공할 수 있다. 하지만 구성원은 지치고 불만은 누적되어, 다음 프로젝트는 추진의 탄력을 잃을 것이다. 청계천 프로젝트는 공감을 얻는 데 성공했기 때문에 그 이후 영조가 새로운 개혁 정책을 추진하는 데 큰 힘이 되었다. 영조는 노년에 이렇게 회고했다. "나의 가장 성공적인 업적은 바로 청계천 정비 사업이다." 이 말이 가리키는 바는 청계천의 물길을 뚫는 토목공사 하나에 국한된 게 아니었다.

영조가 민심 청취에 직접 나선 이유는?

사극에는 왕이 밤에 변장을 하고 서울 시내를 돌아다니는 장면이 종종 나온다. '미행(微行)'이라고 한다. 그러나 조선의 왕들은 거의 미행을 하지 않았다. 연산군의 비행을 부각하기 위해 『실록』에 몇 차례 등장하기는 하지만, 왕이 시정 감찰을 위해 돌아다닌 기록은 적어도 정사에는 없다. 비밀리에 했을 수도 있지 않을까 싶겠지만, 아마 그러지 않았을 것이다. 밤에 돌아다녀도 정작 할 수 있는 일이 별로 없었다. 가로등도 없고 깜깜한 밤에 통금으로 인적 드문 길에서 어떻게 민생을 살피겠는가? 무엇보다도 일단 위험한 일이었다.

궁 밖 민심을 적극 마주한 영조

그럼 왕들은 세상이나 민생과는 담을 쌓고 궁궐에서만 지냈을까? 그렇지는 않다. 신하들도 왕이 민생과 담을 쌓고 살기를 바라지는 않았다. 그들이 왕에게 거의 매일 하는 말이, 구중궁궐에서 편하게 해드리는 데에 익숙해져서 백성의 고초를 모르고 살아서는 안 된다는 얘기였다. 끊임없이 백성의 목소리에 귀를 기울이고, 고통에 민감해야 한다고 했다. 다만 왕이 직접 백성의 목소리를 듣는 것이 아니라 관료를 통해 들어야 한다고 했다. 그래서 여러 제도를 운영했다. 암행어사도 암행 감찰만이 목적이 아니었다. 암행으로 돌아다니며 왕을 대신해 백성의 솔직한 목소리를 듣고 왕에게 직접 전하는 게 주요 임무였다. 전국의 지방관, 공무로 출장 가는 관리도 수시로 백성의 사정을 살펴 전했다. 다만, 항상 그런 것은 아니고 왕의 허가가 있을 때만 그랬다. 무분별한 사찰이나 허위 보고를 방지하려는 목적이었다.

평가하기가 아주 애매한 제도, '풍문 탄핵'이라는 것도 조선 시대에 있었다. 사간원과 사헌부의 대간이 직접 확인한 것이 아니라, 소문으로 들려온 것을 가지고 탄핵하는 것이다. 아주 비합리적인 것으로, 법으로도 금지되어 있었다. 하지만 완전히 막진 못했다. 왜냐하면 정보라는 것이 결국은 사람을 통해 듣는 것인데, 그것을 조금 바꿔 말하면 결국 풍문탄핵이었다. 전화도 자동차도 없는 시대, 대간이 일일이 확인하다간 긴급한 민원을 해결할 수 없었기 때문이다. 그래서 부작용을 알면서도 운영의 묘라는 관점에서 적당히 용인한 것이다.

그런데 이렇게 왕의 눈과 귀를 관료들에게 의존하면, 관료들이 자기네 구미에 맞는 얘기만 전달하고 불필요한 정보는 차단하지 않을까 하는 의문이 생길 것이다. 그 어떤 왕보다 이런 문제에 예민했던 왕이 영조와 정조이다. 특히 영조는 왕이 되기 전까지 궁 밖에서 살아 이런 경우를 아주 많이 보았다. 그래서 영조는 특단의 대책을 세운다. 직접 행차하는 것이었다. 조선의 왕들은 미행은 고사하고 정상적인 외출도 잘 하지 않았지만, 영조는 부지런히 밖으로 나갔다. 영조는 총 909회, 한 달 반에 1회 꼴, 정조는 총 607회, 한 달에 2회꼴로 궁 밖 행차를 했다.

영조는 행차 때마다 지나가는 지역의 사대부, 지역 유지, 일반 백성 등 가능한 한 많은 사람을 직접 만났다. 그런데 이때 누구를 만난다고 미리 알리면 관리들이 또 중간에서 수를 썼다. 면담할 사람을 정해놓고, 할 이야기, 하면 안 될 이야기를 맞춰놓고, 말하는 것까지 연습시키는 경우도 허다했다. 영악한 영조는 이것도 예상하고, 행차 중 불시에 무작위로 관리를 지목해 마을 유지를 모아오게 했다. 파주 장릉, 즉 인조와 인열왕후의 능에 갔을 땐 자신이 깊이 신뢰하는 신하 박문수를 시켜서 주변 마을에서 즉시 민원을 수집해 오게 했다. 박문수가 '죽은 사람에게도 군포를 계속 받는다' '하천이 범람해 농지가 망가졌는데 방치해두고 있다' 등등 백성의 진짜 고충이 담긴 민원을 수집해 오자 그 즉시 해결하라고 조치했다.

영조가 백성을 빈번히 만난 두 가지 이유

그런데 왕이 아무리 열심히 백성을 만난다고 해도 과연 얼마나 만날 수 있을까? 출타하는 지역도 서울과 경기도 정도였고, 왕이 백성을 직접 만나 여론을 파악하고 민원을 처리한다는 것은 애초에 불가능한 일이었다. 조직이 커지면 업무 분담은 당연한 것이다. 제도와 관원을 통해 민심을 수집하는 게 실은 올바른 방법이다. 하지만 인의 장막, 편파 보고에 대한 방비는 해야 한다.

영조가 백성들을 열심히 만난 데는 두 가지 목적이 있었다. 첫째는 관리들의 편파 보고에 대한 경고이다. 1729년(영조 5) 영조가 서오릉에 행차한 김에 고양의 노인들을 만나겠다고 하자 도승지 조현명이 불평을 한다. "임금께서는 고양의 노인들은 기꺼이 만나주시면서 신들은 거절하고 만나주지 않으시니 오히려 우리를 하대하시는 것 같습니다." 그러자 영조는 즉시 이렇게 대꾸한다. "고양의 노인들은 당파를 짓지 않기 때문이다." 정파적 이익, 진영 논리를 앞세우면 판단과 행동이 왜곡될 수밖에 없다. 영조는 그것을 경계하고 '나는 진영 논리에 물들지 않은 순수한 사람들만을 만나겠다'고 과시한 것이다.

둘째는 왕인 자신이 주기적으로 백성을 만나 이야기를 듣고 세상 물정을 잘 알고 있으니 감히 속이려고 하지 말라는 메시지를 던지는 것이다. 실제로 영조의 행동에는 이런 사례가 많다. 1740년(영조 16) 춘당대에서 무과 시험이 거행된다. 박춘우라는 사람이 장원을 했다. 영조는 박춘우를 즉시 수령으로 임명하겠다고 하고, 이조참판인 신만에게 수령 자리가 비어 있는 고을을 묻는다. 신만은 기장과 사천이 비었다고 답한다. 그러자 영조는 버럭 화를 냈다. 기장과 사천은 해안 지방으로 무신을 수령으로 파견하는 곳이다. 서울에서 거리도 멀고 일하기도 힘든 곳이라 자기 당파 사람이나 아끼는 사람은 잘 보내지 않는 고을이기도 했다. 사실은 수령 자리가 빈 곳이 더 있었고 영조도 그 사실을 알고 있었지만 일부러 신만에게 물어본 것이다. 그리고 신만이 가깝고 인기 있는 지역은 빼놓고 보고하자 즉시 지적한 것이다. 이 일화는 주민을 면담한 경우는 아니지만, 그 취지와 일맥상통하는 사례라 하겠다.

결국 영조의 잦은 순행과 주민 면담의 진짜 목적은 관리들의 분발과 공정한 보고를 촉구하고, 궁극적으로는 관리들의 순시와 보고 시스템을 원활하고 정직하게 운영하기 위한 것이었다고 볼 수 있다.

영조 그리고 리더

센서의 경보를 진지하게 받아들이고 해석하는 능력

그런데 과연 이것이 전부였을까? 영조의 잦은 순행과 주민 면담에는 보다 더 근본적인 이유가 있었다. 조직에는 수천, 수만의 위기 감지 센서가 있는데, 진짜 중요한 건 센서의 작동 여부가 아니라, 그 센서의 경보를 진지하게 받아들이고 해석하는 능력이다.

수많은 리더들이 센서의 진동을 놓치는 이유는 지적 능력이 부족해서가 아니라, 현장에서 멀리 떨어져 있다 보니 공감하는 능력이 부족해지기 때문이다. 경보가 전달되려면 먼저 공감이 필요하다. 진정한 리더라면 민원을 직접 해결하기 위해서가 아니라, 센서의 진동을 함께 느낄 수 있는 '공감의 끈'을 놓지 않기 위해서 현장의 목소리를 들어야 한다. 이것이 바로, 리더가 부지런히 현장을 찾아야 하는 진정한 이유이다.

공공에 기여한 자에게 기회를!
: : 영조의 공신 활용법

조선 태종 때의 일이다. 원래 국가 차원의 큰 제사는 왕이 직접 주관하거나, 왕이 신하에게 향과 축문을 주고 대신 주관하도록 했다. 조선에서 제사는 그 무엇보다 중요한 행사였다. 그래서 왕이 향과 축문을 줄 때도 상당히 엄숙하고 경건한 의식을 거쳤다. 대개 근정전 월대(月臺)에서 왕이 담당 관원에게 향과 축문을 전해주는데, 향과 축문은 신에게 바치는 것이기 때문에 왕도 존중의 뜻으로 꿇어앉아 신하에게 전달했다. 그런데 왕이 무릎을 꿇으니 신하는 더 낮춰야 했다. 신하들은 문에 들어서자마자 바짝 엎드려 기다시피 왕에게 다가와 무릎을 꿇고, 그 후에 일어나 축문을 받았다.

비록 신하라고는 하지만 나이 든 대신이 이를 수행하는 경우도 있었기에, 그런 모습은 왕이 봐도 안쓰러웠을 것이다. 태종의 인품은 무섭기도 하지만 화끈한 데도 있었던지라, 문에 들어와 엎드리는 걸 그만두라고 지시했다. 그런데 신하들이 태종의 말을 오해한다. 땅에 엎드리지 말라는 말을, 일어서도 된다는 말로 이해한 것이다. 태종은 무릎을 꿇고 엄숙하게 향축을 들고 있는데, 신하들은 터벅터벅 들어와서 떡하니 서더니 그대로 향축을 받은 것이다. 그것도 카리스마의 화신, 태종 앞에서! 태종은 "내가 왕이 된 지 16년째인데 이런 어이없는 일은 처음이다"라며 기막혀했다.

당장 징계 처분이 내려졌다. 왕의 명령을 잘못 전달했다는 명목으로 대간들만 파면되고, 정작 서서 향축을 받은 대신들은 처벌을 면했다. 그들은 개국공신이었기 때문이다.

공신 제도 합리화를 위한 영조의 대책

요즘에도 공신이란 말을 많이 쓰지만, 조선 시대의 공신은 그냥 공을 세운 신하 정도가 아니다. 공신이 되면 맹세 의식을 하는데, 이때 작성하는 맹세문을 보면 '서로 비방하지 말고, 의심하지 말고, 신의로 사귀고 부귀를 다투어 서로 해치지 말며, 이익을 다투고 이간하지 않는다. 어려운 일을 당하면 서로 돕고 부조한다'고 되어 있다. 제일 중요한 말은 '자손 대대로 이 맹약을 지킨다'이다.

그래서 공신들은 반역죄만 아니면 거의 처벌을 받지 않았고, 그 자손들에게도 관료가 되는 데에 여러 가지 특혜를 주었다. 그런데 시간이 지나자 문제가 생긴다. 후손은 자꾸 늘어나기 마련이고, 전쟁이나 정국을 뒤바꾸는 중요한 사건이 생기면 또 새롭게 공신이 책봉된다. 그러다 보니 시간이 흐를수록 공신이 너무나 많아졌고, 나중엔 공신 아닌 사람은 작은 관직 하나도 얻기 힘들어졌다.

영조 때에도 이런 문제에 직면했다. 영조는 일단 공신 제도 자체는 부정하지 않았다. 오늘날의 정치사회에서도 공신과, 그에 대한 보상 행위가 논란이 되고 있다. 너나없이 문제가 많다고는 하지만, 없애기는 좀처럼 쉽지 않다. 공신 제도가 지닌 순기능적인 요소가 있기 때문이다. 논공행상은 조직 운영에서 어쩔 수 없이 존재해야 하는 요소이다. 이건 우리나라뿐 아니라 세계 모든 나라가 안고 있는 고민이다. 그래서 근절보다는 현명한 운영이 필요하다. 현대와 같은 민주사회도 아니고, 수백 년간 공신 중심으로 국가를 운영해온 조선 시대는 오죽했겠는가?

조선에는 주기적으로 공신의 후손을 등용하라는 특별 명령을 내리는 관행이 있었다. 그런데 영조는 이때 공신만이 아니라 훌륭한 현인, 청백리, 전쟁에서 사망한 국가유공자까지 끼워 넣었다. 사실 공신이란 정치적으로 공을 세운 사람이다. 영조는 여기에 왕과 정치집단만이 아니라, 국가와 국민에게 공을 세운 사람까지 포함한 것이다.

한편 특혜 등용의 대상을 후손 전체에서 적장자손으로 제한했다. 그뿐만 아니라, 그들이 특혜를 받을 수 있는 횟수도 제한했다. 이전에는 무한정이었는데, 공신의 종류에 따라 5대에서부터 3대까지로 제한한 것이다. 이렇게 하면 특혜 대상자가 거의 10분의 1 이하로 줄어들게 된다.

아울러, 적장자손이라고 해도 '능력이 없는 자는 등용하지 않는다'고 해서, 합당한 능력과 자격을 갖춘 사람만 등용한다는 원칙을 엄격하게 적용했다. 이것은 아주 중요한 원칙이다. 특혜 등용이긴 하지만, 사실상 국가유공자에 대한 가산점 제도와 비슷한 것으로 바꾼 것이었다. 공신이라고 해도 자기들끼리 파당을 짓거나 당파를 만드는 건 용납하지 않겠다는 엄포이기도 했다.

영조 그리고 리더

능력이 없는 자는 등용하지 않는다

이런 영조의 대책에 대하여 여러 의견이 있을 수 있다. 왜 아예 공신 제도를 폐지하지 않았느냐? 특혜 자체를 없애는 게 맞지 않느냐? 이렇게 생각할 수도 있겠다. 하지만 역사를 이해할 때는 시대적 한계를 인정해야 한다. 석기 시대 사람에게 왜 총을 사용하지 않았느냐고 비판할 수는 없다. 이런 현실을 감안하고 보면, '한 개인을 위한 공신이 아니라 조직을

위한 공신이 중요하다' 그리고 '보상으로 시행하는 인사에서
도 해당자의 능력을 고려해야 한다'는 영조의 대책은 오늘날
에도 많은 시사점을 던져준다.

1739년(영조 15) 음력 1월 28일, 선농단 동남쪽 적전(籍田; 현 서울
동대문구 제기동)에서, 진행 인원만 1000명이 넘는 대규모 행사가
진행되었다. 행사를 구경하는 군중의 수는 셀 수 없이 많았다.
음악이 연주되는 가운데 영조가 소 두 마리가 끄는 쟁기를 잡고,
모두 다섯 차례 밭 가는 동작을 취했다. 뒤이어 정승과 종친들
이 일곱 차례 쟁기질을 했고, 그 뒤에 판서 이하 신하들이 아홉
번 쟁기질을 했다. 그리고 일반 백성들이 100묘에 이르는 밭을
전부 갈았다. 이 의식이 끝나고 행사에 참여한 모든 사람들에게
음식과 술을 내렸다. 바로, 국왕이 직접 농사짓는 모범을 보이는
'친경례'의 광경이다.

반대를 무릅쓰고 친경례를 부활시킨 영조

친경의 유래는 중국 한나라 초기로 거슬러 올라간다. '농사는 천하의 근본이기 때문에 황제가 친히 농사를 지어 종묘의 제물을 마련한다'는 의미였다. 고려 때는 3회 정도 치러졌고, 조선 시대에는 성종 때인 1475년(성종 6) 처음으로 친경례가 시행되었다. 다만 조선 시대를 통틀어 친경은 15회 정도만 이루어졌고, 광해군이 마지막으로 친경한 후 120년간 폐지된 상태였다.

죽은 이벤트를 발굴하는 능력이 있었던 영조는 이 친경 행사도 부활시켰다. 영조는 재위 기간 중 가장 많은 친경례를 행했고 의식 절차도 재정비했다. 1739년, 영조가 친경 행사를 부활시키겠다고 하자 신하들은 극구 만류했다. 영의정 이광좌는 "백성을 편안하게 하는 근본은 오로지 농사를 권장하는 데 있습니다. 그러니 백성들이 농사짓기에 편한 환경을 만들어주어서 효력이 나타난 다음 친경례를 거행한다면 백성들도 전하의 뜻을 이해할 겁니다"라고 했다. 지평 윤득경도 '친경은 겉치레가 될 뿐이니 실속에 힘쓰십시오'라는 내용의 상소를 올렸다.

대놓고 하지 말라고는 못 하고 에둘러 만류하는 모습이었다. 신하들이 이렇게 친경 행사를 반대한 이유는 무엇이었을까? 당시 조선은 가뭄이 계속돼 농사짓기가 힘든 상황이었다. 이런 상황에서 성대한 국가 행사를 추가하는 것은 국가 재정상 문제가 될 게 뻔했다. 행사에는 막대한 비용이 들어간다. 영조의 친경 행사에 들어간 돈만 해도 1만 냥에 달했다. 베는 1만 필이

들었으며, 쌀도 수백 석이 소모되었다. 겉치레 행사보다는 실속 있는 일에 집중하자는 신하들의 말도 일리가 있어 보인다.

하지만 영조가 그 정도 만류에 무너질 인물이 아니었다. 친경은 겉치레라는 신하들의 반대에 영조는 똑같이 '겉치레론'으로 응수한다. "내가 해마다 권농교서를 내렸지만 겉치레가 될 뿐 실효가 없었다. 이에 내가 직접 쟁기를 잡고 실천하는 모습을 보여 백성들에게 권장하려는 것이다. 이번 일은 백성을 위하는 데 뜻이 있는데 어찌 조금이라도 겉치레의 마음이 있겠는가."

논쟁을 벌일 때는 상대의 주장과 논리로 받아치는 것이 토론의 정석이다. 농사짓기 편한 환경 조성, 겉치레보다는 실속. 좋은 말이지만 이전 400년간 조선의 권농 정책은 상당수가 겉치레였다. 영조가 지적한 권농교서, 매년 내리는 윤음, 가뭄이나 흉년이 들면 애통해하는 교서. 이런 것이 실속이 있을 리 없다. 영조는 이 토론에서 승리했고, 친경 행사를 강행했다.

1739년 1월 28일, 영조는 선농단에서 제사를 주관하고 친경례를 거행했다. 행사에 참여한 신하들에게 잔치를 베풀고 의식 진행을 도운 농부와 노인들에게 위로주를 내렸다. 경범죄자도 석방했고, 행사에 참여한 사람들에게 이런저런 상을 내렸다. 무사와 군병들을 위로하기 위해 활쏘기 시험도 보았고, 3월에는 문사와 무사 시험을 진행했다. 응시한 사람이 1만 6000명이나 되었는데, 당일에 모두 10명의 합격자를 발표했다.

영조는 친경 행사의 부활에 커다란 자부심과 보람을 느

껐다. 그래서 이 행사의 절차를 기록한 『친경의궤』까지 편찬한다. 하지만 의문은 남는다. 이 행사는 과연 권농교서와 다르게, 들어간 비용만큼의 의미와 실효성이 있었을까?

영조가 바랐던 것

영조는 친경 행사를 통해 조선의 전통과 정체성을 확립하고자 했다. 영조 때의 조선 사회는 이미 상업과 도시가 발달하기 시작해 수도 서울로 인구가 집중되는 등 많은 변화가 있었다. 조선은 농업을 국시로 택할 만큼 비중을 두었지만 이 시기엔 이미 농업만으로는 원활한 국가 운영이 쉽지 않은 상태였다. 상업의 발전과 변화를 주장하는 선각자도 있었지만 많은 사람들이 사회 변화에 대한 거부감과 불안감, 상실감을 품고 있었다.

영조는 친경을 부활시키되 그것이 낡은 전통의 반복으로 끝나는 것을 방지하기 위해, 근엄하기만 했던 행사에 축제적인 성격을 더했다. 그래서 감옥의 죄수를 석방했고, 과거 시험도 열었던 것이다. 조선 사회는 축제 문화에 인색했다. 농업에서 이윤을 극대화하는 방법은 근면과 절약이라고 생각했던 탓이다. 반면 유럽에서는 도시는 물론이고 농업이 중심인 작은 읍 규모의 마을에서도 전통적 축제를 치르는 곳이 많았다. 도시는 상공업과 무역의 중심이기에 당연하고, 농촌 마을도 이미 농산물이 상업과 연결되어 소비와 교류의 장이 활성화되었기 때문이다.

조선 후기 사회는 상공업이 확산되며 전통 농본 사회로

부터 변화하고 있었지만 사람들의 관념은 쉽게 바뀌지 않았다. 상공업이 농업 발전의 적이자 망국으로 가는 길이라고 한탄하는 사람도 많았고, 상공업의 가능성과 재산 증식 능력을 보면서 더 절약하고 검약하면 상공업이 발전할 것이라고 생각하는 사람도 많았다. 농업적 마인드로 상공업을 본 것이다. 이런 현상은 사실 유럽에서도 마찬가지였지만, 고정가치와 고루한 생각은 사회의 행동이 변해야 바뀔 수 있는 것이었다. 그런 바뀜을 주도할 수 있는 것이 축제 문화다.

영조의 가치관이 어디까지 나아갔는지는 분명하지 않다. 그러나 농업을 권장한다는 취지에 비해 실효성은 부실하고 돈만 많이 드는 소비성 행사라는 이유로 폐기되었던 친경 행사에 축제를 결합한 것은, 영조 같은 감각을 지닌 사람만이 할 수 있는 결정이었다.

영조 그리고 리더

시대 변화를 감지하는 리더의 감성

우리는 흔히, 전통이란 개혁의 적이라고 생각하곤 한다. 물론 개혁적 리더라면 전통과의 결별, 단절에 많은 시간과 노력을 들여야 한다. 하지만 그렇다고 해서 전통에 대한 긍지와 자부심까지 적으로 돌려야 할까? 독일 자동차 회사 BMW의 엠블럼은 프로펠러를 상징한다. BMW의 전신이 프로펠러 공장이었던 것에 대한 기억이다. 프로펠러는 자동차와 무관한 상징이지만, '역사에 대한 기억'이 '변화와 발전에 대한 자부심'과 '기업 정신'으로 연결된 것이다.

리더가 시대를 앞서가는 인문학자나 경제학자가 될 필요는 없다. 그러나 리더, 특히 기업의 리더가 앞서갈 수 있는 부분이 바로 현장에서 오는 감각이다. 그런 감각도 여러 가지가 있는데, 친경에 축제를 더하는 것과 같은 시대의 변화를 감지하는 감성은 오늘날과 같이 급변하는 사회에서는 더욱 중요하다. 권위적이고 경직된 조직문화는 위에서 먼저 깨지 않으면 여간해서 깨어지지 않는다. 직원에게 창의를 요구하기 전에 리더가 먼저 감성을 발휘하자. 앞으로는 분명 패션이나 문화 사업같이 본질적으로 감성이 발휘되는 영역의 기업뿐 아니라, 감성과는 무관해 보이는 기업에서도 리더의 감성이 살아 있는 기업이 앞서갈 것이다.

면접을 보거나 시험을 볼 때 떨리는 가슴을 진정시키려고 '청심환'을 먹는 사람이 지금도 많다. 청심환은 중국 송나라 때 처음 처방이 알려진 약인데 정작 조선에서 더 사랑받았으며, 기능 역시 부풀려졌다. 이 약은 원래 심장약으로 개발된 것으로, 심장의 열을 풀어주고 마음을 시원하게 해준다고 해서 청심환이란 이름이 붙었다.

처음에는 중국에서 수입하여 보급했는데, 수요가 늘다 보니 고려 시대에는 국내에도 제조법이 알려지기 시작했다. 그 뒤 조선 시대에 청심환은 독자적인 발전과 개량을 거쳤다. 기록의 부재 탓인지, 정말 그 이전의 제약사가 부실했던 탓인지는 알 수 없지만, 조선 후기가 되면 청심환에 이어 다양한 조선제 신약들이 등장한다. 여기서 더 발전하여, 같은 증세를 다스리는 여러 가지 약이 등장해서 경쟁하게 된다. 그런 약품 중 하나가 척서단(滌暑丹)으로, 경쟁 약은 광제단, 제중단, 향유산이 있다.

이 약들의 정체는 일사병 치료제이다. 더위를 먹었을 때 구토를 완화해주고 몸에 기운을 돋우어준다고 했다. 조선의 백성들은 한여름 뙤약볕 아래에서 힘든 농사일을 몰아 해야 했다. 장마를 대비하려면 도로와 축대, 성벽, 담장도 미리미리 보수해야 했다. 이런 한여름 노동은 체력 소진과 일사병을 불러왔다. 이런 이유로 일사병 치료제가 각광을 받았던 것 같다. 향유산 외에는 정확한 성분이 알려지지 않았지만, 아마 약의 재료에 따라 가격과 효능에 조금씩 차이가 있었으리라 짐작된다.

정조가 신약을 개발한 이유

이런 약들 중 척서단이 특히 주목해볼 만하다. 정조의 명령으로 궁에서 개발한 신약이기 때문이다. 척서단을 개발한 계기는 바로 화성 건축이었다. 일꾼들의 일사병을 치료, 예방하기 위해 개발했다고 한다. 더위를 먹어 호흡이 가빠지거나 열이 나면, 증세에 따라 1정 또는 2분의 1정을 맑은 물에 타서 마시도록 했다. 1794년(정조 18) 6월 25일, 화성 건축 현장의 일꾼들에게 척서단 4000정을 지급했다는 기록이 있다.

정조는 왜 특별히 신약까지 개발해 인부들에게 제공했던

것일까? 조선 시대 평민들은 하루에 두 끼 먹기도 힘들었다. 평소에 영양이 부족할 수밖에 없었기 때문에, 특히 혹서기에 일할 때는 일사병의 위험이 더 컸다. 그래서 약을 준비할 필요가 있었던 것이다.

일반 대중과 빈민에게 약은 비쌌다. 돈이 있다고 해서 쉽게 살 수 있는 물건도 아니었다. 약품의 재료로 귀한 소재가 많이 들어갔다. 향유산을 예로 들면, 증세에 따라 인삼뿐 아니라 빈랑, 정향 같은 열대 지방에서 나는 향료까지 들어갔다. 이런 약을 대량 제조해 일반 인부들에게 공급하기가 쉽지 않았다. 그래서 공사장에서 일사병 환자가 발생하면 거의 방치하거나 그늘에서 쉬면서 체력을 회복하게 하는 정도의 조치밖에 할 수 없었다.

'혹서기에는 공사를 중단하면 되지 않느냐?'라고 반문할지도 모르겠다. 교통이 불편했던 이 시대에는 공사를 중단했다가 다시 시작하는 것이 더 큰 고역이었다. 수십 리를 걸어 집으로 오고 가는 중에 일사병에 걸릴 위험도 높았고, 또 이들 대부분이 하루 벌어 하루 먹고 사는 일용직이라서 고향으로 돌아가도 먹고살 길이 막연했다. 백성들의 이런 고충을 잘 알고 있었던 정조는 어느 날 한 가지 깨달음을 얻었다.

"불볕더위가 이러한데, 화성의 건설 현장에서 공사를 감독하고 공사에 종사하는 많은 사람들이 끙끙대고 헐떡거릴 모습이 눈앞에 어른거려서 잠시도 쉼 없이 밤낮으로 고민하게 된다. 음식이 제대로 넘어가지 않고 잠도 오지 않는다. 그러나 내가 이처럼 고민하고 고통받는다고 해서 속이 타는 자의 가슴을 축여주고 더위 먹은 자의 열을 식혀주는 데 무슨 보탬이 되겠는가?"

조선 시대 수많은 왕과 위정자들은 혹서기나 혹한기가 오면 백성을 걱정하는 위민가를 불렀다. 백성의 고통을 생각하며 눈물을 흘렸다는 기록도 있고, 차마 밥이 넘어가지 않는다, 잠을 잘 수 없다는 기록은 수도 없이 많다. 그러나 대책은? 대부분 그러니 내가 정치를 더 잘해야 하겠다, 오락과 음식을 줄이겠다, 항상 마음가짐을 올바르게 하겠다는 식의 결론뿐이었다. 물론 이런 고민이 정책으로 표현되는 경우도 있지만, 그마저도 정책의 범주 안에 있는 대책인 경우로 한정되었다. 즉, 정책으로 해결할 수 있는 주제가 미리 정해져 있었다. 일사병 같은 주제는 이미 해결 불가능한 주제, 손을 댈 수 없는 주제의 범주에 있고, 이런 주제일수록 감상적인 위안으로 끝나는 경우가 많았다.

정조는 그 감상의 벽을 넘어서 실질적인 조처를 고민했고, 그중 하나가 일꾼들에게 약을 제공하는 것이었다. 하지만 약은 너무 비싸고 약재를 조달할 방법도 없었다. 해결 방법은 단하나, 대량 제조가 가능한 새로운 재료와 처방을 개발하는 것이었다. 그래서 정조는 척서단을 만들었던 것이다. 정확한 성분은 알려지지 않았지만 싸고 대량 제조가 가능했던 건 분명하다. 더욱이 척서단은 '환' 형태였다. 탕제로 복용하던 보통의 한약은 공사 현장에서 응급약으로 사용하기가 어려웠다.

조선 시대에 약은 정말 구하기 힘든 물품이었다. 돈이 문제가 아니라, 권력자나 양반과 연줄이 닿아야만 구할 수 있었다. 약은 국왕의 특별한 선물에 사용될 정도로 귀한 것이었다. 임금은 매년 동지 뒤 세 번째 미일(未日)을 '납일(臘日)'이라고 해서, 조상이나 종묘 또는 사직에 제사를 지내는 날에 내의원에서 제조한 청심원, 소합원, 안신원 같은 약을 관료들에게 하사하곤 했다. 약을 구할 수 있다는 것 자체가 일종의 특권으로 인식되었던 것이다. 수입 약재가 들어가는 귀한 약이라면 더 말할 필요도 없었다. 그런데 화성 공사에 참여한 인부들에게, 물론 성분은 좀 다르긴 하지만 왕이 하사한 약이 배포된 것이다. 당시 인부들의 사기가 얼마나 높아졌을지는 더 말할 필요가 없겠다.

정조 그리고 리더

실용 추구와 합리적 사고로 불가능을 극복하라

척서단이 주는 교훈은 대량생산의 한계를 연구와 기술로 극복해냈다는 데 있다. 오늘날의 시각에서 보면 너무나 당연한 발상 같지만, 조선 시대에 이러한 시도는 상당히 획기적인 발상의 결과였다. 그리고 더 중요한 점은, 이것이 단지 백성의 고통을 덜어주겠다는 애민 정신에서 나온 것이 아니라는 사실이다. 작업의 능률, 생산성 같은 근대적이고 합리적

공감과 참여의 리더십 : 진심 그리고 한계

인 사고의 소산이었던 것이다.

화성 건설은 임금제 고용 노동을 체계적이고 대규모로 시행한 최초의 공사였다. 그로 인해 공사비는 예상보다 3배 많이 지출됐지만, 10년을 예상했던 공사 기간을 2년 8개월로 단축할 수 있었다. 합리적인 경영의 힘이었다. 여기에는 임금만이 아니라 척서단의 제공과 같은 복지 정책도 큰 역할을 했다. 척서단은 실제로 환자 치료뿐 아니라, 인부들의 사기와 자부심을 높이는 데도 크게 기여했다.

기술로 난관을 극복하려는 시도, 구성원들에게 신분을 뛰어넘는 혜택과 긍지를 부여하려는 시도, 오늘날에 보자면 너무 당연하고 진부한 이야기일까? 아니, 그렇지 않다. 세계는 빠르게 변하고 우리에게는 항상 새로운 과제가 닥친다. 정조의 사례는 현대인에게는 너무 쉽고 간단한 일처럼 느껴지지만, 우리에게 정말 필요한 것은 약을 제조하고 나눠주는 발상 그 자체가 아니다. 바로 이 순간 우리 앞에 놓여 있는 불가능해 보이는 과제에 대해, 정조와 같이 실용을 추구하는 고민과 합리적인 사고로 도전하는 자세, 바로 거기에 주목해야 한다.

1800년(정조 24) 2월 2일, 궁궐에서는 국가적인 큰 행사가 벌어진다. 후일 순조가 되는 세자의 책봉식. 고관대작부터 말단에 이르기까지 창경궁 집복헌 바깥채에 모두 모여 이 광경을 지켜보았고, 정조는 축하 교서를 발표했다.

"왕업을 이어갈 사람으로 세자를 책봉하고 관례를 거행한 것을 온 세상에 알려서 경사스러운 일을 함께하려 한다. 400년 역사의 나라는 세자와 함께 더욱 공고해질 것이며 모든 복이 온 누리에 퍼질 것이다."

책봉식이 끝난 뒤 정조는 행사에 참석한 신하들과 인사를 나누는 자리에서 한 가지 제안을 했다.

"이번 왕세자 책봉은 국민 모두가 축하하는 큰 의미를 지닌 것이지만 행사 자체는 매우 간소하게 진행되었다. 국가 운명을 영원토록 공고히 하는 기본이 사실은 백성들을 화합하게 하는 데 있기 때문에, 이번 기회를 통해 서울, 지방 할 것 없이 모두에게 균등하고 실질적인 혜택을 베풀고 싶다. 경들이 그 방법을 강구해보라!"

공평을 추구한 정책은 또 다른 불평등을 낳고

정조의 주문에 영의정 이병모가 묵은 환곡을 탕감해주는 게 어떻겠냐고 말을 꺼낸다. 정조는 실질적인 혜택이 되기에 부족한 점이 있다며 반대한다. 서울 주민에게는 부역 문제가, 지방 주민에게는 세금 문제가 더 큰 걱정거리인데, 그런 것들을 해소해주는 데에 미치지 못한다는 게 이유였다. 정조는 무엇보다 빠짐없이 골고루 혜택을 입게 하는 것이 핵심이라고 덧붙였다. 대신들과의 논의 끝에 정조는 이렇게 결정한다.

"경사 때마다 해오던 전례에 따라 관료들은 나이 70세, 일반 양반은 나이 80세인 자로서 당상관 품계에 이르지 못한 자들을 모두 한 품계씩 올려주고, 각 도의 묵은 환상곡 30만 섬과 공인(貢人)들의 묵은 유재(遺在) 1만 섬, 그리고 시전 상인들의 부역 3개월, 반인(泮人)들의 부역 30일씩을 탕감할 것이다. 또 군전(軍錢)·결전(結錢)·승역(僧役)·세전(稅錢)·공전(貢錢)도 수량을 나누어 감면해줌으로써 온 국민에게 복을 내리는 뜻을 표하고, 이어 국가에 바라고 있는 여정에 보답하도록 하라."

원래 세자 책봉식 같은 국가적인 경사는 국민들과 함께 하기 위한 행사이기 때문에 교서를 선포해서 사면령도 내리고 과거 시험을 시행해 인재를 등용했다. 때로는 국민 단합의 기회로 삼기 위해 여러 혜택을 베풀기도 했다.

대신들과의 의논 끝에 정조가 내린 결정은, 정조가 주장했던 대로 온 국민에게 혜택이 돌아가는 조치였을까? 정조가 가장 방점을 찍었던 부분이 '공평한' 정책이었다. 하지만 이 공평하다는 정책이 실제로는 또 다른 불평등을 야기했다. 환곡 탕감이든 세금 탕감이든 부역 감면이든, 이런 탕감은 환곡을 열심히 갚았던 사람이나 환곡을 아예 안 썼던 사람에게는 불공평한 일이다. 또 양반이나 관료들의 품계를 올려준 것도 불공평한 일이다. 선대 임금들이 해왔던 관행이라고 하지만, 관료는 이미 넘쳐났기 때문이다. 품계 높은 사람도 너무 많았다. 이미 은퇴한 사람에게만 품계를 올려주거나, 더 이상 올려줄 상황이 안 되면 그 아들이나 친척에게 적용해주는 제도도, 결과적으로 고위 관료 집안에만 실질적인 혜택이 되고 말았다.

각종 세금 감면도 국가적인 경사를 함께 축하하고 혜택을 받게 한다는 취지는 좋지만, 그러기에는 조선의 재정에 여유가 없었다. 감면 대상의 일부는 지방의 재정인데, 조선 후기 지방 재정을 조달하는 방식은 대개 '지방에서 알아서 해라'였다. 국가적인 경사에 국민들에게 골고루 혜택을 주겠다는 것은 정말 좋은 발상이지만, 세금 감면은 지방 재정으로 들어가야 하는 자금을 지방 관청이 걷지 못하게 하는 결과를 가져왔다. 이에 지방 관청 입장에서는 복지 사업을 끊거나, 아니면 다른 방식으로 재원을 뜯어내야 하니 결국은 마찬가지였다.

그런데 가만히 생각해보면 '전 국민에게 실질적이면서 공평한 혜택'이라는 슬로건 자체가 모순이다. 그래도 정조는 정말 엄청나게 고민하고 노력했다. 그 노력은 인정해줘야 한다. '아직 혜택을 받지 못한 사람이 있을까?' 고민하고 또 고민했는데, 그러다가 떠오른 게 각종 역모 사건이다. 역모 사건이 터지면 아무래도 처벌이 가혹해져서 관련 여부가 불분명한 공모자들에게도 심한 처벌을 내리기 마련이었다. 그래서 정조는 '옳다구나' 하며, 주모자가 아닌 공모자급 관련자들에게 사면령을 내린다.

사실 이 당시의 사면령에는 숨은 의도도 있었다. 자신의 지지 세력을 늘리고 당쟁을 완화하려는 것이었다. 하지만 당쟁 완화는커녕 사면령 때문에 서로를 더 경계하게 되었고, 상대에게 더 공격적이 되어서 당쟁은 더 치열해졌다. 이렇게 말하면 정조에게 미안하지만, 정조는 전 국민에게 골고루 혜택이 돌아가게 한다는 굉장히 아름다운 목표를 잡고 소외된 사람이 한 명도 없게 하려고 정말 고민했으나, 결과는 예상을 벗어났다. 이유는 무엇일까?

정조가 내린 구휼책을 기록한 〈유경기민인윤음(諭京畿民人綸音)〉. 1783년 경기도에
흉년이 들자 그곳의 진휼 및 환곡, 군향의 면제 등을 명하는 내용을 담았다.

정조 그리고 리더

합리적인 메커니즘의 마련을 돕는 본질적 지원을
모든 사람에게 골고루 혜택이 돌아가게 한다는 것은 훌륭
한 목표이다. 하지만 여기서 한 가지 간과하게 되는 것이 있
다. 인간은 사회적 동물이고, 인간의 사회적 관계는 상당수
가 소금 장수와 우산 장수처럼 대립적인 위치에 있다는 점이
다. 그래서 한두 가지 방법으로 전체를 만족시킬 수 없고, 어

떤 정책이든 얻는 자가 있으면 잃는 자가 있기 마련이다. 그렇기 때문에 정책을 통해 인위적인 특혜를 주거나 억지 균형을 맞추는 게 아니라, 합리적인 메커니즘을 마련할 수 있도록 지원하는 것이 근본적으로 필요하다.

조직에서도 마찬가지이다. 조직 운영에서도 억울한 사례들을 개별적으로 들어주거나 기계적인 포상 규정을 만들기보다는, 구성원들끼리 합리적으로 문제를 제시하고 대안을 만들어가는 메커니즘이 원활하게 돌아갈 수 있도록 기반을 만들어주는 것이 중요하다. 일방적인 기계적 포상 규정은 균형을 왜곡할 수 있고, 연구나 카운슬링 같은 분야는 일방적 실적주의나 계수화된 수치로 평가하기 힘든 경우가 많기 때문이다.

정조가 전 국민을 대상으로 다양한 케이스를 상정하고, 거기 맞는 방식의 맞춤형 포상 제도를 만들어낸 노력은 높이 평가해야 한다. 하지만 복잡다단한 현대사회에는, 정조 때보다도 더 많은 노력, 더 많은 합리성이 필요하다. 오늘날 우리의 조직에서는 포상이 어떻게 이루어지고 있는지 점검해볼 필요가 있겠다.

근래 우리 사회에서는 이른바 '금수저' 논란이 뜨거웠다. 조선시대에는 어땠을까? 금수저의 독식이라면 오늘날보다도 훨씬 더 노골적으로 진행되었을 것 같지만, 의외로 그렇지 않은 측면도 있다. 예를 들면, 아버지와 아들이 모두 정승을 역임하는 경우는 극히 드물었다. 부자 정승으로 보이는 사례는 대개가 사후에 관직이 추증된 경우이다.

형제가 모두 과거에 급제한 사례도 적었다. 아들 3형제가 모두 급제하면 가문의 영광을 넘어서 전설이 되었다. 성종 때 광주 이씨 가문은 이극감, 이극돈, 이극배, 이극균, 이극증 등 무려 8명이 동시에 정계에서 활약해 화제가 되었다. 조선사에 길이 남을 만한 가문의 영광이었다. 그런데 이처럼 형제들이 동시에 관료가 되자 문제가 생겼다. 8명에게 내려줄 관직이 별로 없다는 점이었다. 왜 그랬을까?

좋은 취지의 제도, 그러나 그 운용에선 난맥상이

조선 시대에는 부자, 형제, 사촌, 처가, 외가 쪽 친척들까지, 이해관계가 걸린 관직에 함께 재직하지 못한다는 법이 있었다. 서로 피한다는 의미로 '상피'라고 했다. 과거 시험을 볼 때 아버지나 형이 시험관이면, 아들이나 동생이 그 시험에 응시생이 될 수 없는 식이었다. 이런 상피 관계를 제대로 파악하지 못하고 인사 명령을 내리면 인사 담당자가 탄핵을 당하고 징계를 받았다. 아주 훌륭한 제도이다. 조선은 상피를 적용하는 관직을 계속 확대해 나갔다. 그 과정에서 이런저런 문제가 발생했다.

관찰사와 수령은 법적으로 서로 상피 대상이다. 그런데 경상도같이 큰 도의 경우 군현이 50개가 넘었다. 요즘처럼 공무원 수가 많은 사회에서야 어려움이 없을 수도 있지만 당시에는 지금보다 관료 수가 적었다. 상피 대상이 되는 관직을 늘려가자 그것을 감안하여 임명하는 작업에 골머리를 앓게 되고 인사 한 번 하기가 쉽지 않았다.

상피 대상이 되는 친인척의 범위가 너무 넓어진 것도 문제가 되었다. 일단 족보를 파악하기가 쉽지 않았다. 컴퓨터도 없고, 전화도 없고, 서류 발행도 지금처럼 쉽지 않은 시대였다. 관료 한 명을 임명하려면 그의 친척에 처가와 외가까지 파악해야 하니, 인사 담당 관리가 인사 대상자 한명 한명의 족보를 꿰고 있어야 했다. 지금이라면 컴퓨터로 금세 조회할 수 있지만, 당시로선 보통 힘든 일이 아니었다. 게다가 수령의 평균 재임 기간이 1년도 안 되었기에 인사 때마다 관직 전체에 연쇄 이동이 벌어졌다.

상피 제도 악용 사례도 빈발

정말 보통 일이 아니었다. 그래도 정의 사회를 위해서라면 여기까지는 참을 수 있는데, 엉뚱한 일이 발생한다.

당시 과거는 선비들에겐 일생이 걸린 시험이었다. 1차 시험은 군현에서 보는데, 응시율이 낮아서 급제가 쉬운 군현이 있고, 그 반대인 군현도 있었다. 응시생들이라면 당연히 급제가 쉬운 군현에서 응시하고 싶을 것이다. 한때 우리 사회에서도 운전면허를 따기 위해 합격이 쉽다는 지방을 찾아가 응시하는 일이 벌어졌던 적이 있다. 조선은 법적으로 자기 주소지 이외의 지역에서 응시하는 것을 금지했다.

이때 상피가 이 제한을 빠져나가는 핑계가 되었다. 상피법에 따라 부자, 형제, 사촌이 함께 시험을 볼 수는 없다는 규정을 구실로 급제가 쉬운 다른 군현에 가서 시험을 보는 편법이 쓰였다. 이건 약과였다. 모두가 훌륭한 제도였다고 생각하는 암행어사의 사례를 보자. 암행어사를 파견하려면 한 도마다 수십 명의 수령과 족보를 대조해야 한다. 처가에 외가까지 상피에 걸리니 여기저기 일가친척이 재직하고 있는 군현을 피해 가야 했다. 만약 관찰사와 상피가 걸리면 부지사 격인 도사가 어사를 대신해 감찰을 했다. 『춘향전』에서 이몽룡이 남원에서 어사 출두를 하고 춘향이를 구하는데, 이것도 따지고 보면 상피에 걸린다. 그 이전에 이몽룡의 아버지가 남원 부사를 했는데, 아버지가 전에 수령으로 재직했던 지역을 아들이 감찰할 수 없기 때문이다.

조선 후기가 되면 양반층이 크게 늘고 관료군도 증가한다. 그러면 상피 적용 대상이 줄어들 것 같지만, 실상은 그 반대였다. 공신들의 권력이 강해지면서 공신 자제들이 대부분의 관직을 차지하게 되었다. 혼인으로 인해 친인척 관계는 점점 다원화되어서 이래저래 혼맥이 더욱 복잡하게 얽혔다. 그러다 보니 이제는 정말 어쩔 수가 없어서 예외를 자주 허용하게 되었다.

그런데 이런 예외를 어쩔 수 없는 사정으로 인지하고, 피차 용인하거나 제도를 새롭게 하거나 아니면 관료사회 구성이 건강해졌다면 더할 나위 없이 좋았겠지만 그렇지 못했다. 상피법 무시는 엄연히 위법이고, 국민 정서상으로도 지탄받을 일이었다. 주지하다시피 조선 후기에는 당파 싸움이 심해진다. 그래서 상피가 한쪽이 다른 한쪽을 공격하는 구실이 되었다. 과거 급제자가 나오거나 왕이 인사를 할 때마다 상피가 논쟁의 대상이 되었다. 한 달 내내 상피 문제로 대간이 상소하고 왕과 논쟁을 벌이는 소모적인 정쟁이 반복되었다.

정조 때의 사례를 보면, 신하들이 필요에 따라 자유자재
로 상피를 악용했음을 알 수 있다. 자기 이익에 맞을 때는 상피
를 눈감거나, 몰랐다고 잡아뗀다. 자신이 맡기 싫은 관직에 임명
되거나 어떤 상황에서 빠져나가고 싶으면, 상피와 관련 없는 친
인척조차 상피에 저촉되는 양 끌어대어 마구 사표를 던지는 식
이었다. 자신은 너무나 청렴결백해서 법에도 없는 상피 규정까
지 적용해서 관직을 사양했다고 과시하면서 도덕적인 명성을
얻고, 실제로는 맡기 싫은 관직을 회피하는 실리까지 얻는 셈이
었다.

정조 그리고 리더

법과 규정을 통한 해결은 최소한의 대책이다

우리 사회에는 문제가 발생하면 법과 규정으로 해결하는 것
이 최선의 방법이라고 생각하는 풍조가 지금도 너무 강하다.
그러나 아무리 좋은 규정이라도 그것을 악용하는 방법이 있
고, 빠져나갈 구멍도 있기 마련이다. 정조도 이런 말을 했다.

"한 가지만 바로잡고서 폐단을 전부 바로잡을 수 있
다고 생각해선 안 된다. 한 가지 일을 바로잡으면 한 가지 성
과가 생기고, 두 가지를 바로 잡으면 두 가지 성과가 생길 것
이니, 이렇게 계속해나가야 모두 크게 변화하는 성과를 얻을
수 있다."

규정으로만 문제를 해결하는 방법은 최소한의 해결책을 택하는 것임을 잊어서는 안 된다. 기업이 경쟁에서 승리하려면 모든 문제에서 최대치를 추구해야 한다. 이것은 기업 경영의 철칙이다. 그러나 규정은 최소치밖에 해결해주지 못한다. 주어진 문제를 규정에만 의존해 해결하려고 하는 기업은 조직 전체가 최소치를 추구하게 되므로, 결국 최고 수준에 도달할 수 없을 것이다.

제5장

변혁의 시대 리더의 권위: 묘수 혹은 악수

정조가 그린 큰 기러기 그림, 〈정조필홍안화(正祖筆鴻雁畫)〉.

학자 군주를 자임했던 정조는 학문뿐 아니라,

이처럼 시와 서화 등 예술에도 능했다.

1

—

내
로
남
불
의
정
치

∶∶
당
동
벌
이
(黨
同
伐
異
)

'내가 하면 로맨스, 남이 하면 불륜'이라는 말이 있다. 이 말과 똑
같은 조선 시대 사자성어가 있다. 바로 '당동벌이(黨同伐異)'이다.
'당이 같으면 동조하고, 당이 다르면 공격한다'는 의미이다. 옳고
그름을 따져보지도 않은 채 자기편은 무조건 동조하고 상대편
은 덮어놓고 공격한다는 것. 조선 후기 숙종 때 당쟁이 특히 심
해지면서 이 말이 크게 유행하게 되었다. 이 시대를 살았던 거물
정치인 치고 당동벌이를 하지 않은, 또는 당동벌이의 대상이 되
지 않은 사람이 없었다. 조선 최고의 대학자로 추앙받는 송시열
도 예외는 아니었다.

당동벌이, 예외는 없었다

당파가 다르면 길에서 만나도 인사도 하지 않고, 당파에 따라 부인의 옷차림도 달리한다고 할 정도로 당쟁이 격렬하던 시기. 그때를 살아간 송시열도 결국 그 운명을 피하지 못하고 비극적인 최후를 맞았다.

그러다 보니 송시열에 대한 평가도 엇갈린다. 우선 긍정적인 평가는 이렇다. '거룩한 임금만 믿고 어리석은 소견을 털어놓다가 여러 사람들에게 시기를 받게 되었지만, 임금만 알았을 뿐 다른 것은 생각지도 않았다. 임금을 요순 같은 임금이 되게 하자던 것인데, 이것이 어찌 자기 자신만을 위한 것인가. 하늘이 내려다보거니와 다른 마음은 아예 없었다.'

하지만 한쪽에서는 이런 비난을 한다. '토색질이 끝이 없고 뇌물이 마구 몰려 땅과 집이 열 군데가 넘는데, 옮겨 다니는 것이 일정하지 않아 그가 가는 대로 도당(徒黨)들이 모이기 때문에 그 피해가 이웃 마을에까지 미치고 닭과 개들까지도 편치 못했다.' 만약 송시열이 정말로 이런 비리를 저질렀는데 지지 세력이 그의 비리를 덮고 훌륭하다고 칭찬만 한 것이라면 그들은 진실을 왜곡한 셈이다. 그러나 위의 토색질 운운한 비판은 '관점의 차이'라는 것에 주의하여 들여다봐야 한다.

조선 시대에 여러 지역에 집을 두고 돌아다니는 건, 송시열뿐 아니라 누구나 하던 일이었다. 옮겨 다니는 것이 일정치 않은 점도 지극히 정상이다. 그가 가는 곳마다 일당이 모여들었다.

지금도 유명 인사나 정치인이 가는 곳엔 당연히 사람들이 모인다. 여기서 현대인들이 이해하기 힘든 대목이 '그 피해가 이웃 마을에까지 미치고 닭과 개들까지도 편치 못했다'는 부분이다. 조선 후기에 상업이 발달했다고는 하지만 오늘날처럼 곳곳에 상점이 있어 돈만 주면 필요한 물건을 살 수 있는 수준은 아니었다. 그래서 갑자기 사람이 모이고 식사라도 하게 되면 민가의 개와 닭을 외상으로 빌려 오거나 기부를 받았다. 이런 일은 당시에도 어쩔 수 없다고 생각하며 기꺼이 제공하는 사람도 있었고 불편해하는 사람도 있었다. 사람마다 사정이 다르고 정치색도, 인맥 관계도 다르니 입장이야 제각각이었을 것이다.

그리고 이건 송시열뿐 아니라 조선 시대의 명사라면 누구에게나 벌어지는 일이었다. 송시열이 고향에서야 그 누구도 비길 수 없는 최고의 명망가였으니 많은 사람이 모여든 것은 당연하다. 당시 사람이라면 이런 현상을 누구나 알고 있고 어쩔 수 없다는 것도 안다. 그럼에도 이런 비판을 남겼다는 것은 내로남불의 정신이 뼛속까지 들어찼음을 의미한다.

그렇다고 송시열이 마냥 억울하게 비판받았다고 볼 수도 없다. 그가 남인의 영수인 허적을 비판한 내용은 이러하다. '허적이 영의정이었을 때 흉년이 들어 백성이 굶주린다는 말을 듣기 싫어했다. 그래서 몇만 명이 굶어 죽어도 감사와 수령들이 보고를 하지 않았다.' 송시열의 말만 들으면 허적은 정말 '나쁜 정치인'처럼 보인다. 하지만 허적이 '백성이 굶주린다는 말을 듣기 싫어했다'는 게 송시열 말처럼 '보고를 하지 말라'는 뜻인지, 아니면 '굶주리는 백성을 안타까워했다'는 책임감의 표현인지는 알 수 없다. 오히려 후자일 가능성이 높다.

지방관들이 근무지에서 발생한 불행을 축소 보고하는 것은 어느 나라 어느 시대에나 있는 보편적인 일이다. 이것은 지방관의 양심의 문제로, 허적이 백성을 걱정하는 것과는 전혀 무관한 일이다. 굳이 비판을 하려면 허적이 지방관을 제대로 통제하지 못하거나 행정 관리, 리더십에서 요령이 부족했다고 하는 게 나았을 것이다. 하지만 당동벌이가 유행하다 보니 백성을 걱정하는 것도 죄가 되는 세상이었다.

내가 받으면 선물, 남이 받으면 뇌물

그리고 또 한 가지, 당동벌이를 얘기하며 빼놓을 수 없는 게 '선물'과 '뇌물'이었다. 송시열도, 허적도, 뇌물을 받았다는 비난에 시달렸다. 송시열의 숙적인 윤휴는 문제의식이 투철한 개혁가로 유명했지만, 그조차도 뇌물을 받았다는 비난에서 자유롭지 못했다. 이런 뇌물 수수 혐의는 모두 무고였을까? 아니면 이 당 저 당 할 것 없이 전부 타락했던 것일까? 여기에도 어쩔 수 없는 사정이 있다. 당시에는 화폐나 시장이 활성화되지 않아 물물교환이나 증여, 선물 등이 일상화되어 있었다. 누구도 이런 것을 받고 나누지 않을 수 없는 게 물물교환 경제의 한계였다.

좌우간 이런 상납 행위는 좋게 보면 선물, 나쁘게 보면 뇌물이다. 조선 시대 관료라면 누구나 뇌물과 구분이 불가능한 선물, 기증을 받았다. 이런 사정은 당시 모두가 알았다. 그래서 조선 전기 또는 당쟁이 격화되기 이전에는 특별히 탐욕이 심했거나 과도한 권력남용을 저지른 사람이 아닌 한 비판할 구실이 되지 못했다. 그러나 정쟁이 극한에 이르자 새로운 기준이 등장한다. 바로 '내가 받으면 선물, 남이 받으면 뇌물'이다.

영조 탕평책의 등장

당쟁은 좋게 보면 긍정적인 기능도 있다. 일당독재를 방지하고 부정, 정책 실패를 상호 견제할 수 있다. 그런데 당쟁이 당동벌이로 가면 이런 기능이 완전히 상실되고, 그야말로 뻔뻔함과 이권 쟁탈전만 남게 된다. 숙종 대에 이 현상을 뼈저리게 느꼈던 영조는 당쟁의 폐단 중 제일 먼저 극복해야 할 것으로 '당동벌이'에 주목했다. 그런데 이 고질병을 고치기가 쉽지 않았다. 그래서 영조는 일단 인사 할당제부터 시행한다. 당파별로 고르게 관직을 배분하는 것이다. 이것이 그 유명한 영조의 '탕평책'이다. 영조는 이렇게 말한다. "내가 지독히도 미워하는 것은 당동벌이이고, 이루고자 하는 것은 탕평이다."

모두 알다시피 탕평책은 영조의 최대 치적으로 평가받고 있다. 요즘도 많은 조직에서 영조식 탕평 인사를 시행하자는 말을 자주 한다. 하지만 여기에는 우리가 크게 잘못 알고 있는 사실이 있다. 바로 탕평 인사라는 것이 영조가 추구했던 궁극적인 목표가 아니었다는 사실이다. 탕평 인사는 사실 당동벌이 풍습을 없애기 위한 과도기적인 정책이었다. 영조식 탕평 인사는 부작용을 낳기 쉬운 위험한 인사이다. 나눠 먹기식 인사는 언뜻 평등해 보이지만 실은 기회주의자를 양산하고, 장기적으로는 새로운 파벌을 만들고, 수의 논리가 능력을 제압하게 한다. 물론 조직을 경영하려면 어느 정도 인위적인 배분도 필요하긴 하다. 하지만 영조식 탕평이 지나치게 시행되면 조직으로서는 최악의 인사가 될 수도 있다.

이상적인 인사 정책은 탕평이 아니라, 적절한 능력자를 선발하는 것이다. 하지만 그것이 쉽지 않아 영조는 탕평책부터 실시한 것인데, 나중에는 탕평책의 할당 그 자체가 목적이 되어버리기까지 했다. 그리고 희한하게 현재 우리 사회에서도 영조식 탕평을 최고의 인사 제도로 오해하고 있다.

정조의 인사 정책은?

"영조의 진심을 제대로 구현하지 못하고 미봉책으로 만들어버렸다. 인사 하나를 할 때도 할당제에 매몰돼 이쪽저쪽의 비율을 맞추는 것이 본질이 되어버렸다. 탕평이란 당파를 잊고 나를 잊자는 것인데, 비율에 집착하니 거꾸로 자기 당파를 등용하는 방법이 되어버렸다. 그래서 세상 사람들은 '탕평의 당이 옛날 당보다 심하다'라고 한다."

정조가 할아버지의 탕평책에 대해 평가한 발언이다. '탕평의 당이 옛날 당보다 심하다'는 건, '탕평의 폐단이 옛날보다 더 심하다'는 뜻이다. 형식적인 탕평, 할당제의 폐단을 지적한 것이다. 그럼 정조는 이 폐단을 어떻게 해결하려 했을까? 정조의 솔루션은 간결했다. 할당제를 거부하고, 당파의 비율이 맞지 않더라도 과감하게 인재를 등용했다. 채제공이나 정약용 같은 남인 계열들이 중용될 수 있었던 것도 이 같은 인사 정책의 결과였다. 뒤에서 다룰 박제가, 유득공, 이덕무, 서이수, 서얼 4인방의 등장도 할당제의 비율에 집착했다면 결코 가능하지 않았을, 파격적인 발탁 인사였다.

그러나 정조의 인사 정책은 슬로건은 괜찮았지만 또 나름의 문제가 있었다. 정조 스스로 자신의 감정을 통제하지 못했다. 리더는 항상 공정하고 깨어 있어야 한다. 그러나 '깨어 있는' 리더와 '자신에게만 의지하는' 리더는 다르다. 정조는 신하들의 이기주의, 당파성, 가족주의를 심하게 미워했지만, 정작 자신은 감정을 통제하지 못하거나 편견에 사로잡힐 수 있다는 위험을 경시했고, 늘 자신을 과신했다. 정조는 보다 공정하고 합리적인 인사 제도를 만드는 방향으로 나가야 했지만, 결국 자신의 권력으로 편법적인 인사를 시행하는 이상으로 나가지 못했다. 안타깝게도 정조 스스로는 자신의 방식이 본보기라고 간주했다. 이렇게 정조는 자신의 감정적 정의는 행사했지만, 정의를 제도화하고 확산하는 데는 실패했다.

모든 악행은 정의의 이름으로 이루어진다

'인사가 만사'라고 한다. 어떤 조직이든 최고의 성공을 거두는 비결은 최적의 인재를 선발해 배치하는 것이다. 지역이나 학벌, 정파에 의한 할당제는 말 그대로 고육지책일 뿐이다. 역사가 증명하는 것처럼, 할당제를 실시한다고 해서 파벌이 없어지지는 않는다.

요즘 우리가 흔히 쓰는 말, '내로남불'이 조선 시대부터 성행했다는 사실은 씁쓸하다. 그러나 내로남불의 기원을 뒤져보면 인류 역사의 초창기까지 거슬러 올라갈 것이다. 정치가 있고 정치세력의 역전이 벌어지는 현장에는 언제나 내로남불이 있다. 정치인들은 이런 행동을 하면서 겸연쩍어할까? 전혀 그렇지 않다. 정치인들은 나름의 이유가 확고하기 때문이다. 그 이유란 언제나 '정의'이다. 정의가 굽어 있고 정의가 시행되지 않았기 때문에, 똑같은 방법을 사용해서라도 판을 정리하고 정의를 자리 잡게 하는 수밖에 없다고 말한다. 대다수 정치인들과 진영 논리에 사로잡힌 지식인들은 이런 논리에 쉽게 넘어간다. 그러나 정의가 아닌 방식으로 정의를 시행하면 이미 그 자체로 정의가 아니고, 그 토양에서 정의는 절대 자라지 않는다.

당동벌이를 깨뜨리기 위해서는 리더가 깨어 있는 수밖에 없다. 일단 리더부터 할당제에 대한 환상을 깨야 하고,

그다음 구성원들도 할당제에 대한 환상을 깨고, 그것에 기대지 않도록 이끌어야 한다. 이것이 바로 리더의 몫이다. 리더의 생각이 깨어 있는 이런 조직이야말로 공정한 경쟁과 노력이 살아 숨 쉬는 조직이고, 이것이 바로 영조가 꿈꾸던 조선 르네상스의 이상이다.

영조와 정조의 다른 대처법

게으른 부하에 대한

원래 조선의 왕들은 행차를 거의 하지 않았다. 행차를 해도 대부분 궁궐 주변 가까운 곳에 잠깐 가는 정도였다. 밖에 나갔을 때는 왕의 모습을 백성에게 보여주지 않는 것이 관례였다. 휘장을 쳐서 백성들이 왕을 볼 수 없게 했다. 조선 시대 왕의 행차를 그린 그림을 보면 방석도 있고 의자도 있는데, 투명 인간인 양 왕의 모습만 쏙 빼버렸다. 역사가나 드라마 작가들에게는 안타까운 일이 아닐 수 없다.

그런데 이런 풍속을 바꾼 왕이 바로 영조이다. 영조는 한 달에 한 번 이상 궁 밖 행차를 했고, 백성들이 자신을 볼 수 있도록 휘장을 치웠다. 신하와 경호 군사, 시녀들까지 따라가는 왕의 행차는 조선 시대 최대의 퍼레이드이자 볼거리였다. 앞서 언급했듯 영조는 모두 909회, 정조는 607회 행차를 다녀왔다. 두 왕의 행차는 볼거리를 제공한다는 목적도 있었지만, 사실 왕이 민생을 직접 눈으로 보고, 농사 현황도 살피고, 백성들을 만나 이야기도 하려는 게 본디 목적이었다. 오늘날로 치면 민정 시찰, 소통의 정치가 시작된 것이다. 다만 아쉽게도 영조나 정조 모두 왕을 투명 인간으로 그리는 화풍은 개혁하지 못했다.

행차 때문에 고통받는 자?

하지만 뜻이 좋다고 해서 모든 사람이 행복한 건 아니었다. 행차 때문에 고통받는 사람들도 있었다. 우선 경호를 맡은 군인들이 고생이었다. 왕이 도로를 지나갈 때면 도심 안에 인의 장벽을 만드느라 이리 뛰고 저리 뛰어야 했다. 양쪽으로 도열하는 병사들의 행렬이 100미터라면 왕이 50미터 지점쯤 지날 때 뒤의 10미터 또는 20미터가 달려서 행렬의 맨 앞으로 가는 식이었다. 문제는 이들이 왕의 가마를 앞질러 가기에는 도로가 너무 좁다는 것이었다. 도심의 도로는 그나마 넓었지만, 시골길로 들어서면 폭이 너무 좁았다. 도로를 벗어나 밖으로 달리면 곡식을 밟게 된다. 왕의 행차가 백성의 곡식을 상하게 하면 안 되기 때문에 밭두렁에 아슬아슬하게 스크럼을 짜야 했고, 그렇게 아랫돌 빼서 윗돌 고이듯이 뒤의 줄을 빼서 앞의 줄을 채우며, 왕복 수십 리 길을 하루 종일 뛰어다녀야 했다. 산을 통과하는 위험 지역에서는 호랑이 그물도 쳐야 했다.

영조와 정조가 자주 행차한 곳 중 하나가 동구릉이다. 창덕궁에서 동구릉까지는 왕복 40킬로미터, 100리가 넘는 거리이다. 일단, 하인과 궁녀가 따라간다. 이들은 제사에 사용되는 상에서부터 음식, 제기, 돗자리, 의자까지 전부 들고 날라야 했다. 사람이 제일 괴로운 것이 밥 굶으면서 먹을 것을 잔뜩 지고 가는 것이다. 군인이나 하인들이 100리 길을 가는데 밥도 주지 않았다. 위에서는 도시락을 싸 오라고 하지만, 싸 올 수 있는 사람은 없었다.

그럼 아랫사람은 그렇다 치고, 높은 사람들은 행차 길이 즐거웠을까? 왕릉에 가면 제사를 지내야 하는데, 이 제사도 요즘처럼 간단하지 않았다. 의식도 복잡하고, 무엇보다 순서가 아주 복잡했다. 왕이 먼저 참배한 뒤 정승, 이품관, 삼품관 순으로 참배를 하는데, 시간도 많이 걸리고 품계에 따라 의식도 다 달랐다. 진짜 문제는 동구릉에 능이 하나가 아니라는 것이다. 선왕의 능만 9개이고 왕비의 능까지 들러야 했다. 대신들 입장에서 생각해보면, 솔직히 귀찮고 참석하기 싫었을 것이다. 사실 영조 이전까지는 왕이 자주 능행을 하지도 않았고, 가는 경우에도 선왕의 능만 참배하고 돌아갔다. 하지만 영조와 정조 두 왕은 모든 능에 빠짐없이 참배했다.

신하들이 이 행차를 얼마나 끔찍이 싫어했는지, 1781년(정조 5)의 일을 잠깐 소개한다. 정조가 동구릉에 행차했다. 맨 먼저 할아버지, 영조의 능을 참배했다. 당연히 신하들도 다 함께 갔다. 다음엔 옆에 있는 태조의 건원릉으로 갔다. 두 능은 몹시 가까웠는데 정조가 참배를 다 하고 나서 뒤를 돌아보니 관원이 열두서너 명밖에 없었다. 정조는 화가 났지만 일단 꾹 참았다. 다음은 선조의 능인 목릉, 이번엔 재상들만 옆에 따라왔다. 그다음은 인조의 계비인 장렬왕후의 능인 휘릉, 그리고 그다음은 현종의 능인 숭릉이었다. 숭릉에서는 주변에 단 한 명의 대신도 없었다고 한다. 조선은 예의범절과 위계질서가 엄하고 엄한 사회였다. 그런데 다른 사람도 아니고 과거 급제한 관료들이, 다른 누구도 아닌 국왕이 능에 참배하는데 땡땡이를 친 것이다. 어쩌면 이런 게 이 시대의 진짜 모습인지도 모른다. 우리는 드라마에 나오는 모습, 관념으로 배운 유학과 예의범절, 신분 질서에 대한 이야기 때문에, 옛날 사람들도 우리와 똑같은 인간이라는 사실을 잊고 있다.

영조와 정조, 서로 다른 해결책

영조와 정조 시대의 개혁 과제라고 하면, 우리는 흔히 탕평책, 균역법, 자유상업 등 거대한 것만 떠올린다. 하지만 구성원의 자세와 행동거지가 기본이 되어 있지 않은 상황에서는, 개혁은 고사하고 어떤 일도 제대로 할 수 없다. 영조와 정조는 이런 분위기부터 바로잡아야 했다. 두 사람의 해결법은 아주 판이했다.

먼저 정조의 경우를 보자. 정조는 이 일을 겪은 다음 날 바로 재상을 불러 "이러면 나라가 망한다!"며 일장 연설을 하고 울분을 토했다. 동구릉에서 분노를 억누르고 꾹 참았던 것은 그 상황에서 화를 내봤자 자신의 체면만 더 상할 수도 있고, 엄숙한 제사 도중에 화를 내면 조상에 대한 예를 더 크게 잃는다고 염려한 탓인 것 같다. 정조의 지적은 정당하고 옳은 말이었다. 왕이 땡볕 아래서 제사를 지내는데, 관원부터 아랫사람들까지 땡땡이를 치다니. 오늘날에도 이렇게 간 큰 직원들은 드물 것이고, 이런 경험을 하고도 화를 내지 않는 리더는 현실에 존재하지 않을 것이다.

하지만 이 무례함과 잘못된 정신 상태를 고쳐주기 위한 정조의 대책에 문제가 있었다. 정조는 먼저 본보기로 우의정을 파면한다. 그래도 화가 안 풀려 대간들도 모두 파면하라고 한다. 그런데 다시 생각해보니 조금 심했던 것 같아서 명령을 번복해, 대사헌은 열심히 따라왔으니 파면을 취소하라고 한다. 그리고 조금 있다가 또 각 능의 집사관들도 봐주라고 한다. 아마도 본보기로 엄한 처벌을 내렸다가 이후 정상참작이란 방식으로 조금씩 용서해주려는 의도였던 것 같다. 정조는 속으로 '이 정도면 경고가 되었겠지' 하고 생각했을 것이다.

정조는 기강을 바로 세울 수 있었을까? 같은 사안에 대한 영조의 해결책과 비교해보자. 두 사람의 스타일이 정말 달랐다. 영조도 정조와 아주 비슷한 경험을 한 적이 있다. 능에 갔다가 궁으로 바로 돌아오지 않고, 딸인 화평옹주의 집으로 가자고 한 것이다. 이미 있는 대로 짜증이 난 신하들에게는 그야말로 청천벽력 같은 명령이었다. 아니나 다를까, 피곤하고 짜증이 난 관료와 신하들은 형식이고 대형이고 다 무시한 채 그냥 널브러져 버렸다. 영조도 물론 화가 났다.

하지만 영조는 정조와 달리 이렇게 대응한다. 공주 집에 들어가 밤늦게까지 아예 안 나와버린 것이다. 조선의 관료는 새벽 5시에 출근해야 한다. 자동차도 없던 시절이라 출근 시간에 맞추려면 새벽 3시에는 기상을 해야 했다. 그런데 이미 밤 11시이니 집에 가면 2시가 될 터. 신하들은 영조에게 제발 일어나주십사 애걸복걸한다. 잘못했다고, 용서해달라고 빌 수밖에 없는 상황을 만든 것이다. '너희가 그렇게 반항을 해봤자 고달파지는 건 너희일 뿐'이라는 사실을, 큰소리 한 번 내지 않고 각인시킨 것이다. 정말 영리한 수였다.

영·정조 그리고 리더

말로 가르칠 것과 행동으로 깨닫게 할 것을 구분하라

할아버지 영조와 비교해보면 정조의 실수는, 문제의 크기에 놀라 적절한 해결의 프로세스를 놓쳐버렸다는 것이다. 구성원들이 기본적인 사명감과 행동 규범조차 간과했으니 심각한 문제인 것은 맞다. 하지만 이 행동에는 충성심과 애국심의 결핍 외에도, 육체적 피로와 시대적인 분위기 등등 수많은 요인이 얽혀 있었다. 그중 어떤 이유는 100년 이상 누적되어온 것이기도 했다. 그러니 이 모든 요인들을 한 번의 처벌로 치료하기 어려웠다.

우의정과 대간들을 모두 파면한다고 해서 충성심과 애국심을 곧바로 주입할 수 없다. 문제의 크기에 놀라 극단적인 해결책을 쓰니 충격요법과 감정적인 조치가 나오고, 결국 리더의 권위만 떨어졌다. 아직 30세도 되지 않았던 정조의 이런 처리 방식은 경험이 부족한 탓이었다. 물론 경험이 항상 지식을 넘어서는 것은 아니지만, 경험은 지식의 적용에 효율성과 신속성을 가져와서 지혜를 만드는 법이다.

영리한 리더라면 병인을 분석하고, 단기 처방이 가능한 것과 장기 처방으로 가야 할 것을 구분할 줄 알아야 한다. 그리고 제일 먼저, 간단하면서도 즉각적인 효과를 보여줄 수 있는 처방을 찾아야 한다. 그것으로 우선 가시적인 분위기를 바꾸고 리더에 대한 신뢰를 높인 뒤, 그다음 단계를 진행해야 한다. 영조가 그랬던 것처럼 말이다.

'엉킨 실타래는 당기지 않아야 한다'는 말이 있다. 혹시 어떤 거대한 문제에 맞닥뜨렸을 때, 자신도 모르게 복잡하게 엉켜 있는 실타래를 함부로 당기고 있지는 않은지 살피기 바란다.

소론의 지지를 받던 경종이 급사하고, 노론의 지지를 받던 영조가 즉위한 후, 이인좌의 난이 일어난다. 이 반란은 놀랍도록 치밀하게 준비된 것이었다. 이인좌는 남인 명문가 출신이었다. 할아버지 이운징은 허적의 추천으로 관직을 시작했고, 이인좌의 부인 윤자정은 윤휴의 손녀였다. 허적과 윤휴 모두 남인의 거물들이었다. 이인좌의 집안은 숙종 때 세 차례의 환국 과정에서 큰 피해를 입었고, 갑술환국 이후에는 정권에서 배제되면서 소론들과 뜻을 함께했다.

1728년(영조 4) 3월 15일, 반란군은 상여에 무기를 숨겨 들어가 청주 관아를 점령한다. 소론 강경파 박필원, 심유현 등이 배후에서 조종하고 이인좌, 정희량, 권서봉 등이 주동한 전국적인 반란이었다. 이들은 '경종이 독살되었기 때문에 영조의 왕위 계승이 원천 무효'라고 주장했다. 대신 소현세자의 증손인 밀풍군 이탄을 왕으로 추대했다. 영조가 가장 충격을 받았던 부분은 소론의 전·현직 고위 관리들이 중앙과 지방에서 연계해 반기를 들었고, 반란에 참가한 인물들이 모두 조선 왕실을 대표하는 학자나 정치가 집안 출신이란 점이었다. 엄청난 도전이었다. 영조는 진압에 성공해도 이 반란은 평생 자신에게 트라우마가 되리라는 사실을 즉시 알아차렸을 것이다. 실제로 이 사건 후 영조는 평생 '경종 독살설'에 시달린다.

이이제이를 넘어

역사를 보면 대부분의 군주는 이런 평생 트라우마형 사건을 맞닥뜨리면 가혹하게 진압한다. 전염병에 대처하듯 최대한 빠르게 박멸해 후유증을 최소화하는 것이다. 따라서 누구나, 즉시 노론을 동원해 소론을 대숙청하는 대응을 생각했을 것이다.

그런데 영조의 대응은 예상 밖이었다. 그가 괜히 '정치의 천재'로 불리는 게 아니다. 30대 중반이었던 젊은 왕은 누구도 생각 못 한 해결책을 내놓는다. 반란 진압 책임자로 소론인 병조판서 오명항과 박문수를 임명한 것이다. 오명항은 반란 주동자들과 친인척 관계까지 있었다. 총사령관으로 나선 오명항 대신 병조판서에는 이광좌를 앉혀 좀 더 효과적인 연락과 행동이 가능하도록 했고, 독자적인 결정권도 쥐여주었다.

후대 사람들은 영조의 해결책을 전형적인 '이이제이'였다고 평한다. 소론으로 소론을 쳤다, 즉 소론이 주동이 되어 일으킨 반란에 소론을 가장 잘 아는 소론의 핵심 인물을 시켜 대응했다는 말이다. 하지만 이이제이는 국제정치에나 통하는 전략이다. 당시로 돌아가보면, 국방부 장관과 정부군 지휘관, 그리고 반군까지 모두 소론으로 채워진 상황이었다. 궁궐을 지키는 장교 중에도 이인좌와 내통한 사람이 있다는 소문이 돌고 있었다. 당시 사람들, 특히 노론 인사들이 받은 충격과 공포는 말로 표현할 수 없을 정도였다.

이러한 영조의 이이제이 방식을 단순히, 자신이 적이라고 여기는 소론을 또 다른 소론으로 치게 한 것으로만 봐야 할까? 영조의 깊은 뜻은, 오히려 소론을 대숙청에서 보호하려는 것이었다. 당시에는 전국에 계엄령을 내리고 노론 주도하에 대숙청을 하자는 방안이 이미 제시되고 있었다. 그런데 그렇게 하면 당장은 영조 자신의 왕위는 지킬 수 있겠지만, 분명 노론의 일당독재가 시작됐을 것이다. 한마디로, 당장의 반란 진압이 아니라 진압 후의 상황까지 염두에 둔 포석이었다.

영조는 이인좌의 난을 진압하는 과정에서 주민들에게 '반란의 원인이 붕당의 폐단에 있음'을 적극적으로 알린다. 영조는 '난이 진압된 후 탕평책을 본격적으로 실시하여, 당파를 초월해 인재를 등용하고 온 나라가 화합하고 협력하는 새로운 정치를 이끌어가겠다'는 정치 비전을 적극적으로 홍보한다. 반란의 이슈를 '선왕의 독살과 정의 구현'이라는 구도에서, '붕당의 폐단과 국가의 화합'이라는 어젠다로 바꾼 것이었다.

일당독재 견제를 넘어

30대 국왕의 노련한 정치 전략이 놀랍지 않은가? 그런데 영조가 소론을 보호하려고 한 데는 노론의 일당독재를 경계하는 것 이상의 의미가 또한 있었다. 바로, '서로 다름'의 가치를 알아본 것이다.

18세기 말 미국에서도 비슷한 구도를 볼 수 있는 사례가 있었다. 미국 초대 대통령 조지 워싱턴이 집권했을 당시, 워싱턴 정가에는 상반되는 두 세력이 있었다. 재무장관 알렉산더 해밀턴이 이끈 연방당과 국무장관 토머스 제퍼슨이 이끈 공화당이다. 양당은 물과 기름처럼 성격이 달라서 첨예하게 대립했다. 연방당은 대통령과 사법부를 중심으로 강력한 중앙정부를 만들고자 했고, 의회도 장악했다. 반면 공화당은 무제한적 권한을 가진 중앙정부를 원치 않았다. 권력이 전국에 고루 퍼져 있어야 한다고 생각했다.

사람들은 지금까지도 워싱턴 대통령이 어느 편을 지지했을까 궁금해한다. 말이 안 되는 이야기 같지만 워싱턴은 둘 다 지지했다. 해밀턴과 제퍼슨의 재능이 모두 국가를 위해 필요하다고 믿었다. 어느 정파에도 속하지 않은 상태로 대통령직을 수행했던 워싱턴은, 기본적으로 강한 연방정부, 영국과의 화해, 관세를 통한 자국 산업 보호와 금융업 육성 같은 연방당 정책에 호의적이었다. 한편 그는, 제퍼슨이 자신이 지지하는 사람들이 국회의원에 당선되도록 선거운동을 벌이는 방법으로 해밀턴에 대적하는 그룹을 형성하는 것도 지켜보았다. 물론 정당 창설에 대한 제도적 법규나 규제가 없었던 때지만, 국정 내부에서 경쟁 구도를 만들어 균형을 유지하는 방식을 택하고 있었던 것이다. 연방당과 공화당이 공존하면서, 미국은 당시 영국과 프랑스 등의 국제 정세 변화에 대응하고, 이후 상·하원 선거, 대통령 선거를 통하여 자연스럽게 경쟁했다.

영조 그리고 리더

대립하는 상대와의 공존, 협치

워싱턴의 이런 이중성이 미국의 발전을 저해했을까? 아니다. 미국은 다양한 민족과 다양한 경제구조가 얽힌 복합적인 국가이다. 오히려 이렇게 서로 다른 체제를 용인하고 발전하게 함으로써 국가 전체가 발전할 수 있었다. 물론 조선 시대의 노론과 소론의 차이가 연방당과 공화당처럼 확연했던 것은 아니다. 하지만 조선이 미국처럼 다양한 사회가 아니었다는 점은 참작해야 한다. 어쨌든 영조는 서로 다른 것의 공존이 국가 발전에 꼭 필요하다는 사실을 이미 깨닫고 있었던 것이다.

　　요즘 우리 정치에서 '협치'라는 단어가 종종 등장한다. 나와는 다른 것의 가치, 서로 다른 것의 공존을 받아들이지 않는 이상 협치는 힘들다. 이제 우리 사회는 영조 시대와는 비교할 수 없을 정도로 다원화되었고, 다양한 집단과 기술이 연합체를 이루었다. 국가 경영, 기업 경영 모두 한쪽으로 치우친 구도로는 균형을 유지하기가 쉽지 않다. 의도적으로 서로 대립하는 상대를 공존시키려고 했던 영조의 시도, 비슷한 시기 미국의 초대 대통령 워싱턴이 보여준 정치 화합 능력을 되짚어봄으로써 오늘날 협치의 묘를 살릴 방법을 연구해보아야 하겠다.

같은 생각을 품은 자,
나와 엎드리라: 나주 벽서 사건

1755년(영조 31) 1월 20일, 나주 객사인 망화루 동쪽 두 번째 기둥에 백성을 선동하는 벽보가 붙었다는 소식이 조정에 전해진다. 바로, 엄청난 피바람을 몰고 오게 되는 '나주 벽서 사건'의 시작이다. 벽서에는 당연히 작성자 서명이 없었다. 하지만 정부는 바로 범인을 찾아냈다.

범인으로 지목된 사람은 윤지였다. 윤지는 '이인좌의 난'에 연루되어 제주에서 10년, 나주에서 20년간 유배 생활을 해왔던 인물이다. 윤지의 아버지 윤취상은 김일경과 함께 노론을 탄압하고 축출하는 데 앞장섰다. 영조가 즉위하며 노론 정권이 들어서자 그는 정치 보복을 피할 수 없었다. 윤지도 골수 소론의 대표적인 인물이자 목호룡의 심복으로 알려져서 부자가 함께 나주로 유배됐고, 몇십 년 동안 풀려나지 못한 상태였다. 나주에 벽서가 붙자 당장 의심을 받았고, 그의 종이 윤지가 범인이라고 고발했다 한다.

이인좌의 난 이후 20년, 그치지 않은 경종 독살설

이런 사건은 정치 음모일 가능성이 높아서 진실을 판별하기가 어렵다. 좌우간 정부 조사에 의하면 경위는 이렇다. 윤지가 나주 지역을 중심으로 서울과 지방 각지의 소론 세력을 모으고, 벼슬 길에 못 나간 불평분자들을 끌어들여 난을 일으키려 했는데, 거사 전에 우선 민심을 동요시키려고 벽서를 붙였다는 것이다.

이런 벽서 사건은 당쟁이 생기기 시작한 16세기부터 등장했다. 시장이나 관아의 벽, 권력가의 대문, 심지어 궁궐 문 앞 등 사람들이 많이 볼 수 있는 곳에 정부를 비방하거나 특정 인물, 당파를 비난하는 글을 몰래 붙여서 사람들을 선동하는 식이다. 소문에 소문이 겹쳐서 엄청난 파장을 불러오는 사건이다.

조선 정부는 주민들에게 퍼진 소문에 대해 늘 관심을 기울이고, 민심을 파악하는 데에 참고했다. 수령이나 감사, 암행어사 등이 중앙에 보고서를 작성할 때도 꼭 기록하는 사항 중 하나였다. 특히 벽서에는 정치적 사안이 많이 담겼기 때문에, 일단 벽서가 붙으면 그 내용을 읽지 말고 즉시 밀봉하여 관에 보고하도록 했다. 원래 조선에서는 익명서의 경우 접수하지 않는다는 법이 있었지만, 역모에 관한 것은 예외로 두어서 벽서는 접수 대상이었고 고발 대상이었다.

벽서의 내용은 어땠을까? 일단 가장 자극적인 내용을 담는 것이 보통이었다. 나주 벽서의 경우 '백성은 궁핍하게 생활하고 있는데 정부는 더욱 혹독하게 수탈하니 이를 구제하겠다. 군사를 움직일 것이니 백성들은 놀라지 말라!'는 내용이 포함되어 있었다. 벽서 앞에 사람들이 웅성거리며 모이면 한자를 읽을 줄 아는 자가 그것을 읽어주었다. 그러면 여기저기 말이 퍼지게 되는데, 이 과정에 이런저런 살이 붙으면서 과장이 심해지기 마련이다. 중요한 건, 그 내용을 믿는 자가 많았다는 점이다.

영조 때 가장 치명적인 선동 사건이 바로 경종 독살설이었다. 영조 재위 내내 콤플렉스로 작용했을 정도로 영조에게도 엄청난 영향을 끼쳤던 사건이다. '영조가 보낸 게장과 생감을 먹고 경종이 급사했다'는 경종 독살설은 삽시간에 퍼져나가 곳곳에 벽서가 나붙었고, 급기야 경종을 두둔했던 소론 등이 주도해 '이인좌의 난'을 일으키기에 이른다.

난은 모두 진압됐지만 소문은 쉽게 사라지지 않았다. 그리고 20년 뒤, 또다시 벽보를 붙여 경종 독살설을 제기한 것이 바로 나주 벽서 사건이다. 20년 전 이인좌의 난으로 많은 사람들이 죽었고, 그 후 세월도 꽤 많이 흘렀는데, 사람들은 이 소문에 대해 어떤 반응을 보였을까?

결국 이성을 잃은 영조

동서고금을 막론하고 선동의 철칙은 '사람들은 믿고 싶은 것만 믿는다'는 데 주목하는 것이다. 사람들은 어떤 사안에 대해 정치적 판단을 먼저 하고, 그에 따라 진실로 믿어버린다. 고대 그리스에서부터 변치 않은 진리이다. 헤로도토스는 "한 사람을 설득하는 것보다 다수를 설득하는 게 더 쉽다"라고 했고, 키케로는 "세상에서 가장 용기 있는 사람은 대중이 진실이라고 믿고 있는 것을, 대중 앞에 나가서 과학적인 근거를 대며 그것이 틀렸다고 설득하는 사람이다"라고 했다. 대중이 한번 믿기 시작하면 아무리 과학적이고 타당한 근거를 들이밀며 반박해도 안 통한다는 말이다. 그러면 윤지의 벽서는 통했을까?

영조는 윤지의 벽서가 발각되자마자 주모자를 색출하고 공모자들도 모두 찾아내 엄벌에 처했다. 그리고 역모 사건을 잘 마무리했음을 축하하는 과거 시험을, 같은 해 5월 '토역경과정시(討逆慶科庭試)'라는 이름으로 시행했다. 그런데 이 시험의 답안지에 또 윤지의 벽서와 동일한 내용의 글이 올라온다. 익명의 투서도 섞여 있었다. 이 답안지를 읽은 영조는 새파랗게 질려서 책상을 치며 눈물까지 흘렸다고 한다. 내용이 참담할 뿐 아니라, 입에 올리는 게 금기시되어 있는 영조 자신의 이름까지 그대로 적혀 있었던 것이다. 왕의 이름을 부른다는 것은 그를 왕으로 인정하지 않는다는 의미였다.

이 답안의 작성자인 심정연은 윤지의 일파였고, 이인좌

의 난에 연루돼 죽은 심성연, 심익연의 동생이었다. 심정연과 함께 답안지에 벽서의 내용을 적어 넣자고 모의했던 무리 중에는 20년 전 사건의 주모자 김일경의 후손도 포함되어 있었다.

그래서 영조는 나주 벽서 사건을 20년 전 이인좌의 난과 완전히 연결된 사건으로 판단하고, 김일경에게 또다시 반역죄를 적용하여 그 후손까지 모두 효시했다. 국문 과정에서 가담 사실이 드러난 윤지의 숙부 윤혜를 처형할 때는 갑옷을 입고 숭례문 누각에 올라 대취타, 즉 대규모 군악이 연주되는 가운데 형을 집행했다. 처형당한 윤혜의 머리를 깃대 끝에 매달도록 한 다음 여러 차례 조리돌리라는 명령까지 내린다. 잘린 머리를 이리저리 끌고 돌아다니면서 본보기를 보인 것이다. 그러고 나서 영조는 이렇게 말한다. "이들과 같은 생각을 품은 자는 나와서 엎드리라." 이성을 완전히 잃어버린 모습이었다.

영조 그리고 리더

갈등이 심해질수록 신뢰를 사수하려는 노력이 필요하다

사회나 조직에서 갈등이 심해질 때가 이따금 있다. 하지만 이때 떠올려야 할 것은, 갈등이 심해질수록 신뢰를 사수하려는 노력이 필요하다는 사실이다. 신뢰를 사수하지 못하면 그 조직은 붕괴하고 말 것이다. 그런데 벽서 사건에 대한 영조의 대처에서 볼 수 있듯, 보통은 갈등이 심해지면 자기편

끼리만 똘똘 뭉치고 상대편의 신뢰를 얻을 생각은 하지 못한다. 그렇게나 똑똑했던 영조도 예외가 아니었다. 그럴수록 상대는 더 멀어지고 자신이 원하는 방향으로 따라오지 않는다. 영조가 이인좌의 난을 진압한 뒤 20년이 지나 또다시 나주에 벽서가 붙었던 것처럼 말이다.

여러분 주위에서 벌어지는 갈등은 어떤 모습인가? 그 갈등을 봉합하기 위해 우리 각자는 어떤 노력을 하고 있는지 한 번쯤 돌아보는 시간을 가졌으면 한다.

버릇없는 박문수는 어떻게 보검의 손잡이가 되었을까

암행어사 하면 제일 먼저 떠오르는 사람이 있다. 박문수이다. 그런데 정작 박문수는 암행어사를 한 적이 없다. 어사로 나간 적은 있는데, '암행어사'는 아니었다. '암행어사' 박문수의 이야기는 일제 때 저자 미상의 소설에서 유래한 것이다. 그러면 왜 하필 암행어사를 해본 적도 없는 박문수가 암행어사의 주인공으로 선택되었을까? 『박문수전』의 저자를 모르니 물어볼 수는 없지만, 짐작할 수 있는 단서는 있다.

막말 토커 박문수

실존 인물 박문수는 영조의 신하였다. 박문수에게는 특별한 개성이 있었다. 조선은 왕을 하늘같이 받드는 나라이다. 신하가 왕 앞에서 얘기할 때는 왕을 쳐다보지 못하고 얼굴을 땅에 대고 이 야기했다. 심지어 왕을 가르치는 경연에서도 코를 마루에 대고 사서삼경을 강론해야 했다. 그런데 박문수는 영조 앞에서 고개를 쳐들고 말하는 유일한 신하였다. 사람들은 미쳤다고까지 얘기했지만 박문수는 아랑곳하지 않았다. 그게 다가 아니었다. 태도도 불손할 뿐만 아니라 왕에게 하는 말도 거침없었다. 듣기 싫은 소리도 마구 하고 심지어는 농담, 우스갯소리까지 겁 없이 했다. 다른 관료들과 논쟁을 벌일 때도 왕이 보는 앞에서 언성을 높이는 건 물론, 삿대질도 하고 거친 말도 마구 쏟아냈다.

사례를 하나 들어본다. 알다시피 영조의 최대 숙원 사업은 탕평이었다. 하지만 인사를 할 때 지역, 학맥, 당파 이런 것을 완벽하게 분배한다는 게 현실적으로 쉽지 않았다. 뭔가 편중된 인사가 나오기 마련이다. 그러면 많은 불평이 쏟아진다. 대간들이 직언을 하기도 한다. 하지만 왕에게 이야기할 때는 그것이 직언이라도 표현을 조심해야 한다. 말의 기술이랄까, 대화의 요령이랄까 그런 요령과 불문율이 있고, 해서는 안 될 표현이 있다. 반대를 하더라도 경전을 인용하는 식으로 하고, '취지는 좋은데 현실적으로 어렵다' '이런 부작용이 만발하고 있다' 하는 식으로 반대해야 한다.

그러나 입 거친 박문수는 대뜸 이렇게 말한다. "가짜 탕평이다!" 이 말은 가짜를 판매한 사람이 곧 영조라는 의미이다.

탕평과 관련된 얘기가 또 있다. 정쟁이 워낙 격렬하다 보니 영조가 하는 한 마디 한 마디에 신하들은 대단히 예민했다. 영조가 무슨 말을 해도 정치적으로 해석하고 곡해하기 일쑤였다. 골머리를 앓던 영조는 어느 날 이렇게 말한다. "나는 요순과 같은 임금이 되려고 한다." 이 말은 정치적인 의도 없이 순수하고 공정하게 통치하려고 하니 자기 말을 믿어달라는 뜻이었다. 그런데 박문수가 이 말을 듣더니 이렇게 말한다. "요순은 아무나 됩니까? 보통 사람은 요순의 절반만 가도 성공하는 겁니다."

박문수를 총애한 영조

영조가 놀라운 건, 이렇게 막 나가는 박문수를 대단히 총애했다는 사실이다. 다른 관료들이 영조에게 와서 박문수의 태도를 비난하며 처벌해야 한다고 해도 영조는 "오냐, 알았다" 하고는 그냥 넘겼다. 영조는 형식과 허례허식을 싫어하는 소탈한 군주가 아니었다. 오히려 예의범절을 굉장히 따지는 성격이었다. 의식이 조금만 틀리거나 자세가 조금만 잘못돼도 즉시 처벌하고 바로 파면한 적도 있다. 그러니 박문수의 무례함에 대한 영조의 대우는 정말 특별한 것이었다. 그러면 영조는 박문수를 왜 이렇게 아꼈던 것일까? 박문수는 영조가 왕세제였을 때부터 영조를 보필했다. 앞서 언급했듯, 소론 출신임에도 1728년 소론이 주도했던 '이인좌의 난'의 진압을 맡기도 했다. 하지만 단지 이런 이유로만 영조가 박문수를 총애한 것은 아니다. 답은 간단하다. 박문수가 영조에게 대단히 유용한 사람이었기 때문이다. 아니, 더 정확히 말하자면, 박문수의 그 버릇없는 태도가 영조에게 아주 유용한 것이었다.

영조는 정치적 감각이 뛰어나고 머리가 대단히 좋은 왕이었다. 하지만 때로는 이것이 단점이 되었다. 너무 많이 생각하고 몇 수 앞을 생각하다 보니 머릿속이 너무 복잡하고, 때로는 술수에 지나치게 빠졌다. 박문수는 천성적으로 그런 꼴을 못 보는 사람이었다. 영조가 그런 행동을 하는 걸 보면 안타깝고 답답해서 미치겠다고 했다. 그래서 영조에게 달려와서 그의 단점을 직설적으로 지적한다. "전하는 너무 영리하고 총명하시어, 때때로 작은 일에 빠져 큰 줄거리를 잃어버리십니다."

1744년(영조 20) 6월, 영조는 하급 무신인 선전관이 자기와 같은 당색의 사람을 뽑기 위해 신임 무관들이 들어오지 못하게 막고 있다는 보고를 받은 일이 있었다. 평소 영조는 무관들이 당론을 주장하는 것을 지독하게 싫어했다. 이 보고로 몹시 화가 난 영조는 무신 16명의 머리를 모조리 궐문에 매달겠다고 노발대발했다. 그러자 이때 박문수가 또 나선다. "그렇게 사소한 일까지 전하께서 관여하시면 실무자는 무슨 일을 할 수 있겠습니까? 예부터 면류관의 면류는 귀를 가리는 뜻이 있었습니다." 영조는 이번에도 "내가 당론을 미워하다 보니 지나쳤던 것 같다"라고 하면서 뉘우치는 뜻을 내렸다고 한다.

리더의 성역을 찌르는 참모가 진정한 보검이다

가진 능력이 뛰어난 리더일수록 자기 함정에 빠지는 경우가 많다. 필적할 상대가 없어 모든 것을 독단적으로 결정하게 되기 때문이다. 이런 잘못을 방지하기 위한 장치가 바로 '참모'이다. 특히 직언을 하는 참모가 필요하다. 그런데 여기에 또 함정이 숨어 있다. 대부분의 리더는 '듣기 싫은 소리를 들어야 한다' '직언을 하는 사람이 훌륭한 참모이다'라는 것 정도는 알고 있다. 그리고 그것을 위한 노력도 한다. 그래서 직언 잘하는 참모를 뽑기도 한다. 하지만 그럼에도 불구하고 수많은 리더가 계속 자기 함정에 빠진다. 참모를 선정하는 기준이 잘못되었기 때문이다.

직언을 하든 직언을 하지 않든, 대부분의 리더는 자기와 성향이 비슷한 참모를 선호한다. 자기와 성향이 비슷한 참모에게서 나오는 이견은, 표면적으로 자신과 생각이 다르다 하더라도 진정한 반대 의견이 아니다. 내 마음속에 있는 불안한 생각 중 하나일 뿐이다. 즉 같은 영역 내에 있는 의견일 뿐이다. 그렇게 해서 리더와 참모는 한 배에 탄 공동 운명체가 된다. 한 배에 타고 사이좋게 노 저어 가다 함께 침몰하기도 한다.

참모진을 구성할 때 두 가지 케이스가 있다. 리더가 직접 선정하는 경우와, 어떤 다른 사정에 의해 이미 구성된 참모진을 받아들이는 경우이다. 보통은 리더가 심혈을 기울여서 구성한 참모진이 그 역할에 충실하리라고 생각하곤 하지만, 실제로는 정반대의 결과가 나오는 때도 있다. 리더가 직접 참모진을 구성할 경우 성향이 같은 사람들로 채워질 가능성이 높기 때문이다.

영조는 박문수를 '보검의 손잡이'라고 평했다. 여기서 보검은 영조 자신이다. 보검이 위력을 발휘하기 위해서, 즉 국왕인 자신이 올바른 정책을 시행하고 효과를 보기 위해서는 박문수가 꼭 필요하다는 얘기이다. 영조가 이처럼 박문수를 귀하게 여긴 이유는, 박문수가 영조를 보고 안타깝고 답답해 미치겠다고 할 정도로 성품 자체가 영조와 상극이 되는 인물이었기 때문이다. 그것이 영조를 위대한 왕으로 만들었고, 박문수 자신을 신화적인 암행어사의 주인공으로 만들었다.

직언하는 참모, 리더의 잘못을 방지하고 바로잡아줄 수 있는 참모를 원한다면 그 사람의 입에서 나오는 말로 판단하지 말고, 나와 대립되는 이야기를 할 수밖에 없는 성품을 지녔는지 가늠해보기 바란다. 그 사람이 리더인 당신에게 박문수와 같은 인재가 되어줄 것이다.

조선 시대 유적 중 기억하기 싫은 것들이 있다. 그중 하나가 대보단(大報壇)이다. 대보단은 임진왜란 때 원군을 파견해준 명나라 신종을 추모하기 위해 쌓은 제단이다. 한마디로, 소중화(小中華) 의식의 표상이라고 할 수 있다. 대보단은 1704년(숙종 30) 창덕궁 후원인 금원 옆에 설치되었는데, 3월에 처음 제사를 지냈고, 이 제사는 1884년까지 계속되었다.

처음 조선에서는 대보단을 설치한 걸 청나라에는 숨기려 했다. 명나라 황제를 위해 제사를 지낸다는 사실은 청 입장에선 대단히 기분 나쁜 일이기 때문이다. 하지만 이 사실을 알게 된 후에도 청은 딱히 문제 삼지 않았다. 어차피 명은 이미 세상에 없었고, 조선은 군사적으로 위협이 되지 않았다. 천하에 이렇게나 예의 바른 나라는 우리나라뿐이라고 자부하는 조선을 보고, 청은 조선인의 자존감을 지켜주면 굳이 자신들과 심하게 척을 지지는 않을 것이라는 믿음을 가졌던 것 같다.

소중화 의식에 도전한 영조

대보단의 부작용은 대청 외교가 아니라 뜻하지 않은 곳에서 드러난다. 조선이 '소중화'를 자처하게 되자 주자 성리학의 교리가 그 무엇보다도 존귀해졌다. 이미 그 무엇보다도 존귀하긴 했지만 그래도 지금까지는 정신과 도덕, 예의 영역에 있던 존귀함이 있는데, 이제는 현실의 진짜 존엄까지 무시하기에 이른 것이다. 주자 성리학을 추종하는 사람들은 임금의 명령과 생각마저 그 아래로 두게 되었다. 신하들은 임금보다 훨씬 더 위대한 우주와 역사의 진리로 무장한 채 임금을 우습게 보기 시작한다. 이런 분위기는 임금이 폭정을 하거나 탐욕을 부릴 때는 진리와 정의를 사수하는 선비 정신이 되지만, 임금이 개혁을 하거나 변화를 주려고 할 때는 그것을 가로막는 철벽이 되기도 한다.

왕이 된 지 20년이 지난 영조는 바로 이 철벽에 도전하기로 한다. 어떻게 했을까? 명나라 왕실을 섬기는 소중화의 표상인 대보단부터 헐어버렸을까? 만약 그랬다면 영조는 아마 엄청난 반발에 맞닥뜨렸을 것이다. 오히려 콧대 높은 선비들을 단결시키는 결과만 초래했을 것이기 때문이다. 뛰어난 정치가였던 영조는 대보단을 헐지 않고, 오히려 그것을 이용한다. '상대를 설득하려면 상대의 논리로 하라.' 대단히 중요한 기술이다. 영조의 주장은 이랬다. "명나라 황제 중에서 우리를 도와준 황제는 원병을 보내준 신종만이 아니다. 병자호란 때 의종도 원병을 보내주려고 했다." 그래서 영조는 대보단 제사에 의종의 자리까지 마련했다. 의종은 조선에 원병을 보내주려 했지만 결과적으로는 보내주지 않아 실제로는 조선에 해준 게 없지만, 어쨌든 우겨서 넣었다. 이렇게 신종과 의종 제사에 명분을 만들어 넣은 이후 영조는 진짜 카드를 꺼내든다. 바로 명나라 태조 주원장이다. 명 태조 주원장은 조선에 국호를 내려준 인물이다. 영조는 주원장이 조선의 창업에 도움을 주었으니 그 공로를 보답해야 한다는 너무나 그럴싸한 명분을 내걸었다.

조정 신하들의 속은 발칵 뒤집혔다. 명 태조까지 대보단 제사에 끼워 넣자니? 명 태조 주원장은 유능한 황제였지만, 중국 역사상 최악의 폭군이었다. 황제가 되자 온갖 트집을 잡아 개국공신과 자기 측근을 모조리 숙청했다. 심지어는 상소문을 뒤져서 '빛 광(光)' 자를 쓴 사람이 있으면, 자기가 젊었을 때 승려였던 것을 비웃는 거라고 트집을 잡아 숙청을 할 정도였다. 세 번의 대숙청으로 죽인 사람이 거의 10만 명에 이르렀다. 이런 끔찍한 폭군을 대보단에 모시겠다는 영조의 진짜 속내는 무엇이었을까? 어느 경연 자리에서 군신 간의 예절에 대해 논의하면서 영조는 이런 말을 남긴 적이 있다. "진시황 때부터 임금을 높이고 신하를 억제하기 시작했는데, 명나라 태조 때 이르러서는 군신 간의 예절이 더욱 엄격해졌다. 오늘날 우리 조선에서 등급은 비록 엄격하지만 여러 신하들이 오만하고 무례한 것은 무엇 때문인가."

그렇다. 영조의 진짜 속마음은 중국 역사상 최고의 폭군이라는 진시황과 명 태조가 존경스럽다는 것이었다. '군신 간의 예절이 이때만큼 엄격해질 필요가 있다' '아무리 고귀한 이념이라도 이념과 살아 있는 현실 권력을 구분하라'는 것이 영조의 속뜻이었다. 대보단에 의종과 태조를 추가하는 논의가 진행되기 10여 년 전에 한 말이라 그것을 기억하는 신하가 몇 명이나 되었는지는 알 수 없지만, 영조는 아마 오래전부터 이런 생각을 가슴에 품고 있다가 행동을 개시한 것 같다.

신하들의 다양한 반대 논리

영조가 진시황과 명 태조를 존경하는 태도에 대해서는 여러 가지 평가가 있을 수 있다. 하지만 여기서 하려는 이야기는 그것이 아니다. 영조가 이런 아이디어를 내놓았을 때, 신하들이 반대한 방법에 주목할 필요가 있다는 것이다.

영조의 이런 제안에 대해, 당연히 대부분의 신하들이 반대한다. 반대하는 논리는 다양했다. 한 신하가 대답한다. "명나라 신종과 의종은 할아버지와 손자 관계인데, 할아버지와 손자를 제사에 나란히 놓은 것은 예의에 어긋난다." 우리나라 사람들이 좋아하는 '명분론'이다.

누구는 "이건 아주 중요한 사안이니 여러 사람에게 널리 반복해서 물어야 한다"고 주장한다. 민주적인 의견 같아 보이지만, 노리는 바는 따로 있다. 여러 사람에게 물으면 절대 의견 일치를 볼 수 없다. 오히려 논쟁이 격화되고 싸움이 난다. 그렇게 시간을 끌다 보면 흐지부지 되기 일쑤이다.

그다음은 현실론이다. "신종과 의종에 태조까지 추가하려면 비용이 너무 많이 든다. 제단의 설계도 다 바꿔야 한다." 이런 반대 논리, 아마 많이들 경험해보았을 것이다.

그리고 제일 흔한 반론은 역시나 이것이다. "전례가 없다." 영조가 강경하게 나가자 반론도 거세졌다. 신하들은 "전례는 반드시 지켜야 한다"며 영조를 압박하다가 그래도 먹혀들지 않자 인신공격까지 감행한다. "전하는 전례를 잘 지키지 않는 것이 큰 병입니다." 개혁을 주장하는 사람은 곧잘 삐딱한 사람, 경박한 사람으로 몰리곤 하는데, 영조도 마찬가지였다.

그리고 마지막 반대 방법은, 괜히 이상한 개념이나 정의, 학설 따위를 만들어 내놓는 것이다. '궤변'이라고 한다. "태조의 은혜에 보답하겠다는 것은 대보단을 지은 원뜻과 맞지 않다. 은혜에 대한 보답은 자식이 부모에게 하는 것이지, 왕에게 하는 것이 아니다." 어떻게 보면 정말 유치한 반론이지만, 그 붙기 어렵다는 과거에 급제해 최고위직에 오른 조선 최고 수재들이 내놓은 주장이다. 영조는 이런 주장에 어떻게 대응했을까?

영조의 대응책 1: 귀를 열고 대항 논리를 세워라

국왕의 입장에서 볼 때 제일 마음에 드는 신하는, 자신이 미처 생각하지 못한 문제를 지적하는 사람이다. 단, 그런 생각지 못한 문제 때문에 할 수 없다고 주장하는 것이 아니라, 그 문제를 극복하려는 의지를 가지고 냉철하게 분석하는 사람이어야 한다. 반면 제일 싫어하는 신하는 힘들어서 못 하겠다고 드러눕는 사람이다. 의지만 있으면 충분히 극복할 수 있는 문제임에도 불평만 해대는 부하를 보면 화가 치밀어 오르기 마련이다.

누구든 리더의 자리에 있는 사람이라면 이런 경험을 해보았을 것이다. 그런데 많은 리더들은 바로 이 단계에서 마치 잔칫상에 오를 음식을 선별하듯, 토론할 가치가 있는 의견과 아예 제쳐버릴 의견을 구분 짓는다. 토론할 가치가 없는 의견은 식탁에 오르기 전에 배제해버리는 것이다. 하지만 영조는 항상 이런 다양한 반대 의견들에 대해서 호불호를 나타내지 않고, 마치 예상했다는 듯 하나하나 대항 논리를 제시한다.

영조는 늘 이런 논쟁에 참여할 준비가 되어 있었고, 자기 의견이 분명히 서 있었다. 가끔은 좀 억지스러운 논리도 있었고, 상대의 주장을 완전히 압도할 정도가 아닌 경우도 있었지만, 어쨌든 영조는 최소한 어떤 반론에 대해서도 귀를 열어두었고, 자신의 대항 논리를 만들어냈다. 신하의 반대 논리가 말이 안 되는 주장이라도 화를 내거나 옥박질러서 묵살하려 들지 않았다. 이런 태도가 좋은 것은, 구성원들로 하여금 '우리 리더는 항상 신념을 지니고 있고, 언제나 충분히 검토를 하고 일을 추진한다'는 인상을 준다는 것이다.

영조의 대응책 2: '모호함'을 이용하라

두 번째 전략은 조금 이상하게 들릴지 모르겠지만 '모호함'이다. 한비자는 이런 말을 했다. "리더는 자신의 호불호, 논리 체계, 가치를 명확하게 드러내서는 안 된다. 안 그러면 신하들이 재빨리 리더의 의견에 맞춰서, 결국 주변에 아부하는 신하만 남게 된다." 그리고 반대의 경우도 있다. '신하들이 국왕의 의도를 명확히 알게 되면 약점을 정확히 조준해서 반론을 펼 수도 있다.'

대보단의 경우도 신하들은 중요한 부분에서 혼돈을 일으켰다. 영조가 처음에는 의종을 추가하자고 했다가 나중에 명 태조까지 들고 나왔기 때문이다. 이날 토론에서 판돈녕부사 이기진은 이렇게 말한다. "처음에는 의종을 추가하려는 것으로 시작했다가 갑자기 태조까지 추가하자고 하시니, 이렇게 즉흥적으로 하다가는 도리에 어긋날 수 있습니다."

영조가 진짜로 배향하고 싶었던 황제는 명 태조였고, 그 목적은 명 태조 주원장 때처럼 군신 관계를 엄격하게 만들자는 것이었지, 명나라의 은혜를 잊지 말자는 대보단의 본래 의도와는 전혀 상관이 없는 것이었다. 하지만 '대보단은 명나라에 대한 보은의 단'이라는 관습적 사고에 빠져 있던 신하들은 영조의 본심을 읽는 데 실패한다. 신하들은 의종을 추가하려는 것이 영조의 본래 의도라고 생각했고, 태조에 대한 언급은 의종을 추가하기 위한 협상 카드라고 생각했다. 덕분에 영조는 자신의 의도를 숨길 수 있었고 논쟁을 유리하게 끌고 갈 수 있었다. 모든 대신들이 이 수에 속은 건 아니지만 상당수는 넘어갔다. 하지만 진짜 문제는 이제부터였다.

좌의정 조현명의 절묘한 반론

조선의 관료들이 어떤 사람들인가. 대신들은 산전수전 다 겪은 능구렁이들이고, 나머지는 목에 칼이 들어와도 명분을 버릴 수 없다고 교육받은 고집불통들이다. 영조는 관료들의 주장을 능숙하게 눌렀지만, 전부 다 누를 수는 없었다. 좌의정 조현명이 승리를 거두려는 영조 앞에 다른 판을 벌여놓았다. "지금 홍문관 관원들이 서로 의견이 갈려 다투고 있습니다." 조현명은 자신이 영조의 생각에 동의하는지 안 하는지 일체 말하지 않았다. 대신 영조의 멋진 설득이 관료들 절반에게만 먹혀서 밖에서 다툼이 벌여졌다고 고했다. 영조가 던진 주제로 관원들의 분란이 생겼으니 그걸 해결해야 한다는 것이다.

 이렇게 되니 노련한 영조도 당황했다. 승리의 깃발을 들면 관원의 분란은 더 심해질 것이다. 분란을 잠재우려면 싸움터를 포기해야 한다. 결국 회의는 결론을 유보한 채 산회할 수밖에 없었다. 회의를 많이 해본 경우라면 알겠지만, 이렇게 되면 결국은 영조가 지는 것이다.

하지만, 영조는 집요한 임금이다. 그는 야심한 밤에 최후의 필살 카드를 꺼내든다. 영조는 밤 9시가 넘어 대신들을 모두 불러들인다. "내가 마음이 불안해서 잠들지 못하고 이 문에 나와 앉아 있는데, 선조(先朝)의 영혼이 오르내리면서 마치 나에게로 다가오신 듯하다." 영조는 이렇게 말하면서 교리 김선행에게 숙종의 어제시(御製詩)를 읽도록 했다.

高皇錫我朝鮮號　　고황제(명 태조)가 우리에게 '조선' 국호를
　　　　　　　　　내려주셨네.
禍慘龍蛇孰再造　　임진년 참담할 때 누가 되살려주었던가.
侯度恪謹三百年　　제후의 법도를 300년 동안 삼가 지켰지만,
如天聖德若何報　　하늘과 같은 성덕을 어찌 다 갚으리.
忍道孤城月暈年　　외로운 성이 적군에 포위되었던 해를
　　　　　　　　　어찌 차마 말할까?
自玆不得更朝天　　이로부터 다시 천자에게 조회하지 못하였네.
痛哉申年已周六　　슬프다. 무신년의 주갑(周甲)이 벌써 돌아오니,
故國無人薦豆籩　　옛 나라에 제사 받들 사람이 전혀 없구나.

어제시를 들으며, 영조는 손을 모으고 고개를 숙여 엎드린 채 한참 동안 눈물을 흘렸다. 그러고는 말한다. "내가 어제시를 잘 기억하지 못하고 있다가, 시를 낭독한 다음에야 아버지의 깊은 뜻을 알게 되었으니 이것이 나의 불효요 불충이다. 오늘 여러 신하

들이 태조를 대보단에 함께 제사하는 것이 잘못되었다고 했는데, 태조의 은혜를 어떻게 잊어버릴 수 있는가? 내 뜻은 이미 정해졌으니 각자 의견을 다시 말해보라."

'죽은 황제의 영혼이 밤에 잠을 못 자게 하는 것 같다. 죽은 숙종의 숙원 사업인 걸 이제 알았다.' 귀신까지 동원하며 이렇게 말하는데 더 이상 신하들이 뭘 어쩌겠는가. 영조는 결국 뜻을 이뤘다. 사실상 억지 강압이지만, 분위기를 충분히 조성하고 감정과 의리를 내세우는 방식을 통해 '무조건 강압적으로 꺾어 눌렀다'는 부정적인 여론도 피해 갔다.

영조 그리고 리더

리더의 무리수 남용은 오히려 화를 자초한다

영조는 논리로 싸우다가 감성으로 성공했다. 여기에 교훈이 있을까? 아니다. 영조의 승리 방식에는 한계가 있다. 일단 영조가 왕이 된 지 25년째, 이런 수법을 너무 많이 사용했다. 그래서 재상들은 이미 알고 있었다. 대보단 건이 잘 해결된 것도, 대신들이 밤에 불려올 때 이미 상황을 짐작하여 결심을 하고 왔기 때문일 수 있다.

그리고 또 다른 한계는, 이렇게 최후의 수단까지 써서 대보단에 태조를 배향하는 게 실제로 왕권을 강화하는 데 도움이 되지 못했다는 점이다. 최후의 수단은 말 그대로 최후의 수단이다. 이런 방법이 리더십에 도움이 되려면 '청계천 준설 공사'처럼 결정의 혜택이 모든 관료나 백성에게 돌아가야 한다. 하지만 대보단의 태조 배향은 영조 자신 말고는 도움이 되는 사람이 없었다. 그리고 형식적인 의례에 불과해서 사실상 영조에게도 별 도움이 되지 않았다. 어찌 보면 영조는 이념과 현실의 대립에서 생긴 갈등을, 황제의 유령까지 등장하는 비현실의 공간으로 끌고 갔다. '적의 땅에서 적의 논리로, 적의 검으로 싸운다'는 방법은 매우 유용한 전투법이지만, 그것도 현실 공간에서의 얘기이다. 대보단 논쟁의 경우, 영조라는 현실주의자가 스스로 현실주의자이기를 포기한 결과가 되었다. 사실상 진정한 패배이거나 무용한 승리였다.

리더는 수많은 고통에 시달린다. 억울하고 원통하고 답답한 일도 많다. 그러나 부당한 비난과 논쟁, 답답함을 극복하기 위해, 억울함을 표시하기 위해 아무렇게나 싸움을 벌여서는 안 된다. 내가 정당하다고 해도 나의 현실, 나의 지층에서 이탈한다면 그 승리는 승리가 아니라 패배이거나 추락이다.

가혹하게 처벌하면 부조리가 사라질까: 영조의 팽형 쇼

'혜정교의 시체 놀이'라는 말이 있다. 서울 우포도청 앞에 있던 혜정교(종로 광화문우체국 부근에 있던 다리)에 임시로 부뚜막을 만들고 커다란 가마솥을 놓는다. 어떤 사람이 포박을 당한 채 끌려와 이 가마솥으로 들어간다. '탐관오리' 죄목으로 붙들려 온 사람이다. 물이 펄펄 끓는 가마솥에 넣어서 삶아 죽이는 벌, 바로 '팽형'을 당할 신세이다.

하지만 혜정교의 가마솥은 끓이는 척만 할 뿐, 안은 비어 있고 뜨겁지도 않다. 가마솥에 들어갔다 나온 사람은 죽은 시체처럼 들것에 실려 돌아가고 장례식이 치러진다. 이후로 그 사람은 몸은 살아 있어도 사회적으로는 죽은 사람으로 취급받고, 공적인 활동도 불가능하다. 실제로 삶아서 죽이지는 않지만 사회적으로 매장해버리는 벌이었다.

혜정교 '팽형' 이벤트, 그 효과는?

뇌물죄를 저지른 사람을 삶아 죽이는 형벌이 시행된 건 춘추전국시대 제나라 아대부의 고사 때부터이다. 이때부터 팽형은 탐관오리를 처벌하는 형벌로 인식되었는데, 조선에서는 가끔 언급되기만 할 뿐, 말로만 욕하고 협박하는 수준이었다. 그런데 조선 후기 들어 정치가 부패하고, 상업이 발달해 뇌물이 크게 늘어나 탐관오리도 증가하자, 이제는 정말로 팽형을 시행하자는 상소가 등장했다. 옛날이야기에나 나오던 팽형이 현실화하기 시작한 것이다.

그리고 1737년(영조 13) 8월 13일, 영조가 가마솥을 만들어 대령하라는 명령을 내린다. "당장 돈화문에서 팽형을 시행하겠다. 빨리 와서(기와를 제조하는 관서)에 명해 큰 가마솥을 만들어 대기토록 하라."

그런데 이 명령은 그냥 해프닝으로 끝났다. 이 팽형은 사실 탐관오리의 처형이 아니었고, 상소로 영조의 비위를 거스른 사간원 사간 조태언에 대한 처벌이었다. 조태언이 상소문에서 '하필'이란 단어를 써서 영조의 탕평 정책에 도전했다는 이유였다. 영조는 언관이 당파를 조장하는 투로 상소를 썼다며 당장 목을 치라고 호통쳤지만, 주변에서는 언관의 말 한마디 때문에 극형에 처하는 건 안 된다고 말렸고, 영조는 그나마 머리는 붙여놓겠다며 팽형을 거론한 것이다. 어쨌든 조선에서 말로나마 팽형이 실행될 뻔한 유일한 사례이다.

혜정교의 시체 놀이는 거의 시행되지 않았을 확률이 높다. 정말 있었다고 해도 한번 벌여본 이벤트에 불과했을 것이다. 이벤트 효과를 노린 정치 쇼, 왜 이런 쇼가 벌어졌던 것일까?

지배층의 뇌물 사건은 서민들에게 상대적 박탈감과 소외감을 준다. 탐관오리가 가짜 팽형을 당해 살아도 산 사람 대접을 받지 못한다는 환상은, 뇌물의 피해 당사자인 국민들에게 시원한 카타르시스를 제공한다. 국민들은 팽형 같은 가혹한 형벌을 더 많이 시행할수록 뇌물죄가 줄어들 거라고 기대한다. 하지만 이런 처벌이 특별히 효과를 발휘하리란 생각은 착각이다. 반짝 효과가 있거나, 있는 듯해 보일 뿐, 오히려 더 큰 불합리를 가져오기도 한다.

그래서 우리 선조들은 관리의 부정부패, 뇌물 사건이 날 때마다 "아대부처럼 삶아 죽여야 하겠느냐?"라고 큰소리를 치면서도, 진짜 팽형도 혜정교 이벤트도 시행하지 않았던 것이다. 부패한 관리의 잘못을 눈감아주고 뇌물 관행을 유지하기 위해서 이 법을 도입하지 않았던 것이 결코 아니다.

하지만 이런 이벤트 쇼는 확실히 나름의 의의가 있긴 했다. 대표적인 사례가 있다. 흥선대원군 집권기 때, 전국의 부정부패를 뿌리 뽑겠다고 강력한 처벌을 시행했다. 부패가 심한 향리를 불에 태워 죽이는 극형을 시행한 것이다. 팽형이 아닌 화형이었다. 일시적인 효과는 있었지만, 진짜 효과는 따로 있었다. 부패를 완전히 근절했다기보다는, 흥선대원군이 멋진 지도자라는 인식을 퍼뜨린 것이다. '흥선대원군은 부패 관리를 용서하지 않는구나! 정말 우리를 생각하는 지도자구나!' 사람들 사이에서 이런 인식이 생겨난 것이다.

농민들은 오랫동안 흥선대원군을 지지했고, 그가 오래 집권하면 사회가 변할 것이라고 믿었다. 흥선대원군이 노린 효과가 바로 이거였다. 하지만 사실 조선 사회의 모순은 조금도 해결되지 않았고, 결국엔 갑오농민전쟁으로 폭발했다.

영조 그리고 리더

일벌백계는 일시적 효과를 낼 뿐

우리 사회에는 아직도 일벌백계나 도의적 책임 운운하며 벌이는 이벤트성 처벌과 대책이 너무 많다. 기업 경영에서도 이런 사례가 종종 보인다. 이 현상도 '팽형'에 대한 환상과 같은 맥락이라고 생각된다. 하지만 이런 처벌은 일시적인 효과가 있을 뿐, 조직의 고질병인 형식주의, 보신주의, 복지부동을 낳는다. 어떤 조직에서든 처벌은 불의를 뿌리 뽑기 위해서가 아니라, 조직이 원활하고 효율적으로 돌아가게 하고자 시행하는 것이어야 한다.

어떤 조직에서든 가장 좋은 처벌 방식은 정확하고 합리적인 처벌이다. 그래야 구성원들에게 신뢰감을 준다. 조직에 대한 신뢰가 있어야 창의적이고 모험적인 시도, 자기 발전을 위한 끊임없는 노력도 가능한 법이다. 요즘 우리 사회에서 창의, 변화, 도전을 이야기하지 않는 조직은 없다. 그런데 실수와 오류, 실패에 대한 처벌은 과연 합리적으로 진행되고 있는가? 구성원들은 그것을 철저히 신뢰하고 있는가? 혹 '모난 돌이 정 맞는다'는 두려움을 늘 안고 살아가고 있지는 않은가?

창덕궁 안쪽 깊숙한 후원에 가보면 부용정이란 정자가 자리 잡은 연못이 보인다. 창덕궁 내원 중에서도 제일 풍경이 훌륭한 곳이다. 고개를 들어 보면 약간 높은 곳에서 이 정경을 내려다보는 2층 누각 '주합루'가 있는데, 그 1층이 바로 규장각이다. 규장각은 정조가 즉위하던 해인 1776년 왕실도서관으로 시작되었다. 각종 도서와 자료 수집, 출판, 연구 기능이 부여되었고, 점차 학술과 정책을 연구하는 하나의 기관으로 커나갔다. 이덕무, 유득공, 박제가 등이 규장각의 실무를 담당하는 규장각 검서관 출신이고, 서명응, 채제공, 서명선, 김치인 등이 규장각 최고 책임자인 제학 출신이다. 당시 학문으로 이름을 떨쳤던 사람들 대부분이 규장각 출신이었다.

1781년(정조 5), 정조는 인재 양성 정책의 일환으로 37세 이하의 재능 있는 문신을 발탁해 교육하는 '초계문신' 제도를 마련해 1800년까지 10회에 걸쳐 138명을 배출했다. 실학사상의 집대성자로 추앙받는 정약용과, 그의 형이자 멘토였던 정약전 역시 초계문신 출신이었다.

정조의 사조직, 규장각

규장각의 실무를 담당했던 검서관은 규장각에서 정리·간행하는 문서와 책을 교정하고 필사하는 일을 했다. 검서관은 정식 관원도 아니고 겨우 잡직 5품관이었지만 정조는 하루에 세 번씩 이들을 만났다. 검서관은 그야말로 정조의 최측근이었다. 경연에도 참석했고, 매달 초하루마다 제사상에 올리는 술과 떡, 족발, 고기 등을 받았다. 검서관 외에도 규장각에서 일하는 문신들은 모두 다 특별한 관심과 대접을 받았다. 정약용이 『사기』를 교정하기 위해 규장각에서 일할 때의 일화이다. 매일같이 숙직하며 일하던 정약용 등에게 정조는 잔치를 열어주곤 했다. 어떤 때는 내시를 보내 '오늘 저녁은 배불리 먹지 마라'고 미리 귀띔을 해주었다. 요즈음 우리가 저녁에 비싼 뷔페 식당에 간다고 아이들에게 배를 비워두게 하는 것과 비슷했다. 그런 날은 규장각에 뷔페가 차려지곤 했다.

초계문신의 경우도 신분 보장은 물론 공부에 전념할 수

있도록 잡무를 줄여주었다. 또 왕이 직접 주최하는 친림 행사를 매달 열어서 이들을 참석시키는 특혜를 베풀었다.

하지만 규장각의 규모가 점차 커지자 벽파였던 공조참의 벼슬의 이택징이 이를 강력하게 비난하고 나섰다. 알고 있듯이 벽파는 사도세자 폐위 사건에서 세자를 배척한 당파를 말한다. 이택징은 정조가 규장각의 각신과 초계문신들을 너무 우대한 결과 이들이 월권행위를 하고 있고, 뿐만 아니라 규장각의 경비가 과도해 국가 재정이 곤란해졌고 언로도 막혔다고 주장했다. 한마디로 규장각은 정조의 사조직 기관이고 규장각 각신들은 정조의 사신(私臣)이라는 소리였다.

사태가 커지자 정조는 솔직하게 속내를 털어놓았다. 털어놓지 않아도 다 알고 있었으니 속일 수도 없었다. "내가 세손 시절뿐만 아니라 즉위 과정에서도 너무나 힘들었다. 척신과 환관들의 소탕이 급선무였기 때문에, 이들을 제거하기 위해 나를 보좌할 수 있는 사대부들을 모은 것이 바로 규장각이다."

정조와 북학파

그런데 친위 세력을 양성하는 것이 주목적이라던 규장각은 과연 정조가 의도한 목적을 달성했을까? 박제가의 경우를 예로 들어보겠다. 『북학의』는 1778년, 스물아홉 살이던 박제가가 첫 번째로 중국에 다녀온 뒤 저술한 책이다. 하지만 첫 번째 사행 이후 모두 네 차례 중국을 다녀오는 동안 『북학의』의 수정본은 출판된 적이 없다. 그리고 무엇보다도 정조로부터 이렇다 할 반응을 얻지 못했다. 1798년(정조 22) 박제가가 영평 현령으로 있을 때 농서를 구하는 정조의 요청이 있었다. 이때 박제가가 '진소본 북학의(進疏本北學議)'라고 해서『북학의』의 내용을 3분의 1 정도로 간추려 정조에게 바친 적이 있긴 했다. 하지만『북학의』는 그냥 첫 번째 출판본 그대로 묻히고 말았다.

이것은 무엇을 의미하는가? 정조의 특별 배려로 무려 네 번씩이나 북경 사신으로 다녀왔지만, 그로부터 적절한 아웃풋이 나오지 못했다는 이야기이다. 그저 사석에서 정조가 박제가에게 "그대는 왕안석(王安石)이야"라는 말로써, 자신은 그의 개혁안에 동의하지 않는다는 뜻을 나타냈을 뿐이었다. 왕안석은 중국 송대의 이름난 정치가인데, 한마디로 '시대를 너무 앞서간 개혁가'의 상징 같은 인물이었다. 그러니 정조가 박제가에게 "그대는 왕안석이야"라고 말한 건, 박제가의 주장이 조선 현실과는 맞지 않아 실현하기가 어렵다는 뜻이었다. 다시 말해, 박제가의 중국 방문을 통해 정조는 결국 실질적으로 현실을 바꿀 수 있을 만한, 이렇다 할 성과를 거두지는 못했다는 뜻이다.

정조는 북학파를 등용해 규장각을 통한 청 문화의 수입과 문물의 개화에 힘썼다고 알려져 있지만, 사실은 그렇지 못했다. 최종적으로는 '문체반정'이라는 문예운동까지 주도하기에 이르렀다. 정조는 박지원이『열하일기』에서 보여준 참신한 문체를 '불순한 잡문체'라고 비난하고, 순수한 정통 고문(古文)으로 돌아가야 한다면서 문체반정을 주도했다. '반정(反正)'은 '바른 곳으로 되돌린다'는 뜻인데, 이 말인즉슨 당시 유행하던 연암의 문체는 바르지 못한 것이라는 뜻이었다.

정조와 초계문신의 파티장에 없었던 것

정조가 애초에 초계문신 제도를 마련한 이유는 "치국의 제일 급선무는 인재 배양으로, 이보다 더 급한 일은 없기 때문"이었다. 그런데 초계문신이 하는 일은 매달 두 번 사서삼경 시험을 보고, 매달 한 번 정책을 제안하고, 또 매달 한 번 정조가 직접 주관하는 시험을 보고 정조가 직접 진행하는 강의를 듣는 것이 전부였다. 물론 봉급은 꼬박꼬박 나오고, 파티도 자주 열어주었다. 인재를 양성하려면 목표가 분명하고 방법이 적합해야 한다. 그런데 왠지 특별 대우를 해주는 것 같고, 왕과 친목을 다지는 데 집중하는 감이 없지 않았다. 대우, 임금, 연구 환경, 보편적 요건은 파격적이고 특별했지만, 너무 '보편'과 '보이는 면'만 따라갔다.

　이 시기에 정조와 초계문신이 만나고, 백일장을 열어 사회의 부조리를 쏟아내고, 개혁 논의가 활발히 진행되었으리라고 생각하는 이가 많은데, 실상은 그렇지도 않다. 정조는 자신의 친위 세력이 늘어가는 것이 즐거웠고, 신하들은 왕과 개인적인 유대 관계를 쌓는 게 즐거웠다. 초계문신이 백일장에서 지은 작품들을 보면 솔직히 낯 뜨거울 정도로 화려한 미사여구와 정조에 대한 예찬으로 가득 차 있다.

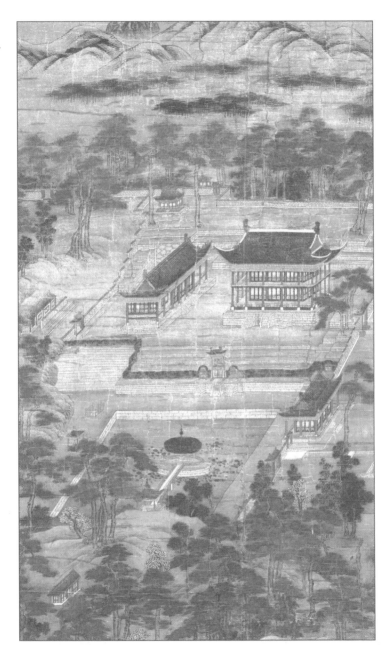

창덕궁 내 규장각 일원의 모습을 그린 〈규장각도〉. 정면에 보이는 건물이 '주합루'인데,
이곳 1층이 규장각이었다. 창덕궁 내에서 가장 풍경이 좋은 곳이다.

변화와 개혁은 기존의 것을 바꾸는 불편한 작업이다. 아무리 그 방향이 옳다고 해도 일방적인 방향을 찬양하는 분위기에서는 올바른 개혁이 진행될 수 없다. 또한 개혁은 의지만으로 되는 것이 아니다. 보이지 않는 세계를 개척하는 작업인 만큼 더 정교하고 치밀하고 현실에 맞아야 한다. 따라서 많은 인재들의 개성과 적성이 보장되어야 한다. 정조와 초계문신, 그들의 파티장에는 그런 것이 없었다.

정조 그리고 리더

오너의 개혁 의지가 부를 수 있는 오류

우리 조직에서도 리더가 먼저 깨어나 개혁과 혁신을 주문하는 경우가 날이 갈수록 늘고 있다. 그런 점에서는 과거의 권위주의로부터 정말 많이 달라졌다 하겠다. 그러나 리더의 개혁 의지가 혹시 정조와 초계문신의 자리처럼 운영되고 있지는 않은지 살펴야 한다.

정조의 인재 양성 프로그램에는 목적에 맞는 인재 선발과 배치, 그리고 목적을 위한 프로그램과 환경이 없었다. 정조와 뜻을 같이하고 만나면 기분 좋은 미래 권력자들의 모임이 되었다. 정조는 친위 세력 혹은 조선 문화의 우월성을 자부하는 친한 세력을 만드는 데는 성공했을지 모른다. 하지만 그들을 개혁가, 유능한 리더로 성장시키는 데는 한계가 있었다.

　　인재 양성은 비용을 투자하여 조건만 만들어주고 끝내서는 안 된다. 연구개발의 목표, 그 목표에 따른 인재 선발, 양성 과정, 관리 체계를 모두 염두에 두어야 한다. 정조가 규장각을 설치하고 초계문신 제도를 운영했지만 그가 그토록 절실하게 원하던 목적을 완벽하게 달성하지 못했던 데에는 바로 이런 까닭이 있었다. 혁신적인 개혁을 원한다면 창의가 나올 수 있는 환경과 총체적인 관리 체계를 함께 만들어가야 한다는 사실을 잊어서는 안 된다.

閶闔排雲夕　창문이 구름을 밀치는 저녁

咸池擎日秋　함지가 해를 떠받드는 가을

百年長是會　100년 동안 이 모임을 길이 하리니

同德又同休　덕을 함께하고 복도 함께하리라

이 시는 정조가 1778년(정조 2) 가을에 지은 「동덕회(同德會)」란 제목의 시이다. 마치 사가에서 계 모임을 축하하기 위해 쓴 글처럼 보인다. 모임이 영원히 계속되기를 기원하며 덕과 복을 함께 누리기를 소망하고 있다.

　제목에서 보이는 '동덕회'는 정조가 만든 비선 조직의 이름이다. 멤버는 서명선, 홍국영, 정민시, 김종수, 이진형이다. 모두 영조 말년, 위기에 빠진 정조를 보호했던 인물이다.

정조 비선 조직의 탄생

1775년(영조 51) 11월, 영조가 정조에게 왕위를 물려주겠다고 선언했는데, 당시 실권자였던 좌의정 홍인한, 정후겸 등이 극렬히 반대했다. 특히 홍인한은 "세손은 누가 노론인지 소론인지 알 필요가 없고, 이조판서나 병조판서에 누가 좋은지도 알 필요가 없으며, 조정의 일은 더더구나 알 필요가 없다"며, 대놓고 정조를 따돌렸다. 그야말로 영조의 명령에 정면으로 맞서는 말이었지만 누구도 그를 막지 못하고 있었다.

그런데 바로 이때, 훗날 '동덕회' 멤버 중 한 명이 되는 서명선이 홍인한을 공격하는 상소를 올렸고, 논란이 일자 홍국영, 정민시, 이진형 등이 같은 편에 섰다. 김종수 역시 드러나지 않게 정후겸 세력을 공격했다. 결국 오랜 논란 끝에 영조는 홍인한을 처벌하고, 세손 정조는 대리청정에 들어갔으며, 다음 해 영조가 사망하자 정조가 즉위했다. 이들은 모두 정조의 세손 시절부터 세자시강원, 세자익위사의 일원이 되어 정조를 보필했다. 그리고 세손이 즉위하기까지 결정적인 역할을 했다.

'동덕회'는 1777년 12월 3일 조직되었다. 그 2년 전인 1775년 12월 3일이 바로 서명선이 홍인한을 탄핵하는 상소를 올린 날이었다. 그리고 정조가 사망하기까지 20년 이상, 같은 날 모임을 치렀다. 형식은 일정하지 않았지만, 모임이 열리지 못할 때 정조가 따로 기념하는 글을 지어 내리고 개별적으로 선물을 주는 등 각별한 애정을 나타냈다.

공신들의 다른 이름, 동덕회

조선에선 원래 임금이 즉위할 때, 즉위 과정에 공헌한 공신들에게 공신 책봉을 해, 상도 주고 벼슬도 주고 작위를 주는 방식으로 특혜를 베풀었다. 하지만 정조는 조금 다른 방식을 선택했고, 그것이 바로 동덕회였다. 첫 번째 모임의 대화를 기록해서 「동덕회축(同德會軸)」을 만든다. 공신회맹축(功臣會盟軸; 공신들이 모여서 동맹을 서약한 글)과 같은 역할의 두루마리 문서였다. 또 이런 대의명분을 모두 기록으로 남겨서『명의록』이라는 책으로 편찬했다.

　멤버 중 홍국영이 왕비 효의왕후를 독살하려다 발각됐지만 끝까지 역적 처분을 받지 않았던 것을 포함해, 구성원들은 매번 특별한 예우와 보호를 받았다.

　1778년 김종수가 평안도 관찰사로 나가게 되었는데, 정조는 무척 섭섭해하며 「술을 경계하라」는 시를 지어주면서 이별주를 잔뜩 마시게 했다. 김종수를 가까이 오게 해 손을 잡고, 자신의 얼굴을 똑바로 쳐다볼 수 있게 했을 정도로 사사로운 감정을 표시했다. 이처럼 동덕회 멤버들에 대한 정조의 배려는『실록』이나 정조의 시문집인『홍재전서』, 정조가 직접 작성하기 시작한 『일성록』 등 공식 기록에 남아 있다.

재미있게도 정조가 이토록 아꼈던 동덕회 회원들은 각각 당색이 달랐다. 김종수와 홍국영은 노론 시파, 즉 사도세자의 죽음을 동정하는 입장이었고, 서명선과 정민시는 소론이었다. 정조는 '군왕이 현명한 신하와 사적인 정을 쌓아야 큰일을 이룰 수 있다'고 믿었다. 그래서 당색이 달랐던 동덕회 멤버들과 각각 별도의 라인을 형성했다. 그들로부터 다양한 정파의 입장과 여러 정보를 얻었던 것이다.

정조는 또 당파 간 이견을 조정하는 데에도 이들을 적극 활용했다. 정조는 특히 노론 시파 영수인 김종수를 탕평책의 조정자로 삼았다. 1799년(정조 23) 김종수가 연로하여 더 이상 활동하기 힘들어지자, 정조는 당시 노론 벽파의 영수였던 심환지에게 '김종수를 롤 모델로 삼아 본받으라'고 충고하며 그의 역할을 대신 맡겼다.

정민시의 경우에도, 당색이 다른 심환지의 논의 파트너로 밀어 넣고, 공식적인 회의 이전에 조율을 끝내게 하는 방식으로 정국을 운영했다. 정조가 심환지와 주고받은 편지를 보면, "정민시 집에서 들은 얘기가 너무 중요하기 때문에 편지로 전하기는 곤란하고, 직접 만나지 않으면 이야기하기 어렵다"며 심환지에게 입궐을 종용하는 대목이 나온다.

비선 조직, 활용이 문제다

현대의 비선 조직 개념은 유럽 각지에서 전쟁을 지휘한 나폴레옹이 만든 것이라고 한다. 나폴레옹의 비선 조직은 20대 젊은이들로 구성되었는데, 나폴레옹은 이들에게 전선에 배치되어 있는 군단 상황을 직접 확인한 후 보고하라고 지시했다. 나폴레옹은 이들을 '방향성 있는 망원경(Directed Telescope)'이라고 불렀다. 사단장이나 군단장 같은 군의 정식 지휘 계통을 통해 올라온 보고와 이들 비선 조직이 알려 온 내용을 비교하고, 의문이 나는 부분을 재검토한 다음 의사결정을 함으로써 효과적이고 합리적인 선택을 할 수 있었다.

현대의 여러 조직에서도 비선 조직의 운영 사례를 자주 접할 수 있다. 그런데 자신의 신념과 일치하는 정보만 받아들이고 반대 정보는 무시해버리는 이른바 '확증편향'에 빠진 리더의 경우, 비선 조직에 전적으로 의지했다는 공통점이 있다. 미국의 7대 대통령 앤드루 잭슨도 1829년 취임 직후부터 공식 내각회의를 열지 않고, 비공식 측근과 몇몇 사람의 비선 조직을 활용해 국정을 운영했다. 미국 정치사에서 유명한 '키친 캐비닛(Kitchen Cabinet)', 즉 '부엌 내각'이다. 비공식적인 사조직이 국정의 총사령탑 역할을 했다는 점에서 많은 비판을 받았다.

정조가 동덕회를 통해 여러 정보를 수집하고, 여론을

파악하고, 당파 간 이견을 조정하는 등 탕평 정국에서 도움을 받았던 것, 그리고 나폴레옹이 '방향성 있는 망원경'을 통해 보고의 정확성을 제고했던 것처럼, 비선 조직의 존재 자체를 부정하기보다는 올바르게, 제대로 활용하는 게 중요하다. 비선 조직을 공적인 시스템을 뒷받침하는 하나의 수단으로 운영하느냐, 아니면 비선 조직에 갇혀 측근의 이야기에만 귀를 기울이느냐, 이 차이를 분명히 아는 리더십이 필요한 때다.

옛날 사람들은 이름을 정말 소중히 여겼다. 요즘처럼 일상에서 이름을 부르는 일이 결코 없었다. 어릴 때는 아명, 젊어서는 자, 성년이 되면 호로 불렀다. 이 중에서 개인의 성향이나 인품, 일생에 대한 평가를 잘 반영하고 있는 것이 '호'이다. 호는 주변 사람들이 지어주기도 했지만 스스로 짓는 경우도 흔했다. 간혹 한 개의 호로 만족하지 않은 사람들도 있었는데, 유명 인물 중에는 수십 개의 호를 가진 사람도 있었다.

조선의 왕도 물론 이름을 가졌다. 양반들의 이름을 평소에 잘 부르지 않았던 것 이상으로, 왕의 이름을 입에 담는 건 전 국민이 피해야 할 금기 사항이었다. 그래서 왕실에서는 왕자가 태어나면 대개는 한자사전에 잘 나오지 않는 어려운 한자를 골라서 이름을 짓고, 또 한 글자의 이름을 사용했다. 왕으로 즉위한 후에 혹시 같은 발음이 나는 경우가 생기면 지명도 바꿨다. 예를 들면 정조의 이름은 '이산'인데, 발음이 같았던 이산(理山)을 초산(楚山)으로, 이산(尼山)은 이성(尼城)으로 고치기도 했다.

자의식 충천한 정조, 그가 직접 지은 이름

조선 시대 임금의 이름에 대해서 좀 더 살펴보겠다. 국왕의 평가는 보통 하늘이, 혹은 역사가 한다고들 말한다. 따라서 양반가에서 주로 쓴 호가 그 이름 주인의 일생에 대한 평가를 반영하는 것처럼, 조선 시대 왕에 대한 평은 시호나 묘호에 반영되었다. 그래서 왕에게는 호가 필요 없었던 것이다. 그런데 이상하게도 조선 후기가 되면 왕도 호를 짓기 시작했다. 자도 짓고 호도 짓고, 그 호도 여러 개를 짓는 경우까지 생겼다.

정조의 경우 이름은 이산(李祘), 자는 형운(亨運), 호는 홍재(弘齋)이다. 홍재는 넓은 서재란 뜻이다. 호학 군주이자 스승을 자처했던 정조인 만큼, 직접 지은 호에 자신의 학문에 대한 의지와 자부심을 표현하고 있다. 정조는 자의식이 강한 왕이었다. 한 개의 호에 만족할 수가 없었다. 정조의 호 중에서 정말 독특한 것이 있다. 바로 '만천명월주인옹(萬川明月主人翁)'이다. 두세 글자 정도로 짓는 게 보통인데, 그의 이 호는 엄청나게 길다. '만 갈래의 개천을 비추는 밝은 달의 주인공'이라는 뜻이다. 풀이만 봐도 뭔가 강렬한 의미가 내포되어 있는 듯하다.

먼저 이런 해석이 가능할 것 같다. 나라에는 다양하고 수많은 직업이 있고, 또 만백성은 제각각 다양한 처지에 놓여 있으니, 이것이 만 갈래의 개천이다. 백성의 삶을 굳이 개천으로 비유한 것도 의미심장하다. 인생을 흐르는 강물 같다고 표현하는 경우를 봤을 것이다. 개천은 강보다 더 작고 꼬불꼬불하고 굴곡지게 흐른다. 때로는 평지 위를 흘러가기도 하지만, 바위틈으로 혹은 어두운 골짜기로 흘러가기도 한다. 사람들의 삶도 개울처럼 꼬불꼬불하기도, 때로는 꺾이기도 하면서 흘러가고 굴러간다. 만 가지 개천이란, 만 가지 직업을 가리키는 동시에, 오만 가지 삶과 변화무쌍하고 불완전한 인생 여정도 의미한다. 정조는 바로 이들 모두를 비추는, 평지에 있는 사람이든 바위 그늘이나 어두운 골짜기에 있는 사람이든 모두를 비추는 밝은 달빛이 되겠다고 자임한 것이다.

정조의 관료들은 말판 위의 말?

'만천명월주인옹'에 대한 두 번째 해석은, '만 가지 개천'을 백성이 아니라 관료로 보는 것이다. 그 근거는, 정조 자신이 이 호를 지은 뜻에 대해 쓴 글에 나타나 있다.

"내가 수많은 사람을 겪어보았다. 사람들은 얼굴도 다르고 마음도 다르다. 성품도 트인 자, 막힌 자, 강한 자, 총명한 자, 교활한 자, 뜻만 높고 실행이 따르지 않는 자, 명예를 좋아하는 자, 실속에만 주력하는 자 등등 천 가지 만 가지 유형이 있다. 이들을 다스린 지 20년이 되고 보니, 사람은 각자 생긴 대로 이용해야 한다는 이치를 터득했다."

"트인 자에게는 규모가 크면서도 세밀한 방법을 쓰고, 막힌 자는 여유를 두고 너그럽게 대해야 한다. 강한 자는 유하게, 유한 자는 강하게 대해야 한다. 용감한 자에게는 방패와 도끼를 쓰고, 겁이 많은 자에게는 창과 갑옷을 쓰며, 총명한 자는 차분하게, 교활한 자는 강직하게 대하는 것이다. 술에 취하게 하는 것은 뜻만 높고 실행이 따르지 않는 자를 대하는 방법이고, 순주(醇酒)를 마시게 하는 것은 생각은 부족하나 고집스럽게 자신의 지조를 지키는 자를 대하는 방법이다. 명예를 좋아하는 자는 내실을 기하도록 권하고, 실속만 차리는 자는 달관하도록 면려하는 것이다."

정조가 처음 왕이 되었을 때 스스로 좋은 왕이 되겠다는 굳은 결심과 의지가 가득했다. 그런데 막상 관료들을 보고 나니 능력은 있지만 일을 맡길 만한 사람은 없더라는 것이다. 그래서 20년 동안 고민하고 고민한 끝에 하나의 결론에 도달했다고 한다. 완전한 관료를 구하는 대신 다양한 인간들을 각자의 개성에 맞춰서 다루는 방법을 찾을 것이며, 이를 통해 그들을 완전하게 부리겠다는 것이었다. 모든 관료를 완벽하게 다루면, 자신의 빛이 백성에게도 온전하게 전달되리라는 믿음이었다. 정조는 이 깨달음과 자신감을 기념해서 이 호를 지었던 것이다.

'직원들에겐 모두 부족한 면이 있으니, 그 부족한 면에 따라 각자에 맞는 방법을 써서 최상의 직원으로 기능하게 하겠다.' 대단히 훌륭한 방법으로 보인다. 그런데 여기엔 심각한 함정이 도사리고 있다. 정조가 사람 다루는 방법을 자세히 들여다보면, 철저히 자기중심적이다. 그들을 완벽한 관료로 '성장'시키는 것이 아니라, 완벽한 관료 역할을 하도록 '부리겠다'는 것이다. 자신이 짜놓은 판 위에 적절히 배치만 잘하면 모든 것이 잘되리라는 발상이다. 심환지에게 보낸 편지 여기저기에서 보이듯이, 정조는 신하들을 배후에서 미리 조정해놓고 공식석상에서는 짜놓은 각본대로 각자의 역할에 맞는 발언을 하도록 진행하고 있었다. 정조의 밀실 정치는 이렇게 완성되어갔다.

정조 그리고 리더

압도하는 리더십은 진정한 리더십이 아니다

국가와 같이 거대한 조직에서 국왕의 빛으로 모든 것을 밝힐 수는 없다. 미리 그려놓은 그림에 퍼즐 맞추기처럼 자리마다 말을 세워놓는다고 해서 거대한 수레바퀴가 제대로 굴러가지는 않는다. 진정한 리더의 역할은 부하를 완벽하게 부리는 것이 아니라, 부하들이 자신의 영역에서 최대한의 능력을 발휘할 수 있도록 이끌고 성장시키는 것이다. 그런데 정조의 '명월'은 이렇게 부하들을 이끄는 빛이 아니라, 자신의 빛으로 그들을 덮어씌우는 빛이었다.

정조의 최대 단점은 신하를 불신하는 것이었다. 그리고 약간의 피해의식, 위기의식을 갖고 있었는데, 그것이 늘 조급함이나 망설임으로 나타났다. 일이 잘 안 되면 정조는 늘 주위의 부하를 탓했다. 이런 분위기의 조직은 결코 역량을 최대로 발휘할 수 없고, 변화에도 창의적으로 대응할 수 없다. 정조가 매사에 엄청난 노력을 한 것은 분명하다. 정말 훌륭하고 탁월한 일도 많이 했다. 그러나 노력에 비해 가시적인 효과가 적었다. 특히나 정조 사후 조선 사회가 급속도로 혼란에 빠져들어 이른바 '세도정치'로 불리는 시기로 접어든 것은, 자신을 '만천명월주인옹'이라고 생각하는 리더십의 오류가 절대적인 원인이 되었다.